权威·前沿·原创

皮书系列为
"十二五""十三五""十四五"时期国家重点出版物出版专项规划项目

B

BLUE BOOK

智 库 成 果 出 版 与 传 播 平 台

河北上市公司蓝皮书

BLUE BOOK OF HEBEI LISTED COMPANIES

河北上市公司治理研究报告（2022）

RESEARCH REPORT ON LISTED COMPANY GOVERNANCE IN HEBEI (2022)

河北经贸大学公司治理与企业成长研究中心

石晓飞　李桂荣　卞　娜　许　龙 / 著

社会科学文献出版社

SOCIAL SCIENCES ACADEMIC PRESS (CHINA)

图书在版编目（CIP）数据

河北上市公司治理研究报告 . 2022 / 石晓飞等著
. --北京：社会科学文献出版社，2022. 12
（河北上市公司蓝皮书）
ISBN 978-7-5228-1275-5

Ⅰ. ①河…　Ⅱ. ①石…　Ⅲ. ①上市公司-企业管理-
研究报告-河北-2022　Ⅳ. ①F279. 246

中国版本图书馆 CIP 数据核字（2022）第 242098 号

河北上市公司蓝皮书
河北上市公司治理研究报告（2022）

著　　者 / 石晓飞　李桂荣　卞　娜　许　龙

出 版 人 / 王利民
组稿编辑 / 吴　丹
责任编辑 / 张铭晏
文稿编辑 / 刘　燕
责任印制 / 王京美

出　　　版 / 社会科学文献出版社 · 皮书出版分社（010）59367127
　　　　　　地址：北京市北三环中路甲 29 号院华龙大厦　邮编：100029
　　　　　　网址：www. ssap. com. cn
发　　行 / 社会科学文献出版社（010）59367028
印　　装 / 三河市东方印刷有限公司

规　　格 / 开　本：787mm × 1092mm　1/16
　　　　　　印　张：21. 5　字　数：322 千字
版　　次 / 2022 年 12 月第 1 版　2022 年 12 月第 1 次印刷
书　　号 / ISBN 978-7-5228-1275-5
定　　价 / 158. 00 元

读者服务电话：4008918866

本报告受河北省省级科技计划软科学研究专项"河北省多层次资本市场支持科技创新实现路径与联动机制研究"（22557607D）资助。

河北上市公司治理研究报告（2022）
编　委　会

作者简介

石晓飞 博士，河北经贸大学工商管理学院副院长，公司治理与企业成长研究中心主任，副教授，硕士研究生导师，河北省"三三三人才工程"人选。在《南开管理评论》、《中国工业经济》、《预测》、*Frontiers in Psychology*等 CSSCI、SSCI、SCI 等重要期刊发表论文 15 篇；出版专著 1 部，合著 2 部；近几年主持和参与完成国家级及省级、厅级课题 28 项，获得省级领导批示 7 项；曾参与多项国务院国资委主导的公司治理改革相关项目；河北省省级研究生示范课"公司治理"负责人。

李桂荣 博士，河北经贸大学工商管理学院院长，教授，硕士研究生导师。河北省经管研究生教育指导委员会委员，河北省商业经济学会常务理事，河北省会计学会理事。河北省重点学科财务会计方向带头人，主要研究领域为会计政策与公司治理。在《预测》等管理学 A 类期刊和 CSSCI、北大核心期刊发表论文 70 余篇，其中 5 篇被《人大复印报刊资料》全文转载；出版专著 3 部；主持省、部级研究项目 9 项；获省级优秀社科成果奖 2 项，入选中国专业学位教学案例中心案例库 3 篇。河北省省级精品课程、河北省精品资源共享课"中级财务会计"负责人。先后荣获"河北省教学名师""河北省优秀教育工作者""河北省师德先进个人"等荣誉称号。

卞娜 博士，河北地质大学管理学院副教授，硕士研究生导师。在《管理评论》《管理学报》等管理学 A 类期刊和 CSSCI、北大核心期刊发表论文 10 余篇；出版专著 2 部。

许　龙　博士，河北经贸大学工商管理学院讲师，硕士研究生导师。在《心理科学进展》、*PLoS ONE* 等 CSSCI、SCI、SSCI 等重要期刊发表论文 10 余篇，出版专著 1 部，获省级领导批示 5 项。近年来主持完成省、部级及厅级课题 20 余项，国家级一流本科课程、河北省级思政示范课程"人力资源管理"主讲教师。

摘　要

　　30年来，我国资本市场历经风雨，砥砺前行，在攻坚克难、改革创新中迈向高质量发展，成绩斐然。如何提升上市公司治理水平无疑是资本市场中的热门话题，也是资本市场关注的焦点之一。《国务院关于进一步提高上市公司质量的意见》（国发〔2020〕14号）中强调上市公司在促进国民经济发展中的作用日益凸显，提高上市公司质量是推动资本市场健康发展的内在要求，是新时代加快完善社会主义市场经济体制的重要内容。

　　上市公司的数量和质量是衡量一个地区经济发展水平和城市竞争力的关键指标，也在一定程度上体现了该地区和城市的社会经济开放程度。截至2021年12月31日，中国A股上市公司数量达4682家，总市值达96.53万亿元，位居全球第二，IPO总规模为4.33万亿元。截至2021年12月31日，河北省共有69家上市公司，总市值为14659.89亿元，较上年同期的12139.90亿元，增长2519.99亿元，同比增长20.76%。本书以河北上市公司为研究对象，全面而系统地剖析了河北上市公司的治理与发展现状，以期为河北上市公司健全公司治理机制、提升公司治理水平、降低代理成本和经营风险、提升内在价值和企业绩效提供有益的借鉴和参考，从而为促进地区经济的持续稳定增长贡献力量。

　　关键词： 上市公司　公司治理　河北

Abstract

Exposed to the wind and rain and forged ahead over the past three decades, China's capital market has made great achievements, while moving towards high-quality development in overcoming difficulties, reform and innovation. How to improve the governance level of listed companies is undoubtedly a hot topic in the capital market, and it is also one of the focuses of the capital market. In the opinions of the State Council on further improving the quality of listed companies (GF [2020] No. 14), it is emphasized that listed companies play an increasingly prominent role in promoting national economic development. Improving the quality of listed companies is an internal requirement to promote the healthy development of the capital market and an important content to accelerate the improvement of the socialist market economic system in the new era.

The quantity and quality of listed companies are the key indicators to measure the economic development level and urban competitiveness of a region, and also reflect the social and economic openness of the region and city to a certain extent. By December 31, 2021, the number of A-Stock listed companies in China has reached 4682, with a total market value of 96.53 trillion, ranking the second in the world, and the total scale of IPO is 4.33 trillion. By December 31, 2021, there were 69 listed companies in Hebei Province, with a total market value of 1465.989 billion yuan, an increase of 251.999 billion yuan over 1213.990 billion yuan in the same period last year, a year-on-year increase of 20.76%. Taking listed companies in Hebei Province as the research object, this book comprehensively and systematically analyzes the development status of corporate governance of listed companies in Hebei Province, in order to improve the corporate governance mechanism and the level of corporate governance, reduce agency costs and business risks, and improve internal value and enterprise performance, so as to contribute to the sustainable and stable growth of regional economy.

Keywords: Listed Companies; Corporate Governance; Hebei

目 录 ↖↗

Ⅰ 总报告

Ⅱ 分报告

Ⅲ 专题篇

皮书数据库阅读**使用指南**

CONTENTS ⤶

I   General Report

II   Topical Reports

Ⅲ   Special Reports

总 报 告

General Report

B.1

河北上市公司总体发展报告（2022）

石晓飞 *

摘　要： 公司治理水平是上市公司质量的重要体现，完善公司治理是上市公司健康发展的根本保障，是企业规范化经营的内在要求，是监管机构对上市公司监督管理的重要内容。本报告通过与全国上市公司的对比以及不同板块之间的对比，全面而系统地呈现了河北上市公司的发展历程、基本情况、分布情况及河北境外上市公司发展状况。本报告有助于了解河北上市公司的发展和治理状况，为健全河北上市公司治理机制、提升公司治理水平提供参考，进而助力提升区域经济发展。

关键词： 上市公司　公司治理　河北

---

* 石晓飞，博士，河北经贸大学工商管理学院副院长、公司治理与企业成长研究中心主任，副教授，硕士研究生导师，主要研究领域为公司治理。

近年来，河北经济社会发展取得巨大的成就，2021年河北地区生产总值为40391.3亿元，同比增长6.5%。① 同时，河北资本市场也迅速发展，阵容逐渐壮大，实力进一步增强，但与其他较为发达的省份相比，河北上市公司的发展还存在一定差距，仍有一定的提升和完善空间。为进一步规范上市公司运作，提升上市公司治理水平，保护投资者合法权益，促进资本市场稳定健康发展，河北省委、省政府制定了一系列促进河北资本市场健康发展的相关政策。根据《中华人民共和国公司法》、《中华人民共和国证券法》、《上市公司治理准则》、《国务院批转证监会关于提高上市公司质量意见的通知》（国发〔2005〕34号）、《国务院办公厅关于规范发展区域性股权市场的通知》（国办发〔2017〕11号）等相关法律及文件，出台了一系列关于上市公司的政策，包括《河北省人民政府关于大力推进我省资本市场发展的意见》（冀政〔2004〕126号）、《河北省人民政府国有资产监督管理委员会关于进一步加强省内上市公司国有股权管理和规范国有股东行为的意见》（冀国资字〔2004〕166号）、《河北省人民政府关于提高我省上市公司质量的实施意见》（冀政〔2006〕53号）、《河北省人民政府办公厅关于印发河北省促进股权投资基金业发展办法的通知》（冀政办字〔2016〕186号）、《河北省人民政府办公厅关于规范发展区域性股权市场的通知》（冀政办字〔2017〕28号）、《河北省企业挂牌上市融资奖励资金管理办法》等，积极鼓励地区内企业上市，积极推动河北实体经济进入资本市场。

上市公司对增强地方经济活力和促进企业转型升级具有重要作用，是承载地区经济发展和产业结构优化的重要力量。上市公司的数量和质量是衡量一个地区经济发展水平和城市竞争力的关键指标，也在一定程度上体现了该地区和城市的社会经济开放程度，上市公司能够引领和带动整个地区的创新能力，有助于地区经济发展水平的提升。本报告分析了河北上市公司的发展历程、全国境内上市公司基本情况以及河北省境内及境外上市公司分布情

① 国家统计局。

况，并对河北上市公司和全国上市公司的基本情况进行了对比，从而对河北上市公司发展状况有一个更全面的展现。

一　河北上市公司发展历程

（一）河北上市公司变动情况

1990 年 11 月 26 日上海证券交易所（简称"上交所"）上线，1991 年 12 月 16 日登陆沪市的"老八股"成为中国首批上市公司。经过 30 年的发展，中国 A 股上市公司经历了翻天覆地的变化，截至 2021 年 12 月 31 日，中国 A 股上市公司数量从 1991 年的 8 家增长到 4682 家，规模稳居全球第二，其中，上海、深圳、北京证券交易所上市公司数量分别为 2031 家、2569 家和 82 家，总市值也从最初的 23.82 亿元激增至 96.53 万亿元。[①] 河北上市公司也经历了从无到有的发展历程，截至 2021 年 12 月 31 日已有 69 家，[②] 其中，上海、深圳、北京证券交易所上市公司数量分别为 26 家、40 家和 3 家，市值累计 14659.89 亿元，其中，33 家上市公司市值超百亿元，3 家上市公司市值超千亿元，上市公司迅速发展的同时促进了河北省经济发展，带动了就业。[③]

1994 年 1 月，新奥股份（证券代码：600803）和华北制药（证券代码：600812）在上海证券交易所上市，成为河北首批上市公司。1996 年冀东水泥（证券代码：000401）、金谷源（证券代码：000408）、东旭光电（证券代码：000413）等 7 家公司分别在深圳证券交易所（简称"深交所"）和上海证券交易所上市，其中，金谷源、耀华玻璃和石劝业 3 家上市公司注册地发生变更。1997 年，华讯方舟（证券代码：000687）、河钢股份（证券代

---

① 根据国泰安数据库、国家统计局数据整理。
② 1991~2021 年河北 IPO 公司共有 78 家。其中，注册地变更的有 6 家（耀华玻璃、石劝业、石炼化、金谷源、华创阳安、恒信东方）；退市的有 5 家（邯郸钢铁、太行水泥、承德钒钛、石油龙昌、华讯方舟）；2003 年华夏幸福、2010 年科融环境注册地变更为河北。因此截至 2021 年 12 月 31 日河北上市公司数量为 69 家。
③ 根据国泰安数据库数据整理。

码：000709）、新兴铸管（证券代码：000778）等 6 家公司在深圳证券交易所上市，其中石炼化注册地发生变更。1998 年共有 4 家公司上市，分别为冀东装备（证券代码：000856）、邯郸钢铁（证券代码：600001）、乐凯胶片（证券代码：600135）和华创阳安（证券代码：600155），其中邯郸钢铁于 2009 年 12 月 29 日退市，华创阳安于 2019 年 1 月完成注册地变更，注册地由河北省保定市变更为北京市。1999 年，河钢资源（证券代码：000923）、冀中能源（证券代码：000937）等 4 家公司分别在深圳证券交易所和上海证券交易所上市。截至 1999 年末，河北上市公司共计 23 家。

由于股市低迷，2000～2004 年仅有 11 家公司上市。2000 年，常山北明（证券代码：000158）和沧州大化（证券代码：600230）两家公司分别在深圳证券交易所和上海证券交易所上市；2001 年仅保变电气（证券代码：600550）1 家公司在上海证券交易所上市；2002 年，承德钒钛（证券代码：600357）、太行水泥（证券代码：600553）和老白干酒（证券代码：600559）3 家公司在上海证券交易所上市，其中，承德钒钛和太行水泥分别于 2009 年和 2011 年退市；2003 年，三友化工（证券代码：600409）和凌云股份（证券代码：600480）在上海证券交易所上市；2004 年中国动力（证券代码：600482）、福成股份（证券代码：600965）和开滦股份（证券代码：600997）3 家公司在上海证券交易所上市。

2004 年，《国务院关于推进资本市场改革开放和稳定发展的若干意见》中明确指出，在统筹考虑资本市场合理布局和功能定位的基础上，逐步建立满足不同类型企业融资需求的多层次资本市场体系，分步推进创业板市场建设，拓展中小企业融资渠道。为了贯彻党的十六届三中全会精神和《国务院关于推进资本市场改革开放和稳定发展的若干意见》中的相关要求，2004 年深圳证券交易所设置了中小型公司聚集板块——中小企业板。2005年，晶源电子（证券代码：002049）[①] 在深圳证券交易所中小企业板上市，

---

① 2012 年 7 月 23 日，"唐山晶源裕丰电子股份有限公司"名称变更为"同方国芯电子股份有限公司"，2016 年 6 月 20 日改名为"紫光国芯股份有限公司"，2018 年 5 月 8 日改名为"紫光国芯微电子股份有限公司"，证券名称为"紫光国微"，证券代码为 002049。

成为河北第一家中小企业板上市公司。① 2007 年，沧州明珠（证券代码：002108）和荣盛发展（证券代码：002146）两家公司在深圳证券交易所中小企业板上市。2009 年，仅博深股份（证券代码：002282）1 家公司在中小企业板上市，成为河北第一家在 A 股上市的民营企业。

2009 年 10 月 30 日，中国创业板正式上市，我国首批在创业板上市的企业有 28 家。2010 年，河北共有 9 家公司上市，其中在中小企业板上市的公司有 4 家，分别为巨力索具（证券代码：002342）、龙星化工（证券代码：002442）、晶澳科技（证券代码：002459）和华斯股份（证券代码：002494）；在创业板上市的公司有 4 家，分别为恒信东方（证券代码：300081）、建新股份（证券代码：300107）、先河环保（证券代码：300137）和晨光生物（证券代码：300138），其中，恒信东方于 2019 年 1 月将注册地由河北省石家庄市变更为北京市；仅唐山港（证券代码：601000）1 家在主板上市。

2011 年，以岭药业（证券代码：002603）、常山药业（证券代码：300255）、庞大集团（证券代码：601258）、长城汽车（证券代码：601633）4 家公司上市。2012 年，仅石中装备（证券代码：002691）② 在中小企业板上市。2014 年，汇金股份（证券代码：300368）和汇中股份（证券代码：300371）两家公司同时在创业板上市。2015 年，河北有 3 家公司在创业板上市，分别为四通新材（证券代码：300428）③、乐凯新材（证券代码：300446）和通合科技（证券代码：300491）。

2017 年，秦港股份（证券代码：601326）、科林电气（证券代码：603050）、惠达卫浴（证券代码：603385）和三孚股份（证券代码：603938）4 家公司上市。2018 年，仅养元饮品（证券代码：603156）1 家公

---

① 2006 年没有公司在河北 IPO 上市，但有一家石油龙昌（证券代码：600772）退市，本部分从上市角度梳理发展历程，故未在原文中写明。

② 2015 年 7 月 6 日，"石家庄中煤装备制造股份有限公司"名称变更为"冀凯装备制造股份有限公司"，证券名称为"冀凯股份"，证券代码为 002691。

③ "四通新材"证券名称自 2021 年 6 月 3 日起变更为"立中集团"，证券代码"300428"保持不变。

司上市。2019年，青鸟消防（证券代码：002960）和新诺威（证券代码：300765）两家公司上市。2020年，新天绿能（证券代码：600956）、中船汉光（证券代码：300847）、康泰医学（证券代码：300869）和天秦装备（证券代码：300922）4家公司上市。2021年，中瓷电子（证券代码：003031）、中红医疗（证券代码：300981）、同飞股份（证券代码：300990）、财达证券（证券代码：600906）、汇通集团（证券代码：603176）、荣盛发展（证券代码：002146）、华通线缆（证券代码：605196）7家公司上市，其中华讯方舟（证券代码：000687）于2022年6月16日退市。

北京证券交易所（简称"北交所"）于2021年9月3日注册成立，是经国务院批准设立的我国第一家公司制证券交易所，受中国证监会监督管理。2021年，方大股份（证券代码：838163）、志晟信息（证券代码：832171）和润农节水（证券代码：830964）3家公司在北京证券交易所上市。

截至2021年12月31日，河北IPO（首次公开募股）公司数为78家，占全国A股上市公司IPO数量的1.67%（见表1）。

表1 1990~2021年河北IPO公司数量及占比情况

单位：家，%

年份	IPO公司数量		河北省占比	年份	IPO公司数量		河北省占比
	全国	河北省			全国	河北省	
1990	8	0	0.00	2002	67	3	4.48
1991	4	0	0.00	2003	64	2	3.13
1992	34	0	0.00	2004	97	3	3.09
1993	101	0	0.00	2005	14	1	7.14
1994	97	2	2.06	2006	64	0	0.00
1995	21	0	0.00	2007	125	2	1.60
1996	177	7	3.95	2008	76	0	0.00
1997	186	6	3.23	2009	97	1	1.03
1998	98	4	4.08	2010	343	9	2.62
1999	90	4	4.44	2011	277	4	1.44
2000	129	2	1.55	2012	153	1	0.65
2001	79	1	1.27	2013	2	0	0.00

年份	IPO 公司数量		河北省占比	年份	IPO 公司数量		河北省占比
	全国	河北省			全国	河北省	
2014	122	2	1.64	2019	204	2	0.98
2015	222	3	1.35	2020	435	4	0.92
2016	227	0	0.00	2021	524	10	1.91
2017	438	4	0.91	合计	4682	78	1.67
2018	107	1	0.93				

资料来源：国泰安数据库。

（二）河北上市公司市值

截至 2021 年 12 月 31 日，河北 69 家上市公司总市值 14659.89 亿元，有 33 家上市公司市值超百亿元，3 家上市公司市值超千亿元。2021 年河北上市公司市值排名见表 2。

表 2 2021 年河北上市公司市值排名

单位：亿元

排名	证券代码	证券名称	市值
1	601633	长城汽车	3657.54
2	002459	晶澳科技	1482.39
3	002049	紫光国微	1365.34
4	600803	新奥股份	522.50
5	600956	新天绿能	437.49
6	600482	中国动力	425.65
7	600906	财达证券	414.06
8	603156	养元饮品	359.53
9	002603	以岭药业	327.46
10	000401	冀东水泥	296.57
11	000958	东方能源	274.55
12	000709	河钢股份	261.22
13	600559	老白干酒	250.70
14	600812	华北制药	204.52

续表

排名	证券代码	证券名称	市值
15	000937	冀中能源	194.70
16	002146	荣盛发展	189.15
17	600409	三友化工	179.60
18	000778	新兴铸管	172.81
19	002960	青鸟消防	169.09
20	601258	庞大集团	167.73
21	601000	唐山港	162.96
22	300869	康泰医学	162.93
23	300428	立中集团	162.26
24	600340	华夏幸福	140.89
25	601326	秦港股份	140.81
26	300981	中红医疗	133.24
27	000413	东旭光电	125.82
28	003031	中瓷电子	125.13
29	000848	承德露露	116.79
30	600997	开滦股份	113.05
31	002108	沧州明珠	110.88
32	000158	常山北明	110.62
33	600550	保变电气	102.94
34	000923	河钢资源	93.34
35	000600	建投能源	91.19
36	300138	晨光生物	88.97
37	300765	新诺威	83.76
38	300255	常山药业	76.01
39	600480	凌云股份	75.66
40	603938	三孚股份	71.82
41	300990	同飞股份	66.44
42	600230	沧州大化	59.61
43	300368	汇金股份	54.63
44	605196	华通线缆	54.38
45	600965	福成股份	53.13
46	300847	中船汉光	50.97
47	002282	博深股份	49.99
48	600722	金牛化工	46.87
49	600135	乐凯胶片	46.15
50	002342	巨力索具	45.31

排名	证券代码	证券名称	市值
51	603385	惠达卫浴	42.68
52	300137	先河环保	42.16
53	300922	天秦装备	40.77
54	300491	通合科技	34.17
55	300107	建新股份	34.04
56	000889	中嘉博创	33.80
57	002442	龙星化工	31.61
58	300152	科融环境	30.79
59	603050	科林电气	29.20
60	300371	汇中股份	25.03
61	600149	廊坊发展	19.50
62	300446	乐凯新材	18.78
63	000856	冀东装备	17.57
64	002691	冀凯股份	17.17
65	002494	华斯股份	17.00
66	830964	润农节水	13.43
67	603176	汇通集团	11.43
68	832171	志晟信息	11.35
69	838163	方大股份	10.26

资料来源：国泰安数据库。

河北上市公司市值排名中，长城汽车市值最高，达3657.54亿元，晶澳科技、紫光国微分别排第2名和第3名，市值分别为1482.39亿元、1365.34亿元。新奥股份（522.50亿元）、新天绿能（437.49亿元）、中国动力（425.65亿元）、财达证券（414.06亿元）、养元饮品（359.53亿元）、以岭药业（327.46亿元）、冀东水泥（296.57亿元）进入前10名，依次排第4~10名。

二 河北上市公司基本情况

（一）河北上市公司数量排名

截至2021年12月31日，河北上市公司数量为69家，其中新大绿能同时发行 A 股和 H 股（A 股证券代码：600956；H 股证券代码：00956）。截至 2021 年 12 月 31 日，河北上市公司和其他省（区、市）（不含港澳台地区）上市公司数量见表 3。

表 3　截至 2021 年 12 月 31 日中国 31 个省（区、市）上市公司数量

单位：家，%

排名	省（区、市）	上市公司数量	占全国比例
1	广　东	771	16.47
2	浙　江	592	12.64
3	江　苏	580	12.39
4	北　京	410	8.76
5	上　海	387	8.27
6	山　东	268	5.72
7	福　建	164	3.50
8	四　川	161	3.44
9	安　徽	146	3.12
10	湖　南	133	2.84
11	湖　北	126	2.69
12	河　南	96	2.05
13	辽　宁	89	1.90
14	河　北	69	1.47
15	陕　西	65	1.39
15	重　庆	65	1.39
17	天　津	61	1.30
18	江　西	59	1.26
19	新　疆	55	1.17
20	吉　林	52	1.11
21	云　南	41	0.88
22	黑龙江	40	0.85
23	广　西	39	0.83
24	山　西	36	0.77
25	贵　州	35	0.75
26	海　南	34	0.73

排名	省（区、市）	上市公司数量	占全国比例
27	甘肃	33	0.70
28	内蒙古	26	0.56
29	西藏	21	0.45
30	宁夏	16	0.34
31	青海	12	0.26
	合计	4682	—

资料来源：国泰安数据库。

截至2021年底，广东、浙江和江苏的上市公司数量排全国前3名，占全国的41.50%，集中了全国四成的上市公司。截至2021年12月31日，河北仅有69家A股上市公司，占全国上市公司4682家的1.47%，上市公司数量排全国第14名。2021年，河北地区生产总值（GDP）为40391.3亿元，排全国第12名。河北上市公司数量在全国的排名低于其地区生产总值在全国的排名，这也从侧面反映出河北上市公司数量相对较少。

（二）河北上市公司变更注册地情况

要进一步说明的是，截至2021年12月31日，耀华玻璃、石劝业、石炼化、金谷源、华创阳安和恒信东方6家上市公司因股权转让、重组等原因被其他省（市）的股东控股，并变更注册地，不再属于河北的上市公司（见表4）。

表4 河北上市公司变更注册地情况

证券代码	原证券名称	原公司注册地	上市时间	现证券名称	现公司注册地	变更注册地时间
600716	耀华玻璃	河北省秦皇岛市	1996年7月2日	凤凰股份	江苏省南京市	2010年1月26日
600892	石劝业	河北省石家庄市	1996年3月15日	宝诚投资	北京市	2010年10月28日
000783	石炼化	河北省石家庄市	1997年7月31日	长江证券	湖北省武汉市	2007年12月19日

续表

证券代码	原证券名称	原公司注册地	上市时间	现证券名称	现公司注册地	变更注册地时间
000408	金谷源	河北省邯郸市	1996年6月28日	藏格控股	青海省格尔木市	2016年8月19日
600155	华创阳安	河北省保定市	1998年9月18日	华创阳安	北京市	2019年1月2日
300081	恒信东方	河北省石家庄市	2010年5月20日	恒信东方	北京市	2019年1月14日

资料来源：国泰安数据库和上市公司年报。

1. 耀华玻璃

秦皇岛耀华玻璃股份有限公司是经河北省人民政府冀股办〔1995〕9号文批准，由中国耀华玻璃集团公司作为主发起人，与河北省建设投资公司、国家建材局秦皇岛玻璃研究设计院、渤海铝业有限公司、秦皇岛北山发电股份有限公司共同发起并采用社会募集方式设立的股份有限公司。主营业务为玻璃、工业技术玻璃及其制品、不饱和聚酯树脂及玻璃钢制品的生产销售，开展国内外合资、合作经营、补偿贸易等，自产产品和技术出口业务与所需原辅材料、机械设备、零配件及相关技术出口，公司控股股东一直为中国耀华玻璃集团公司。[①]

2009年9月29日，《中国证券监督管理委员会关于核准秦皇岛耀华玻璃股份有限公司重大资产重组及向江苏凤凰出版传媒集团有限公司发行股份购买资产的批复》（证监许可〔2009〕1030号）核准耀华玻璃重大资产重组及向江苏凤凰出版传媒集团有限公司发行股份购买相关资产。公司于2010年1月26日在江苏省工商行政管理局办理完公司名称变更登记手续。公司名称由"秦皇岛耀华玻璃股份有限公司"变更为"江苏凤凰置业投资股份有限公司"，注册地由河北省秦皇岛市变更为江苏省南京市。

---

① 上市公司年报。

2. 石劝业

石家庄劝业场股份有限公司，于 1986 年 11 月 25 日经石家庄市人民政府市政〔1986〕131 号文批准组建，并经中国人民银行河北省分行〔1986〕冀银发字 284 号文批准向社会公开招股而设立，是河北第一家向社会公开募集股份设立的商业股份制公司。1996 年 3 月公司 1530.97 万股社会个人股获准在上海证券交易所上市交易，控股股东为湖南大学百泉集团公司。2003 年 6 月，湖南大学百泉集团公司与中国华兴汽车贸易集团有限公司（现已更名为中国华星氟化学投资集团有限公司）签署了《股份转让协议》，控股股东由湖南大学百泉集团公司正式变更为中国华兴汽车贸易集团有限公司。①

2010 年 4 月 29 日，华星氟化学与深圳市钜盛华实业发展有限公司签订了《股份转让协议》，向钜盛华公司转让持有的公司有限售条件流通股份 1190.41 万股，占公司总股本的 18.86%。2010 年 6 月 17 日，上述股份完成登记，钜盛华公司第一大股东的控股股东为深圳市宝能投资集团有限公司。2010 年 10 月 28 日，公司名称变更为"宝诚投资股份有限公司"，公司注册地由河北省石家庄市变更为北京市。

3. 石炼化

1997 年，由中国石化石家庄炼油厂独家发起、募集设立的石家庄炼油化工股份有限公司，是国家重要的基础原材料工业企业，属于国家重点扶植的支柱产业，公司主要从事炼油、化工、化纤的技术研发和生产工作。

长江证券有限责任公司的前身为湖北证券公司，经湖北省人民政府和中国人民银行湖北省分行批准于 1991 年 3 月 18 日成立。中国证监会于 2000 年 2 月 24 日核准了增资扩股方案，使其发展成综合性证券公司。2007 年 12 月 5 日经中国证监会核准，石家庄炼油化工股份有限公司定向回购、重大资产出售暨以新增股份吸收长江证券有限责任公司，合并成新的长江证券有限

---

① 上市公司年报。

责任公司。① 2007 年 12 月 19 日，公司完成迁址、变更法人代表等工商登记手续，正式更名为长江证券股份有限公司，注册地由河北省石家庄市变更为湖北省武汉市。

4. 金谷源

1996 年，经河北省人民政府冀股办〔1996〕2 号文批准，由原邯郸陶瓷（集团）总公司将其所属第一瓷厂、第二瓷厂、工业瓷厂资产重组后和其他四家发起人共同发起，以募集方式设立股份有限公司，第一大股东为邯郸陶瓷集团有限责任公司。②

2001 年 2 月，公司控股股东由邯郸陶瓷集团有限责任公司变更为军神实业有限公司；2003 年 6 月，公司控股股东由军神实业有限公司变更为北京路源世纪投资管理有限公司；2016 年 7 月，公司控股股东由北京路源世纪投资管理有限公司变更为青海藏格投资有限公司。2016 年 8 月 19 日，公司完成了注册地及法定代表人变更的工商登记手续并取得了青海省工商行政管理部门换发的营业执照，注册地由河北省邯郸市变更为青海省格尔木市。

5. 华创阳安

华创阳安股份有限公司曾用名为河北宝硕股份有限公司，经河北省人民政府股份制领导小组办公室冀股办〔1998〕第 24 号文批准，由原河北保塑集团有限公司（后更名为河北宝硕集团有限公司）独家发起，以募集方式设立股份有限公司，公司总股本为 20000 万股。经上海证券交易所〔1998〕57 号文件批准，1998 年 9 月 18 日公司股票在上海证券交易所挂牌交易。③证券名称"华创阳安"，证券代码"600155"。

2001 年 7 月 26 日，华创阳安在河北省工商行政管理局办理变更注册登记，注册资本变更为 41250 万元。经《河北省人民政府国有资产监督管理委员会关于河北宝硕股份有限公司股权分置改革有关问题的批复》（冀国资发产权〔2006〕129 号）和中华人民共和国财政部《关于中国信达资产管理

---

① 上市公司年报。
② 上市公司年报。
③ 上市公司年报。

公司参与河北宝硕股份有限公司股权分置改革有关问题的批复》（财金函〔2006〕43号）批准，公司进行股权分置改革。

2018年6月12日、2018年6月28日分别召开公司第六届董事会第十五次会议和2018年第一次临时股东大会，审议通过了《关于变更公司名称的议案》和《关于修订〈公司章程〉的议案》，同意公司名称由"河北宝硕股份有限公司"变更为"华创阳安股份有限公司"，并相应修订《公司章程》及相关制度中对应部分内容。2019年1月2日，华创阳安股份有限公司完成公司名称及注册地工商变更登记，注册地由河北省保定市变更为北京市。

6. 恒信东方

2001年11月3日，经河北省人民政府冀股办〔2001〕100号《关于同意发起设立河北恒信移动商务股份有限公司的批复》，由孟宪民等5位自然人发起设立恒信移动商务文化股份有限公司。

恒信移动于2010年4月26日在深圳证券交易所上市，所属行业为移动信息通信行业类。2017年6月5日，公司名称由恒信移动商务文化股份有限公司变更为恒信东方文化股份有限公司。2018年12月21日，公司第六届董事会第二十五次会议审议通过了《关于变更公司注册地址、经营范围及修订〈公司章程〉的议案》。根据公司经营发展需要，结合公司实际经营情况，公司注册地址由河北省石家庄市变更为北京市。

三　河北境内上市公司分布情况

本部分从行业分布情况、板块分布情况、地区分布情况三个方面对河北上市公司分布情况进行了分析。

（一）河北境内上市公司行业分布情况

按照中国证监会公布的《上市公司分类与代码》，上市公司的分类一般可以分为农、林、牧、渔业，采矿业，制造业，电力、热力、燃气及水生产和供应业，交通运输、仓储和邮政业，批发和零售业，金融业等大类行业，具体还包括次类行业、中类行业和小类行业。中国证监会《上市公司分类与代码》的分类原则是：非股权投资类上市公司以公司经会计师事务所审计的年度合并报表中的营业收入比重为分类指标；股权投资类上市公司以公司长期股权投资占总资产的比重为分类指标。上市公司所从事的经营活动决定了企业的性质，对企业的技术水平和盈利能力起着关键的决定作用。我国A股上市公司的行业分布主要集中在制造业，电力、热力、燃气及水生产和供应业，信息传输、软件和信息技术服务业及金融业，其次是交通运输、仓储和邮政业，金融业，房地产业，采矿业。

截至 2021 年 12 月 31 日，河北 69 家上市公司中，制造业企业占大多数，数量为 51 家，占河北上市公司的 73.91%，由此可见河北上市公司产业结构以制造业为主。河北上市公司在其他行业中的分布为：电力、热力、燃气及水生产和供应业企业 4 家，占河北上市公司的 5.80%；信息传输、软件和信息技术服务业企业 3 家，占河北上市公司的 4.35%；采矿业企业 2 家，交通运输、仓储和邮政业企业 2 家，金融业企业 2 家，房地产业企业 2 家，各占河北上市公司的 2.90%；建筑业企业 1 家，批发和零售业企业 1 家，水利、环境和公共设施管理业企业 1 家，分别占河北上市公司的 1.45%（见表 5）。

表 5　截至 2021 年 12 月 31 日河北 69 家上市公司行业分布情况

证券代码	证券名称	行业大类	行业细分
000937	冀中能源	B 采矿业	B06 煤炭开采和洗选业
000923	河钢资源		B08 黑色金属矿采选业
600965	福成股份	C 制造业	C13 农副食品加工业
300138	晨光生物		
300765	新诺威		C14 食品制造业
600559	老白干酒		C15 酒、饮料和精制茶制造业
000848	承德露露		
603156	养元饮品		
002494	华斯股份		C19 皮革、毛皮、羽毛及其制品和制鞋业
600997	开滦股份		C25 石油加工、炼焦及核燃料加工业
600135	乐凯胶片		C26 化学原料及化学制品制造业
600230	沧州大化		

证券代码	证券名称	行业大类	行业细分
600409	三友化工		
600722	金牛化工		
603938	三孚股份		C26 化学原料及化学制品制造业
002442	龙星化工		
300107	建新股份		
300446	乐凯新材		
300255	常山药业		
600812	华北制药		C27 医药制造业
002603	以岭药业		
002108	沧州明珠		
300981	中红医疗		C29 橡胶和塑料制品业
838163	方大股份		
830964	润农节水		
603385	惠达卫浴		C30 非金属矿物制品业
000401	冀东水泥		
000709	河钢股份	C 制造业	C31 黑色金属冶炼及压延加工业
002342	巨力索具		C33 金属制品业
000778	新兴铸管		
002282	博深股份		C34 通用设备制造业
300990	同飞股份		
002691	冀凯股份		
300368	汇金股份		C35 专用设备制造业
300869	康泰医学		
000856	冀东装备		
601633	长城汽车		
600480	凌云股份		C36 汽车制造业
300428	立中集团		
600482	中国动力		C37 铁路、船舶、航空航天和其他运输设备制造业
605196	华通线缆		
002459	晶澳科技		
600550	保变电气		C38 电气机械和器材制造业
603050	科林电气		
300491	通合科技		

证券代码	证券名称	行业大类	行业细分
000413	东旭光电	C 制造业	C39 计算机、通信和其他电子设备制造业
002049	紫光国微		
002960	青鸟消防		
300847	中船汉光		
003031	中瓷电子		
300137	先河环保		C40 仪器仪表制造业
300371	汇中股份		
300922	天秦装备		C41 其他制造业
600149	廊坊发展	D 电力、热力、燃气及水生产和供应业	D44 电力、热力生产和供应业
000600	建投能源		
600803	新奥股份		D45 燃气生产和供应业
600956	新天绿能		
603176	汇通集团	E 建筑业	E48 土木工程建筑业
601258	庞大集团	F 批发和零售业	F52 零售业
601000	唐山港	G 交通运输、仓储和邮政业	G55 水上运输业
601326	秦港股份		
000158	常山北明	I 信息传输、软件和信息技术服务业	I65 软件和信息技术服务业
000889	中嘉博创		
832171	志晟信息		
600906	财达证券	J 金融业	J67 资本市场服务
000958	东方能源		J69 其他金融业
600340	华夏幸福	K 房地产业	K70 房地产业
002146	荣盛发展		
300152	科融环境	N 水利、环境和公共设施管理业	N77 生态保护和环境治理业

资料来源：国泰安数据库和上市公司年报。

（二）河北境内上市公司板块分布情况

目前我国企业能够选择的上市路径主要有在内地上市、赴港上市和国外上市，在内地上市主要有主板（沪市 A 股、深市 A 股）、中小企业板和创业板。河北 A 股上市公司主要分布在主板、中小企业板和创业板。本部分主要对河北上市公司主板、中小企业板和创业板的分布情况进行统计，表6和图1具体列示了河北上市公司在各板块的分布情况。

截至2021年12月31日，河北69家上市公司中，主板上市公司共有38家，约占总数的55.07%，其中有26家公司在沪市A股上市，约占总数的37.68%，有12家公司在深市A股上市，约占总数的17.39%。有16家公司在创业板上市，约占总数的23.19%。有12家公司在中小企业板上市，约占总数的17.39%。有3家公司在北交所上市，约占总数的4.35%。通过河北上市公司板块分布情况分析，可以看出河北大部分上市公司集中在主板。

表6　截至2021年12月31日河北69家上市公司板块分布情况

证券代码	证券名称	所属板块
600135	乐凯胶片	
600149	廊坊发展	
600230	沧州大化	
600340	华夏幸福	
600409	三友化工	
600480	凌云股份	
600482	中国动力	
600550	保变电气	
600559	老白干酒	
600722	金牛化工	
600803	新奥股份	沪市A股
600812	华北制药	
600906	财达证券	
600956	新天绿能	
600965	福成股份	
600997	开滦股份	
601000	唐山港	
601258	庞大集团	
601326	秦港股份	
601633	长城汽车	
603050	科林电气	

证券代码	证券名称	所属板块
603156	养元饮品	沪市 A 股
603176	汇通集团	
603385	惠达卫浴	
603938	三孚股份	
605196	华通线缆	
000158	常山北明	深市 A 股
000401	冀东水泥	
000413	东旭光电	
000600	建投能源	
000709	河钢股份	
000778	新兴铸管	
000848	承德露露	
000856	冀东装备	
000889	中嘉博创	
000923	河钢资源	
000937	冀中能源	
000958	东方能源	
002049	紫光国微	中小企业板
002108	沧州明珠	
002146	荣盛发展	
002282	博深股份	
002342	巨力索具	
002442	龙星化工	
002459	晶澳科技	
002494	华斯股份	
002603	以岭药业	
002691	冀凯股份	
002960	青鸟消防	
003031	中瓷电子	
300107	建新股份	创业板
300137	先河环保	
300138	晨光生物	
300152	科融环境	
300255	常山药业	

证券代码	证券名称	所属板块
300368	汇金股份	
300371	汇中股份	
300428	立中集团	
300446	乐凯新材	
300491	通合科技	
300765	新诺威	创业板
300847	中船汉光	
300869	康泰医学	
300922	天秦装备	
300981	中红医疗	
300990	同飞股份	
838163	方大股份	
832171	志晟信息	北交所
830964	润农节水	

资料来源：国泰安数据库和上市公司年报。

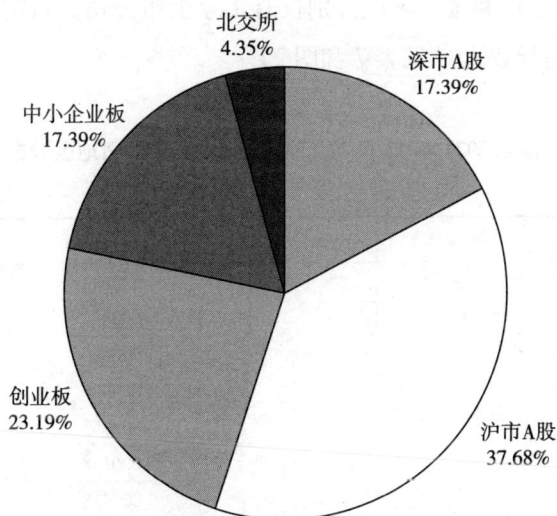

图 1　截至 2021 年 12 月 31 日河北上市公司板块分布占比

资料来源：国泰安数据库和上市公司年报。

（三）河北上市公司地区分布情况

一个地区的上市公司数量基本上与该地区产业优势及经济发展水平相对应，拥有的上市公司数量越多，则能够给该地区带来的融资便利越多，带动资本向本地流动，使得地方经济享受到资本市场资源配置的倾斜，从而带动地方经济的发展。[①] 河北现设 11 个地级市及雄安新区，11 个地级市分别为：石家庄、唐山、秦皇岛、邯郸、邢台、张家口、承德、廊坊、沧州、保定和衡水。

截至 2021 年 12 月 31 日，河北 69 家上市公司分布在全省 11 个地级市和雄安新区，其中石家庄有 19 家，唐山有 14 家，保定有 9 家，沧州、秦皇岛和廊坊各有 5 家，邯郸和邢台各有 3 家，衡水和张家口各有 2 家，承德和雄安新区各有 1 家。石家庄上市公司数量占河北上市公司总数的 27.54%，唐山上市公司数量占河北上市公司总数的 20.29%，保定上市公司数量占河北上市公司总数的 13.04%。石家庄、唐山、保定集中了河北上市公司总数的 60.87%，而承德和雄安新区分别仅有 1 家上市公司。目前，河北上市公司地区间分布差异较大（见表 7 和图 2）。

表 7 截至 2021 年 12 月 31 日河北 69 家上市公司地区分布情况

单位：家

数量排名	地区	上市公司数量	证券代码	证券名称
1	石家庄市	19	600803	新奥股份
			600812	华北制药
			600956	新天绿能
			600906	财达证券
			603050	科林电气
			000158	常山北明
			000413	东旭光电
			000600	建投能源

---

① 鄢波、王华、杜勇：《地方上市公司数量、产权影响与政府的资助之手》，《经济管理》2014 年第 7 期，第 164~175 页。

数量排名	地区	上市公司数量	证券代码	证券名称
1	石家庄市	19	000958	东方能源
			002282	博深股份
			002603	以岭药业
			838163	方大股份
			002691	冀凯股份
			003031	中瓷电子
			300137	先河环保
			300255	常山药业
			300368	汇金股份
			300491	通合科技
			300765	新诺威
2	唐山市	14	600409	三友化工
			600997	开滦股份
			601000	唐山港
			601258	庞大集团
			603385	惠达卫浴
			603938	三孚股份
			605196	华通线缆
			000401	冀东水泥
			000709	河钢股份
			000856	冀东装备
			002049	紫光国微
			300371	汇中股份
			300981	中红医疗
			830964	润农节水
3	保定市	9	600135	乐凯胶片
			600480	凌云股份
			600482	中国动力
			600550	保变电气
			601633	长城汽车
			603176	汇通集团
			002342	巨力索具
			300428	立中集团
			300446	乐凯新材

续表

数量排名	地区	上市公司数量	证券代码	证券名称
4	沧州市	5	600230	沧州大化
			600722	金牛化工
			002108	沧州明珠
			002494	华斯股份
			300107	建新股份
4	秦皇岛市	5	601326	秦港股份
			000889	中嘉博创
			002459	晶澳科技
			300869	康泰医学
			300922	天秦装备
5	廊坊市	5	600340	华夏幸福
			600965	福成股份
			002146	荣盛发展
			300990	同飞股份
			832171	志晟信息
6	邯郸市	3	000778	新兴铸管
			300138	晨光生物
			300847	中船汉光
6	邢台市	3	600149	廊坊发展
			000937	冀中能源
			002442	龙星化工
7	衡水市	2	600559	老白干酒
			603156	养元饮品
7	张家口市	2	000923	河钢资源
			002960	青鸟消防
8	承德市	1	000848	承德露露
8	雄安新区	1	300152	科融环境
合计		69	—	—

资料来源：国泰安数据库和上市公司年报。

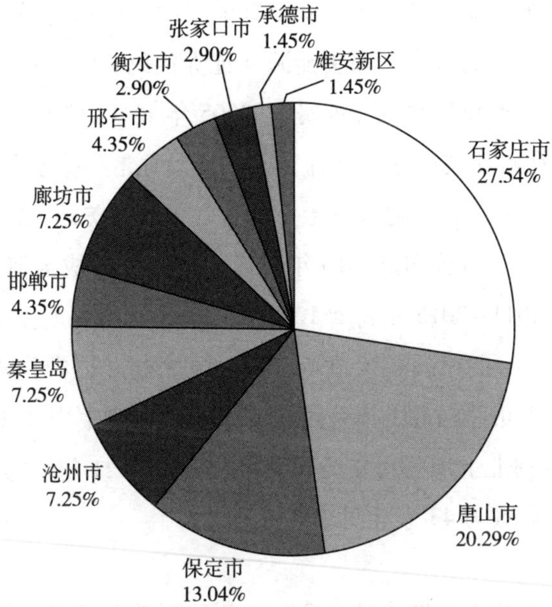

图2　截至 2021 年 12 月 31 日河北上市公司地区分布情况占比

资料来源：国泰安数据库和上市公司年报。

四　河北境外上市公司分布情况

在当前经济和金融全球一体化的背景下，伴随着中国经济全球影响力的不断提升，中国企业充分利用国内外资本市场进行全球融资已是大势所趋。上市公司境外上市有利于引进境外金融资源，缓解企业融资压力，弥补企业急需的巨额资金短缺，完善资本结构和公司治理机制，分担境内市场和企业成长中的风险。公司境外上市对构建企业与世界市场联系的重要平台、通过资金和信息的双向流动塑造更有市场竞争力和国际影响力的中国企业、推动中国证券市场的国际化进程都有极为重要的作用。

（一）河北境外上市公司基本情况

1994 年 6 月 21 日，石药集团（证券代码：01093）在香港联合交易所上市，成为河北第一家境外上市公司，2000 年以前河北在境外上市的企业仅此一家。2002 年 6 月 3 日，新奥能源（证券代码：02688）在香港联合交易所上市，注册地为开曼群岛（英属）。2005 年 10 月 19 日，立中车轮（证券代码：E94）在新加坡证券交易所上市，成为河北第一家在新加坡上市的公司。2007~2009 年，河北赴境外上市的 3 家企业在美国上市，中国香港市场新增 1 家河北的上市公司。2010 年以后，中国香港成为河北企业赴境外上市的首选地，2011~2015 年新增 12 家在香港联合交易所上市的河北公司，2016 年翼辰实业（证券代码：01596）和中国优材（证券代码：08099）在香港联合交易所上市。河北上市公司在美国上市主要集中在 2007~2010 年，2011 年以来未有河北上市公司在美国上市。截至 2021 年 12 月 31 日，河北辖区境外上市公司数为 43 家（见表 8）。

表 8　截至 2021 年 12 月 31 日河北 43 家境外上市公司上市时间分布

单位：家

上市年份	数量	上市年份	数量
1994	1	2009	2
1995	0	2010	3
1996	0	2011	2
1997	0	2012	2
1998	0	2013	2
1999	0	2014	3
2000	0	2015	3
2001	0	2016	2
2002	1	2017	3
2003	1	2018	2
2004	2	2019	3
2005	3	2020	3
2006	2	2021	1
2007	2		
2008	0	合计	43

资料来源：国泰安数据库和上市公司年报。

（二）河北境外上市公司市场分布

企业在选择上市交易所时，需要根据自身的发展战略和市场定位对不同交易所的优势进行评估。对于当前的中国企业来说，中国香港、美国、英国和德国都是值得重点考虑的主要境外市场。

河北的 43 家境外上市公司中，38 家在中国香港联合交易所上市，占比为 88.37%；4 家在美国上市，占比为 9.30%；1 家在新加坡上市，占比为 2.33%（见图 3）。可见中国香港一直是河北上市公司境外上市的首选之地，在河北企业境外上市中占据主导地位。

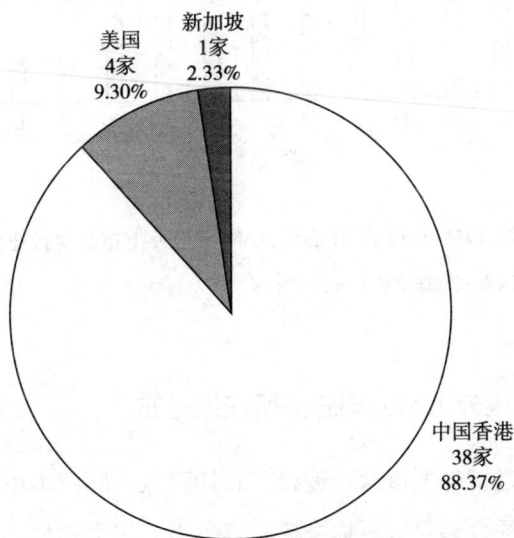

图 3 截至 2021 年 12 月 31 日河北 43 家境外上市公司市场分布占比情况

资料来源：国泰安数据库和上市公司年报。

（三）河北境外上市公司行业分布

河北境外上市公司主要集中在房地产、能源业、钢铁、工业机械和制药等具有传统优势的行业。目前在河北境外上市公司中，从事房地产行业的公司有 7 家；从事制药、能源业的公司分别有 5 家，从事钢铁、工业机械的公司各有 3 家；从事公用事业、建筑机械、汽车制造、通信业、化工业的公司分别有 2 家；从事交通运输、金融、林业、电子制造和旅游业的公司分别有 1 家；从事其他制造业的公司有 5 家（见图 4）。

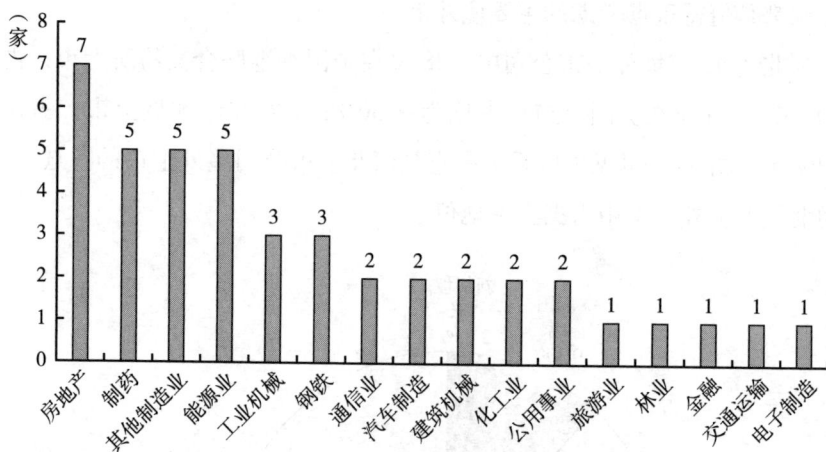

图 4　截至 2021 年 12 月 31 日河北 43 家境外上市公司行业分布对比

资料来源：国泰安数据库和上市公司年报。

（四）河北境外上市公司总部所在地分布

上市公司通过境外上市这一途径，直接融入国际资本市场，有利于企业获得国际资本市场合理筹资，提升核心竞争力，极大地加速和推动了当地经济的发展。

河北境外上市公司总部所在地分布在 11 个地级市，其中石家庄的境外上市公司总部最多，有 13 家，占河北境外上市公司的 30.23%；其次是保定和廊坊，各有 8 家，各占河北境外上市公司的 18.60%；沧州和邢台各有 3 家，各占河北境外上市公司的 6.98%；唐山和承德各有 2 家，各占河北境外上市公司的 4.65%；而邯郸、衡水、秦皇岛和张家口各有 1 家企业，各占河北境外上市公司的 2.33%。总体上看，河北境外上市公司地区分布比较集中，位列前三的石家庄、保定、廊坊囊括了河北境外上市公司总数的 67.43%（见图5）。

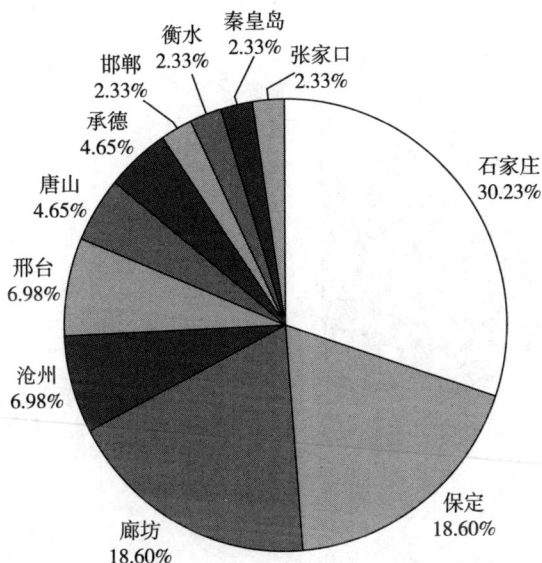

图5 2021年末河北43家境外上市公司总部所在地分布占比情况

资料来源：国泰安数据库和上市公司年报。

（五）河北境外上市公司注册地分布

随着贸易全球化的不断加剧，为追寻企业的更好发展，许多企业把眼光放到了境外地区，在境外注册公司现已成为一种常态，离岸公司也已经是一个合法存在并被广泛使用的商业模式。上市公司选择离岸注册，首先，其名称登记相对便捷，有利于商业活动的开展；其次，离岸公司办理我国境内银行的离岸银行业务，通过开设离岸账户的方式自由调动资金，资金往来方便，不受严格的资本监管；最后，离岸公司有利于税务筹划，降低投资运营成本。

截至2021年12月31日，河北43家境外上市公司中仅有7家在内地注册，占比为16.28%；而在境外注册的有36家，占比为83.72%。其中在

"避税天堂"英属开曼群岛注册的最多，有31家，占河北境外上市公司总数的72.09%，另外各有1家在美国、百慕大、新加坡注册，占比分别为2.33%（见图6）。

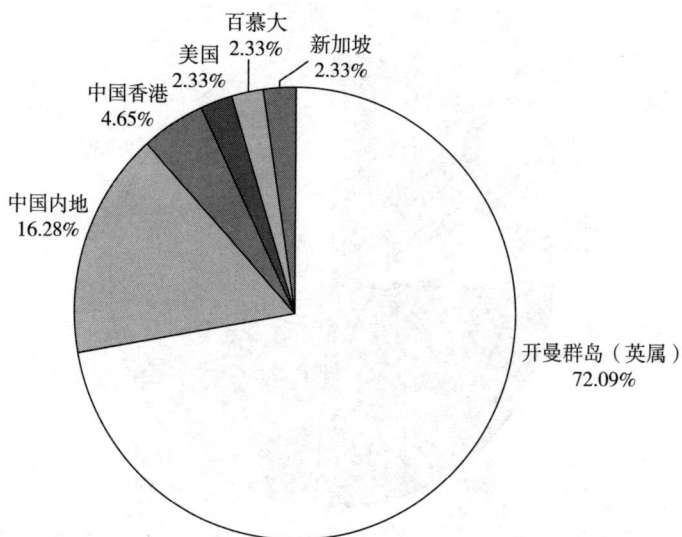

图6　截至2021年12月31日河北43家境外上市公司注册地分布比例

资料来源：国泰安数据库和上市公司年报。

分 报 告
Topical Reports

B.2
河北上市公司股权结构
研究报告（2022）

石晓飞*

摘　要： 股权结构与股东行为是影响公司治理机制有效性的重要因素，也是决定所有者与经营者委托代理关系的基础。本报告从股权性质、实际控制人性质、股权集中度以及两权分离度对河北上市公司股权结构现状进行研究，剖析河北上市公司股权结构不合理等问题，并提出更好地发挥政府作用、提高信息披露水平、实行投资主体多元化、促进大股东控制和小股东保护机制综合发挥效应等对策建议。为有效规范股东行为，保护中小股东利益，提升河北上市公司股权治理水平提供有益参考。

关键词： 上市公司　股权结构　河北

---

* 石晓飞，博士，河北经贸大学工商管理学院副院长、公司治理与企业成长研究中心主任，副教授，硕士研究生导师，主要研究领域为公司治理。

股权结构是公司治理机制的基础，是公司内部权力配置的前提，深深影响着企业的管理和决策。基于此，本报告以《中华人民共和国公司法》（以下简称《公司法》）等相关规定为依据，结合 2017~2021 年上市公司年报和国泰安数据库中的数据，主要从股权构成的"质"和"量"两个方面，通过股权性质、实际控制人性质、股权集中度以及两权分离度四类指标对河北上市公司股权结构进行了分析。

一 股权结构相关理论

公司治理是一系列机制的集合，包括内部治理机制和外部治理机制，主要是为了保护外部投资者利益免受公司内部人（主要指公司管理层或控股股东）侵占。股权结构是指由不同性质的股东及其持股比例构成的企业股权分布状态，① 是决定公司治理模式的关键因素，是公司治理机制的逻辑起点。

（一）股权性质

股权构成是指不同性质的各个股东持有股份的多少，不同的股权构成会影响公司的战略制定与整体发展。持股者的身份对于股东目标和参与管理的方式具有重要的影响，由于股份类型存在差异，其股份权益主体的权力也不同，因此其对公司治理的参与和影响效果之间也存在一定差异。基于中国以公有制为主体、多种所有制经济共同发展的基本经济制度，国有企业与非国有企业无论在资源获取能力、制度环境还是在公司治理等方面都存在较大的差异，这使得国有企业与非国有企业的股权构成也存在较大的差异。目前，中国大多数上市公司的股权结构以国有股、法人股等非流通股为主，国有资本仍然在上市公司中占据主导地位，且股权结构呈现"一股独大"的特点，

---

① 张红军：《中国上市公司股权结构与公司绩效的理论及实证分析》，《经济科学》2000 年第 4 期，第 34~44 页。

这也使得上市公司的"内部人控制"问题较为突出。

基于委托代理理论，国有企业一般采取政府委派制，其企业经理以及董事长大多为代理人。虽然国有企业具有优越的外部融资环境，可以获得更多经济资源和政策优惠，管理者也能够获得优良的公司绩效，但是国有企业存在所有者缺位现象，管理者积极性不够高，大股东治理功能薄弱，内部监督机制失衡，很容易出现"内部人控制"问题，使得国有企业内部治理效率偏低成为一个普遍的问题。[①] 而非国有企业一般由私有股权主导，经理人常由实际控制人或大股东担任，大股东与管理层高度重合，大股东占据了董事会和管理层的多数席位，对企业具有较强的控制能力，[②] 不同于国有企业，经理人在非国有企业的管理团队中更受重视，因此也拥有更多的决策自主权，而这种差异的存在会进一步显著影响国有企业与非国有企业的决策动机以及决策过程。

（二）实际控制人性质

中国上市公司按照所有权属性，可以分为国有和非国有两类。在财政分权背景下，国有上市公司按照其实际控制人的不同，又可进一步分为中央控股公司和地方政府（省级、市县级）控股公司。[③] 这些公司在与政府的外部联系和监督激励体制上有明显不同，从而导致其利益驱动因素以及决策制定的差异。[④]

从决策制定的动机来看，对于实际控制人为自然人的上市公司而言，其控制人一般不会缺位，他们甚至会亲自在公司担任董事长或总经理等重要职

---

① M. Shirley, P. Walsh, "Public versus Private Ownership: The Current State of the Debate," *Policy Research Working Paper* 10 (2000): 1178–1191.

② 柳春、王新霞：《地区腐败与股权控制：来自民营上市公司的证据》，《统计与信息论坛》2019年第2期，第114~121页。

③ 刘芍佳、孙霈、刘乃全：《终极产权论、股权结构及公司绩效》，《经济研究》2003年第4期，第51~62页。

④ 夏立军、方轶强：《政府控制、治理环境与公司价值——来自中国证券市场的经验证据》，《经济研究》2005年第5期，第40~51页。

位，因此会以维护公司和自身利益为目的制定决策；而对于实际控制人为中央或地方政府的国有企业而言，由于实际控制人缺位的现象较为普遍，因此管理者在经营过程中的代理问题较为突出。① 一方面，国有企业自改革开放以来经过一系列的改革重组后，大型或特大型国有企业或行业性垄断企业的实际控制人大多数为中央政府，其目的在于实现产业结构调整和"规模偏好"的双重目标，因此企业的行为决策更具社会性，即中央控股公司的行为决策大部分是以政策为导向制定和实施的，公司促进宏观经济协调发展目标的愿望要远大于中央政府的财政收入目标；而地方政府控股的上市公司对地方经济的贡献度以及对地方政府工作人员的政绩有更大的影响，因此，对于实际控制人为地方政府的企业，其行为决策在很大程度上取决于地方政府工作人员的目标函数。②

另一方面，由于中国市场化改革促进了中央政府和地方政府经济领域的分权，使得地方政府成为具有独立地位的利益主体，随着地方政府权力的扩大，地方政府亟须增加收入来源以保证不断扩大的社会职能的正常运行。自1994年分税制改革后，财政收入更多地集中于中央政府，而财政支出负担却留给了地方政府。③ 此时财政分权化改革强化了地方政府预算约束，同时调动了地方政府追求经济增长和财政收入最大化的积极性。因此，基于地方政府和中央政府的目标差异，作为实际控制人控股公司的行为决策以及公司治理效率也会不同。

（三）股权集中度

作为股权结构"量"的体现，股权集中度是指企业大股东持股数量或是前几个大股东持股总数占企业总股本的比例，由于股权集中或分散的程度不同，其对公司治理机制以及公司治理效率的影响也会存在差异，过度集中

---

① 戚拥军、钟曼、包莉丽：《媒体负面报道、实际控制人性质与现金分红行为——来自A股上市公司的经验证据》，《统计与决策》2021年第6期，第152~156页。
② 杨记军、逯东、杨丹：《国有企业的政府控制权转让研究》，《经济研究》2010年第2期，第69~82页。
③ 朱恒鹏：《地区间竞争、财政自给率和公有制企业民营化》，《经济研究》2004年第10期，第24~34页。

或分散的股权结构都不利于经营者的管理，适度的股权集中度对提高公司治理有效性有重要的作用。

在经济转型过程中，由于小股东缺乏法律保护、产权市场不完善等，股东的监督动力和能力受其持有股份比例大小的影响。小股东并不是天然的公司治理的积极参与者，当股权过度分散时，这些股东缺乏积极参与公司治理和驱动公司价值增长的动机。同时，在缺乏足够的企业内部信息和投票权的情况下，可能会产生"内部人控制"问题，以及"搭便车"现象。另外，在股权分散的情况下，小股东没有能力监督经理人的行为，使得经理人会采取机会主义行为，如增加企业的活动成本、选择最大化公司规模和加快公司扩张的战略，而不是选择使公司利润最大化的战略，此时产生的代理问题可能会降低企业的利润。[1]

随着股权集中度的提高，股东监督经理人的动力和能力都会随之提高，股东监督有效地遏制经理人的代理行为，从而提高企业的利润。[2] 而过高的股权集中度也会对企业绩效产生负面影响，这是因为当股权过分集中或"一股独大"时，有可能导致对经理人的过度监督和控制，使企业对经营者的股权激励减少，从而降低经理人管理的主动性和积极性，影响经营者能力的发挥。[3] 此外，股权集中度提高的同时提高了大股东过度使用控制权以征用企业收益、损害小股东利益以及企业长期发展的可能性。而合理的股权集中度既有利于管理者能力的发挥，也可以保证公司控股股东对经营者进行有效的监督，以及限制经营者采取不利于公司长久发展、损害公司利益相关者利益的行为，还能够保证所有者投资取得预期回报。[4]

[1] E. Gedajlovic, D. Shapiro, "Ownership and Firm Profitability in Japan," *The Academy of Management Journal* 2（2002）：575-585.

[2] S. Claessens, S. Djankov, "Ownership Concentration and Corporate Performance in the Czech Republic," *Journal of Comparative Economics* 27（1999）：498-513.

[3] T. Sanders, "Antecedents and Consequences of Corporate Governance Reform: The Case of Germany," *Strategic Management Journal* 24（2003）：631-649.

[4] S. Jeremy, S. Edwards, "Ownership Concentration and Share Valuation," *German Economic Review* 5（2004）：143-171.

（四）两权分离度

两权分离是指实际控制人拥有对企业的控制权和现金流权的分离，即实际控制人控制权与所有权之间的差值。由于实际控制人的所有权代表其从上市公司中所获得的利益，而控制权则代表实际控制人对企业决策的影响程度，因此所有权和控制权的差距越大，实际控制人与外部投资者之间的代理冲突越突出。[1]

中国证券市场是一个正处于转型时期的新兴市场，终极控制股东对公司的控制具有隐秘性和复杂性，而投资者法律保护水平较低，因此上市公司的终极控制股东通过各种"杠杆工具"使其控制权超过现金流权，从而获得"同股不同权，小股有大权"的效应，偏离传统的"一股一票"的假设，使得中国民营上市企业所有权与控制权分离程度相当严重，[2] 即实际控制人大多采用金字塔方式以较少的投资控制较多的股份，这为终极控制股东关联交易、内幕交易、利润转移、掏空上市公司等不规范运作提供了许多便利，从而可能使得企业价值下降，影响投资者的利益。[3]

针对上市公司控股股东可能给外部中小股东带来的利益侵害，持股比例相对较高的机构投资者更有可能会基于对自身利益的保护，对两权分离带来的后果进行规避或采取有效的措施加以监督，使自身利益受到侵害的可能性降到最低。

然而，由于中国证券市场中上市公司的许多不规范问题，现阶段在我国证券市场上大多数上市公司的控股股东占据绝对优势，而且对中小股东利益保护的外部治理机制相对匮乏，机构投资者不能充分发挥在公司治理中的作用，同样难以通过对公司管理权实施重大影响，与控股股东抗衡，实现自我

---

[1] R. La Porta, F. Lopez-de-Silanes, A. Shleifer, "Corporate Ownership around the World," *The Journal of Finance* 2 (1999): 471~517.

[2] 王力军、童盼：《民营上市公司控制类型、多元化经营与企业绩效》，《南开管理评论》2008 年第 5 期，第 31~39 页。

[3] 张华、张俊喜、宋敏：《所有权和控制权分离对企业价值的影响——我国民营上市企业的实证研究》，《经济学》（季刊）2004 年第 3 期，第 1~14 页。

权益的保护。因此，面对两权分离带来的不良后果，机构投资者很难主动改变两权分离状况，他们将更多地采取被动规避的措施，即减少对两权分离度较高公司的持股，进而使得机构投资者无法发挥长期投资者的引导作用。①因此，无论在公司治理层面还是在政策监管层面，公司的实际控制人及其所有权、控制权及两权分离度都是一个非常重要的问题。

二 河北上市公司股权结构现状

本报告主要基于河北上市公司股权治理情况，根据股权性质情况、实际控制人情况、股权集中度情况、两权分离度情况四类指标对股东治理情况进行分析。

（一）河北上市公司股权性质情况

依据公司属性的不同，可以把上市公司分为国有企业、民营企业、公众企业、集体企业、外资企业和其他企业。2017~2021 年，河北上市公司民营企业的数量最多，其次是国有企业。2017~2021 年，河北民营上市公司数量呈现增长趋势，而河北国有上市公司仅从 2020 年开始增长，2020 年和 2021 年分别新增 2 家和 3 家国有上市公司，数量仍少于民营上市公司（见表 1 和表 2）。

表 1　2017~2021 年河北上市公司股权性质分布情况

单位：家

所有权性质	2017 年	2018 年	2019 年	2020 年	2021 年
国有企业	24	24	24	26	29
民营企业	29	30	32	34	37

注：北交所 3 家上市公司（方大股份、志晟信息、润农节水）于 2021 年上市，上市时间较短，数据尚不稳定，因此未进行统计，本书余同。

资料来源：国泰安数据库和上市公司年报。

---

① S. Claessens, L. Djankov, "The Separation of Ownership and Control in East Asia Corporations," *Journal of Financial Economics* 58 (2000): 81–112.

表2 截至2021年12月31日河北上市公司控股股东及股权性质

单位：%

序号	证券代码	证券名称	控股股东名称	控股股东持股比例	股份性质	所有权性质
1	600135	乐凯胶片	中国乐凯集团有限公司	45.68	流通A股	国有企业
2	600149	廊坊发展	廊坊市投资控股集团有限公司	15.30	流通A股	国有企业
3	600230	沧州大化	沧州大化集团有限责任公司	45.50	流通A股	国有企业
4	600409	三友化工	唐山三友碱业有限公司	35.49	国有法人股，流通A股	国有企业
5	600480	凌云股份	北方凌云工业集团有限公司	33.55	流通A股	国有企业
6	600482	中国动力	中国船舶重工集团有限公司	26.08	国有法人股，流通A股	国有企业
7	600550	保变电气	中国兵器装备集团有限公司	44.56	国有法人股，流通A股	国有企业
8	600559	老白干酒	河北衡水老白干酿酒有限公司	24.70	流通A股	国有企业
9	600722	金牛化工	冀中能源股份有限公司	36.05	流通A股	国有企业
10	600812	华北制药	冀中能源集团有限责任公司	24.08	流通A股	国有企业
11	600906	财达证券	唐山钢铁集团有限责任公司	32.44	国有法人股	国有企业
12	600956	新天绿能	河北建设投资集团有限责任公司	48.73	流通A股	国有企业
13	600997	开滦股份	开滦有限责任公司	46.12	流通A股	国有企业
14	601000	唐山港	唐山港口实业集团有限公司	44.88	国有法人股，流通A股	国有企业
15	601326	秦港股份	河北港口集团有限公司	54.27	国有法人股	国有企业
16	000158	常山北明	石家庄常山纺织集团有限责任公司	28.48	流通A股	国有企业
17	000401	冀东水泥	北京金隅集团股份有限公司	44.34	流通A股	国有企业

续表

序号	证券代码	证券名称	控股股东名称	控股股东持股比例	股份性质	所有权性质
18	000600	建投能源	河北建设投资集团有限责任公司	65.63	国有法人股，流通A股	国有企业
19	000709	河钢股份	邯郸钢铁集团有限责任公司	39.73	流通A股	国有企业
20	000778	新兴铸管	新兴际华集团有限公司	39.96	国有法人股，流通A股	国有企业
21	000856	冀东装备	冀东发展集团有限责任公司	30.00	流通A股	国有企业
22	000923	河钢资源	河钢集团有限公司	34.59	国有法人股，流通A股	国有企业
23	000937	冀中能源	冀中能源集团有限责任公司	32.81	国有法人股，流通A股	国有企业
24	000958	东方能源	国家电力投资集团有限公司	53.25	国有法人股，流通A股	国有企业
25	002049	紫光国微	西藏紫光春华投资有限公司	32.39	流通A股	国有企业
26	003031	中瓷电子	河北半导体研究所（中国电子科技集团公司第十三研究所）	49.68	国有法人股	国有企业
27	300446	乐凯新材	中国乐凯集团有限公司	30.61	流通A股	国有企业
28	300847	中船汉光	河北汉光重工有限责任公司	26.89	流通A股	国有企业
29	300981	中红医疗	中红普林集团有限公司	45.00	国有法人股	国有企业
30	600340	华夏幸福	华夏幸福基业控股股份公司	20.1	流通A股	民营企业
31	600803	新奥股份	ENNGROUPINTERNATIONALINVESTMENTLIMITED	48.16	流通A股	民营企业
32	600965	福成股份	福成投资集团有限公司	35.51	流通A股	民营企业
33	601258	庞大集团	天津深商北方有限公司	16.09	流通A股	民营企业

序号	证券代码	证券名称	控股股东名称	控股股东持股比例	股份性质	所有权性质
34	601633	长城汽车	保定创新长城资产管理有限公司	55.38	流通A股	民营企业
35	603050	科林电气	张成锁	11.07	境内自然人持有股份，流通A股	民营企业
36	603156	养元饮品	姚奎章	21.15	境内法人持有股份，境内自然人持有股份，流通A股	民营企业
37	603176	汇通集团	张忠强、张忠山、张籍文、张中奎	57.95	境内自然人持有股份	民营企业
38	603385	惠达卫浴	王惠文	17.42	境内自然人持有股份，流通A股	民营企业
39	603938	三孚股份	孙任靖	39.31	境内法人持有股份，境内自然人持有股份	民营企业
40	605196	华通线缆	张文东、张文勇、张书军、张宝龙	31.41	境内法人持有股份	民营企业
41	000413	东旭光电	东旭集团有限公司	15.97	境内法人持有股份，流通A股	民营企业
42	000848	承德露露	万向三农集团有限公司	40.68	流通A股	民营企业
43	002108	沧州明珠	河北沧州东塑集团股份有限公司	29.80	流通A股	民营企业
44	002146	荣盛发展	荣盛控股股份有限公司	35.65	流通A股	民营企业
45	002282	博深股份	陈怀荣、程辉、吕桂芹、任京建、张淑玉	36.71	境内自然人持有股份，流通A股	民营企业
46	002342	巨力索具	巨力集团有限公司	20.03	境内自然人持有股份，流通A股	民营企业
47	002442	龙星化工	刘江山	19.95	流通A股	民营企业
48	002459	晶澳科技	宁晋县晶泰福科技有限公司	50.90	流通A股	民营企业

序号	证券代码	证券名称	控股股东名称	控股股东持股比例	股份性质	所有权性质
49	002494	华斯股份	贺国英	31.31	境内自然人持有股份，流通A股	民营企业
50	002603	以岭药业	以岭医药科技有限公司	31.53	境内自然人持有股份，流通A股	民营企业
51	002691	冀凯股份	冯春保	33.37	流通A股	民营企业
52	002960	青鸟消防	北京北大青鸟环宇科技股份有限公司	36.85	流通A股	民营企业
53	300107	建新股份	朱守琛	39.11	境内自然人持有股份，流通A股	民营企业
54	300137	先河环保	李玉国	12.59	境内自然人持有股份，流通A股	民营企业
55	300138	晨光生物	卢庆国	18.43	境内自然人持有股份，流通A股	民营企业
56	300152	科融环境	北京北大青鸟环宇科技股份有限公司	21.12	流通A股	民营企业
57	300255	常山药业	高树华	35.69	境内自然人持有股份，流通A股	民营企业
58	300368	汇金股份	邯郸市建设投资集团有限公司	28.93	境内法人持有股份，境内自然人持有股份，流通A股	民营企业
59	300371	汇中股份	张力新	37.95	境内自然人持有股份，流通A股	民营企业
60	300428	立中集团	天津东安兄弟有限公司	36.95	境内自然人持有股份，流通A股	民营企业
61	300491	通合科技	贾彤颖、马晓峰	30.42	境内自然人持有股份	民营企业
62	300765	新诺威	石药集团恩必普药业有限公司	70.42	境内法人持有股份	民营企业
63	300869	康泰医学	胡坤	46.84	流通A股	民营企业
64	300922	天秦装备	宋金锁	34.69	流通A股	民营企业
65	300990	同飞股份	张国山、张浩雷、李丽、王淑芬	72.70	境内自然人持有股份	民营企业
66	000889	中嘉博创	吴鹰	22.18	流通A股	民营企业

资料来源：国泰安数据库和上市公司年报。

（二）河北上市公司实际控制人情况

1. 河北上市公司实际控制人性质分布情况

《公司法》第二百一十六条第三款规定，实际控制人，是指虽不是公司的股东，但通过投资关系、协议或者其他安排，能够实际支配公司行为的人。实际控制人的性质主要有：企业经营单位、国有企业、集体所有制企业、民营企业、港澳台资企业、外国企业、行政机关、事业单位、中央机构、地方机构、社会团体、自然人、国内自然人等。由于河北上市公司实际控制人性质主要为国内自然人、国有企业、地方机构以及中央机构，因此本报告仅对这四种情况进行分析。

2017~2021 年，国内自然人控制的河北上市公司数量最多，均不低于1/2；其次是地方机构控制的河北上市公司；2017~2019 年实际控制人为中央机构的河北上市公司数量最少，只有 5 家企业，自 2020 年开始增加；2020~2021 年，国有企业为实际控制人的上市公司数量最少（见图1）。

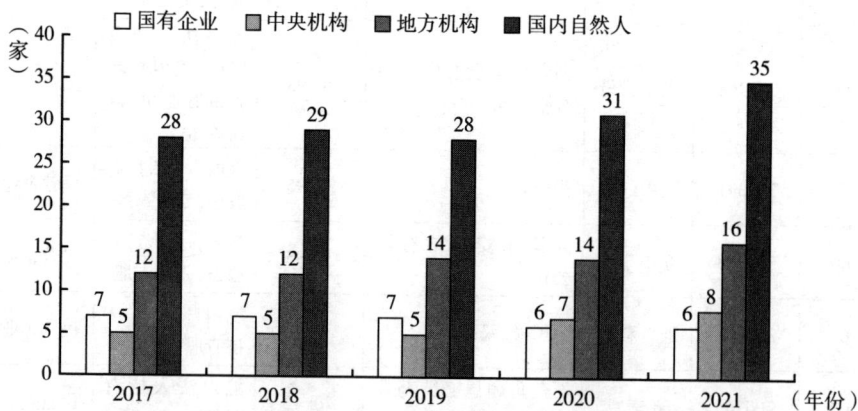

图 1　2017~2021 年河北上市公司实际控制人性质分布对比

资料来源：国泰安数据库和上市公司年报。

2. 河北上市公司实际控制人性质

表 3 对 2017~2021 年河北上市公司实际控制人的具体情况进行了列示。

表 3　2017~2021 年河北上市公司实际控制人情况

所属板块	证券代码	证券名称	2017 年	2018 年	2019 年	2020 年	2021 年
沪市 A 股	600135	乐凯胶片	1	1	1	1	1
	600149	廊坊发展	1	1	1	1	1
	600230	沧州大化	2	2	2	2	2
	600340	华夏幸福	4	4	4	4	4
	600409	三友化工	1	1	1	1	1
	600480	凌云股份	2	2	2	2	2
	600482	中国动力	1	1	1	1	1
	600550	保变电气	3	3	3	3	3
	600559	老白干酒	3	3	3	3	3
	600722	金牛化工	1	1	1	1	1
	600803	新奥股份	4	4	4	4	4
	600812	华北制药	1	1	1	1	1
	600906	财达证券	—	—	—	—	3
	600956	新天绿能	—	—	—	3	3
	600965	福成股份	4	4	4	4	4
	600997	开滦股份	3	3	3	3	3
	601000	唐山港	3	3	3	3	3
	601258	庞大集团	4	4	4	4	4
	601326	秦港股份	3	3	3	3	3
	601633	长城汽车	4	4	4	4	4
	603050	科林电气	4	4	4	4	4
	603156	养元饮品	—	4	4	4	4
	603176	汇通集团					4
	603385	惠达卫浴	4	4	4	4	4
	603938	三孚股份	4	4	4	4	4
	605196	华通线缆	—	—	—	—	4
深市 A 股	000158	常山北明	3	3	3	3	3
	000401	冀东水泥	3	3	3	3	3
	000413	东旭光电	4	4	4	4	4
	000600	建投能源	3	3	3	3	3

所属板块	证券代码	证券名称	2017 年	2018 年	2019 年	2020 年	2021 年
深市 A 股	000709	河钢股份	3	3	3	3	3
	000778	新兴铸管	2	2	2	2	2
	000848	承德露露	4	4	4	4	4
	000856	冀东装备	3	3	3	3	3
	000889	中嘉博创	—	—	—	—	4
	000923	河钢资源	3	3	3	3	3
	000937	冀中能源	3	3	3	3	3
	000958	东方能源	2	2	2	2	2
中小企业板	002049	紫光国微	1	1	1	2	2
	002108	沧州明珠	4	4	4	4	4
	002146	荣盛发展	4	4	4	4	4
	002282	博深股份	4	4	4	4	4
	002342	巨力索具	4	4	4	4	4
	002442	龙星化工	4	4	4	4	4
	002459	晶澳科技	4	4	4	4	4
	002494	华斯股份	4	4	4	4	4
	002603	以岭药业	4	4	4	4	4
	002691	冀凯股份	4	4	4	4	4
	002960	青鸟消防	—	—	—	—	—
	003031	中瓷电子	—	—	—	—	2
创业板	300107	建新股份	4	4	4	4	4
	300137	先河环保	4	4	4	4	4
	300138	晨光生物	4	4	4	4	4
	300152	科融环境	4	4	4	4	4
	300255	常山药业	4	4	4	4	4
	300368	汇金股份	4	4	3	3	3
	300371	汇中股份	4	4	4	4	4
	300428	立中集团	4	4	3	4	4
	300446	乐凯新材	2	2	2	2	2
	300491	通合科技	4	4	4	4	4
	300765	新诺威	—	—	4	4	4
	300847	中船汉光	—	—	—	2	2
	300869	康泰医学	—	—	—	4	4
	300922	天秦装备	—	—	—	4	4
	300981	中红医疗	—	—	—	—	3
	300990	同飞股份	—	—	—	—	4

注：1＝国有企业；2＝中央机构；3＝地方机构；4＝国内自然人。

资料来源：国泰安数据库和上市公司年报。

（三）河北上市公司股权集中度情况

股权集中度是指不同的股东持有的股权份额之比，这是衡量一个公司股权结构重要的指标，也是判断公司稳定性、衡量上市公司股权治理情况以及公司股权结构最重要的指标。股权集中度会影响企业业绩[1]、公司自主创新行为[2]、公司盈余管理行为[3]等。CR指数是衡量上市企业股权集中度的重要指标，是指公司前 N 大股东持股比例，该指数越大，说明股权越集中在大股东手中，反之则说明股权越分散，反映出大股东和小股东之间的股权关系。一般情况下，将股权集中度分为三类：一是股权高度集中，即绝对控股股东一般拥有 50% 以上的公司股份，对公司拥有绝对控制权；二是股权高度分散，公司没有大股东，所有权与经营权基本完全分离，单个股东所持股份的比例在 10% 以下；三是公司拥有较大的相对控股股东，同时拥有其他大股东，所持股份比例在 10%~50% 区间。基于此，本报告取第一大股东持股比例 CR_1 指数平均值和十大股东持股比例 CR_{10} 指数平均值进行统计分析。

1. 河北上市公司和全国上市公司 CR_1 指数、CR_{10} 指数平均值

2017~2021 年河北上市公司以及全国上市公司两个 CR 指数平均值总体来说比较稳定，第一大股东的持股比例接近公司全部股份的 1/3，十大股东的持股比例接近 2/3，且全国上市公司 CR_1 指数和 CR_{10} 指数平均水平略高于河北上市公司 CR_1 指数和 CR_{10} 指数平均水平。全国上市公司第一大股东的持股比例呈现递增趋势，十大股东持股比例呈现波动式增长的趋势；而河北上市公司第一大股东的持股比例和十大股东持股比例变化趋势一致，均在2018 年下降，在 2019~2020 年增长，在 2021 年下降（见图2）。

---

[1] 贺炎林、张瀛文、莫建明：《不同区域治理环境下股权集中度对公司业绩的影响》，《金融研究》2014 年第 12 期，第 148~163 页。

[2] 李婧、贺小刚：《股权集中度与创新绩效：国有企业与家族企业的比较研究》，《商业经济与管理》2012 年第 10 期，第 40~51 页。

[3] 杨志强、王华：《公司内部薪酬差距、股权集中度与盈余管理行为——基于高管团队内和高管与员工之间薪酬的比较分析》，《会计研究》2014 年第 6 期，第 57~65 页。

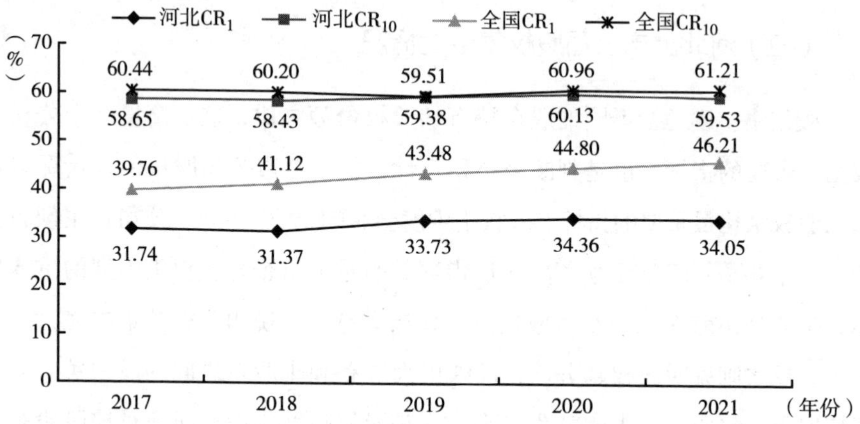

**图 2　2017~2021 年河北上市公司和全国上市公司 CR$_1$ 指数
和 CR$_{10}$ 指数平均值变化趋势**

资料来源：国泰安数据库和上市公司年报。

2. 河北上市公司各板块 CR$_1$ 指数和 CR$_{10}$ 指数平均值

2017 年，沪市 A 股和深市 A 股 CR$_1$ 指数平均值的差距较小，中小企业板和创业板的差距较小，但是前两者与后两者还是有明显差距的。从 2017~2021 年的数据来看，深市 A 股 CR$_1$ 指数平均值呈现逐渐上升的趋势，2021 年增长为四个板块中的最大值；2019 年，创业板超越中小企业板，且在 2021 年，创业板第一大股东的持股比例逼近沪市 A 股。总体来看，沪市 A 股、深市 A 股的 CR$_1$ 指数平均值始终维持在 30% 以上，中小企业板和创业板基本上在 26%~35%。

CR$_{10}$ 指数平均值与和 CR$_1$ 指数平均值的整体变化趋势有所差异。2017~2019 年，中小企业板与沪市 A 股的差距逐渐缩小；2018~2020 年，深市 A 股与沪市 A 股的差距逐渐增大；2019~2021 年，创业板与沪市 A 股之间的差距逐渐缩小；2021 年，深市 A 股、中小企业板、创业板与沪市 A 股的差距均有所缩小。总体来看，2017~2021 年，沪市 A 股、中小企业板与创业板 CR$_{10}$ 指数平均值均呈现波动上升的趋势，深市 A 股呈现波动下降的趋势，对比 2021 年和 2017 年的数据发现，创业板在四个板块中 CR$_{10}$ 指数平均值变化幅度最大（见表 4）。

表4 2017～2021年河北上市公司各板块 CR$_1$指数和 CR$_{10}$指数平均值

单位：%

CR 指数	所属板块	2017 年	2018 年	2019 年	2020 年	2021 年
CR$_1$	沪市 A 股	34.51	33.53	34.56	35.17	33.88
	深市 A 股	34.40	34.44	34.52	36.64	37.30
	中小企业板	27.34	27.56	31.46	30.07	31.67
	创业板	27.12	26.76	33.46	34.43	33.66
CR$_{10}$	沪市 A 股	62.57	61.72	63.80	65.48	62.78
	深市 A 股	57.78	59.05	57.09	58.24	57.60
	中小企业板	56.51	55.84	58.26	55.81	57.63
	创业板	53.21	53.04	54.18	56.37	57.11

资料来源：国泰安数据库和上市公司年报。

3. 河北上市公司 CR 指数

（1）CR$_1$ 指数

表5 对 2017～2021 年河北上市公司 CR$_1$ 指数的具体情况进行了列示。

表5 2017～2021年河北上市公司 CR$_1$ 指数情况

单位：%

所属板块	证券代码	证券名称	2017 年	2018 年	2019 年	2020 年	2021 年
沪市 A 股	600135	乐凯胶片	34.11	34.11	50.70	45.68	45.68
	600149	廊坊发展	20.00	20.00	20.00	20.00	20.00
	600230	沧州大化	46.25	46.25	46.25	46.25	45.50
	600340	华夏幸福	57.61	36.22	30.93	28.14	20.10
	600409	三友化工	37.15	36.20	36.20	36.20	35.49
	600480	凌云股份	34.40	34.40	38.36	33.47	33.55
	600482	中国动力	26.23	30.91	31.51	26.08	26.08
	600550	保变电气	33.47	44.56	44.56	44.56	59.45
	600559	老白干酒	28.85	26.56	25.63	25.63	24.70
	600722	金牛化工	29.99	29.99	20.00	36.05	36.05
	600803	新奥股份	30.97	31.04	33.04	52.72	48.16
	600812	华北制药	21.60	21.60	21.60	25.33	24.08
	600906	财达证券	—	—	—	—	32.44

续表

所属板块	证券代码	证券名称	2017 年	2018 年	2019 年	2020 年	2021 年
沪市 A 股	600956	新天绿能	—	—	—	48.73	48.73
	600965	福成股份	35.51	35.51	35.51	35.51	35.51
	600997	开滦股份	44.12	44.12	44.12	46.12	46.12
	601000	唐山港	44.55	44.88	44.88	44.88	44.88
	601258	庞大集团	20.42	20.42	36.07	13.37	16.09
	601326	秦港股份	54.27	54.27	54.27	54.27	54.27
	601633	长城汽车	56.04	56.04	56.04	55.74	55.38
	603050	科林电气	12.15	11.98	11.99	11.07	11.07
	603156	养元饮品	—	21.15	21.15	21.15	21.15
	603176	汇通集团	—	—	—	—	22.87
	603385	惠达卫浴	16.82	17.14	17.14	17.64	17.42
	603938	三孚股份	40.28	40.28	40.28	40.28	39.31
	605196	华通线缆	—	—	—	—	16.81
深市 A 股	000158	常山北明	27.32	27.55	28.48	28.48	28.48
	000401	冀东水泥	30.00	30.00	30.00	30.00	44.34
	000413	东旭光电	15.90	15.97	15.97	15.97	15.97
	000600	建投能源	65.63	65.63	65.63	65.63	65.63
	000709	河钢股份	39.73	39.73	39.73	39.73	39.73
	000778	新兴铸管	39.00	39.96	39.96	39.96	39.96
	000848	承德露露	40.68	40.68	40.68	40.68	40.68
	000856	冀东装备	30.00	30.00	30.00	30.00	30.00
	000889	中嘉博创	23.86	22.17	22.17	22.81	22.18
	000923	河钢资源	23.20	23.75	23.81	23.81	34.59
	000937	冀中能源	44.12	44.48	44.48	44.48	32.81
	000958	东方能源	33.37	33.37	33.37	58.10	53.25
中小企业板	002049	紫光国微	36.39	36.39	36.39	32.39	32.39
	002108	沧州明珠	29.16	29.80	29.80	29.80	29.80
	002146	荣盛发展	35.65	35.65	35.65	35.65	35.65
	002282	博深股份	11.32	11.72	11.72	10.46	9.43
	002342	巨力索具	20.03	20.03	20.03	20.03	20.03
	002442	龙星化工	20.40	20.40	20.40	20.40	19.95
	002459	晶澳科技	36.39	36.39	59.71	50.22	50.09

所属板块	证券代码	证券名称	2017 年	2018 年	2019 年	2020 年	2021 年
中小企业板	002494	华斯股份	31.31	31.31	31.31	31.31	31.31
	002603	以岭药业	23.76	23.73	31.26	31.26	31.53
	002691	冀凯股份	29.00	30.19	31.47	32.00	33.37
	002960	青鸟消防	—	—	38.27	37.30	36.85
	003031	中瓷电子	—	—	—	—	49.68
创业板	300107	建新股份	39.47	39.39	39.26	39.14	39.11
	300137	先河环保	13.86	14.86	14.86	14.86	12.59
	300138	晨光生物	18.58	19.12	19.18	18.87	18.43
	300152	科融环境	29.50	29.50	29.32	21.12	21.12
	300255	常山药业	34.61	35.69	35.69	35.69	35.69
	300368	汇金股份	35.07	28.86	29.93	28.93	28.93
	300371	汇中股份	37.88	37.88	37.92	37.93	37.95
	300428	立中集团	11.88	11.88	39.42	39.42	36.95
	300446	乐凯新材	30.61	30.61	30.61	45.68	30.61
	300491	通合科技	19.73	19.81	17.89	17.89	16.58
	300765	新诺威	—	—	74.02	74.02	74.02
	300847	中船汉光	—	—	—	26.89	26.89
	300869	康泰医学	—	—	—	46.84	46.84
	300922	天秦装备	—	—	—	34.69	34.69
	300981	中红医疗	—	—	—	—	45.00
	300990	同飞股份	—	—	—	—	33.17

资料来源：国泰安数据库和上市公司年报。

（2）CR$_{10}$指数

表6对2017~2021年河北上市公司CR$_{10}$指数的具体情况进行了列示。

表6　2017~2021年河北上市公司CR$_{10}$指数情况

单位：%

所属板块	证券代码	证券名称	2017 年	2018 年	2019 年	2020 年	2021 年
沪市 A 股	600135	乐凯胶片	38.67	37.69	53.74	58.06	55.46
	600149	廊坊发展	37.09	41.26	41.16	42.85	42.85

续表

所属板块	证券代码	证券名称	2017 年	2018 年	2019 年	2020 年	2021 年
沪市 A 股	600230	沧州大化	48.87	49.31	51.45	52.79	49.37
	600340	华夏幸福	68.94	67.38	69.51	68.51	52.34
	600409	三友化工	55.77	53.66	54.05	56.62	48.91
	600480	凌云股份	53.19	49.07	51.9	55.28	53.36
	600482	中国动力	71.74	78.18	79.14	74.13	74.60
	600550	保变电气	60.18	60.80	66.81	66.97	72.88
	600559	老白干酒	58.76	57.88	47.94	40.61	36.07
	600722	金牛化工	59.66	58.65	58.91	58.90	58.23
	600803	新奥股份	64.70	63.60	66.56	86.17	81.41
	600812	华北制药	62.28	62.28	61.56	62.28	64.08
	600906	财达证券	—	—	—	—	73.40
	600956	新天绿能	—	—	—	96.54	96.80
	600965	福成股份	73.25	71.53	71.20	70.96	39.55
	600997	开滦股份	70.06	70.44	69.40	71.66	70.42
	601000	唐山港	63.53	64.50	64.82	66.78	65.26
	601258	庞大集团	33.63	33.53	57.6	45.30	42.73
	601326	秦港股份	88.69	88.69	88.44	88.22	87.74
	601633	长城汽车	94.33	93.68	93.61	93.29	92.84
	603050	科林电气	50.30	44.59	41.74	36.79	33.78
	603156	养元饮品	79.44	71.63	71.70	71.70	71.71
	603176	汇通集团	—	—	—	—	75.00
	603385	惠达卫浴	67.34	66.41	68.99	68.24	67.11
	603938	三孚股份	76.11	73.13	73.27	73.49	70.84
	605196	华通线缆	—	—	—	—	55.65
深市 A 股	000158	常山北明	59.45	63.25	54.11	49.30	44.74
	000401	冀东水泥	43.76	48.47	46.03	47.91	70.98
	000413	东旭光电	36.06	34.69	31.00	27.70	28.13
	000600	建投能源	70.79	72.63	73.02	72.28	71.58
	000709	河钢股份	64.23	66.22	66.93	70.26	68.32
	000778	新兴铸管	47.22	50.63	51.31	50.11	48.89
	000848	承德露露	56.3	62.01	58.09	54.22	55.59

续表

所属板块	证券代码	证券名称	2017 年	2018 年	2019 年	2020 年	2021 年
深市 A 股	000856	冀东装备	51.13	39.22	34.40	34.18	35.87
	000889	中嘉博创	69.77	76.33	73.85	60.24	45.68
	000923	河钢资源	78.72	79.36	79.42	68.54	57.38
	000937	冀中能源	74.28	74.99	75.6	75.70	75.72
	000958	东方能源	41.62	40.82	41.28	88.41	88.29
中小企业板	002049	紫光国微	53.57	47.92	46.23	47.11	43.70
	002108	沧州明珠	42.06	41.49	40.47	40.97	48.31
	002146	荣盛发展	70.28	69.36	69.24	67.14	67.11
	002282	博深股份	61.69	62.2	62.21	49.77	64.33
	002342	巨力索具	37.01	38.73	38.73	48.44	38.73
	002442	龙星化工	64.84	68.61	51.8	46.41	43.38
	002459	晶澳科技	50.92	48.81	81.97	71.91	71.65
	002494	华斯股份	39.7	42.03	38.68	39.88	39.13
	002603	以岭药业	65.11	64.29	65.33	61.66	60.90
	002691	冀凯股份	79.93	74.93	75.45	71.93	67.99
	002960	青鸟消防	—	—	70.71	68.71	68.25
	003031	中瓷电子	—	—	—	—	78.03
创业板	300107	建新股份	55.30	55.57	53.54	55.08	56.59
	300137	先河环保	22.48	23.66	24.07	25.81	22.11
	300138	晨光生物	42.38	41.64	38.30	41.14	38.46
	300152	科融环境	34.68	34.84	34.33	32.57	29.37
	300255	常山药业	60.99	58.84	57.76	57.69	56.56
	300368	汇金股份	63.55	61.66	57.98	46.41	36.78
	300371	汇中股份	67.77	67.99	67.28	66.87	66.92
	300428	立中集团	74.47	74.51	79.04	77.5	73.32
	300446	乐凯新材	40.84	41.8	40.72	58.06	38.33
	300491	通合科技	69.66	69.92	67.19	62.12	53.15
	300765	新诺威	—	—	75.8	76.38	78.13
	300847	中船汉光	—	—	—	47.99	72.20
	300869	康泰医学	—	—	—	79.88	71.93
	300922	天秦装备	—	—	—	61.67	61.61
	300981	中红医疗	—	—	—	—	79.58
	300990	同飞股份	—	—	—	—	78.75

资料来源：国泰安数据库和上市公司年报。

（四）河北上市公司两权分离度情况

两权分离度是对两权分离程度的度量，数据上体现的是控制权与所有权之间的差值，具体指的是实际控制人拥有对企业的现金流权和控制权的分离，是实际控制人控制权与所有权之间的差值。在集中的股权结构下，上市公司控股股东享有的控制权可能超过其持有的现金流权，造成控制权和现金流权的两权分离。两权分离致使股权结构更加复杂，为控股股东关联交易、掏空上市公司和利润转移等行为提供了便利，[①] 从而影响公司的发展。因此，两权分离程度越大，对投资者和管理者的专业化程度要求就越高。

1. 河北上市公司和全国上市公司两权分离度

2017~2019 年，河北上市公司两权分离度平均值高于全国水平。2017~2019 年全国两权分离度平均值整体呈现稳定状态，维持在 5.00 左右，2021 年全国两权分离度平均值迅速增加至 5.60。河北上市公司的两权分离度 2017 年达到峰值，2018 年又降到 5.67，整体上呈现波动下降的趋势（见图 3）。

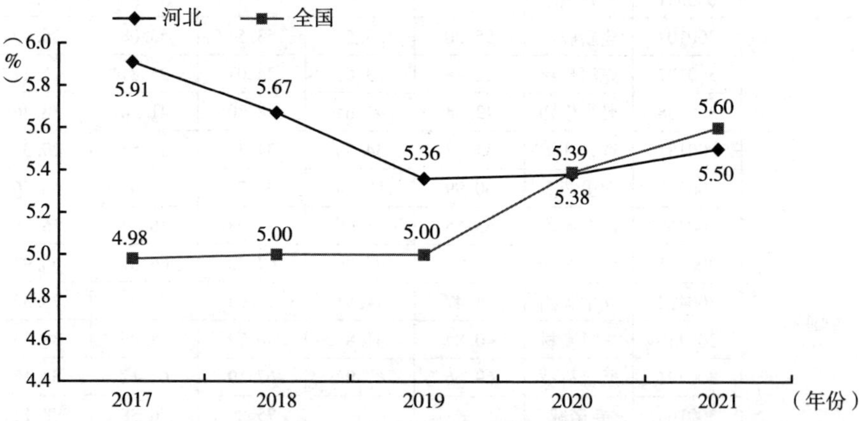

图 3　2017~2021 年河北上市公司和全国上市公司两权分离度平均值变化趋势

资料来源：国泰安数据库和上市公司年报。

---

① 宋玉：《最终控制人性质、两权分离度与机构投资者持股——兼论不同类型机构投资者的差异》，《南开管理评论》2009 年第 5 期，第 55~64 页。

2. 河北上市公司各板块两权分离度

2017 年河北上市公司沪市 A 股、深市 A 股与中小企业板两权分离度的差距较小。沪市 A 股的两权分离度在 2017～2021 年较为稳定。深市 A 股的两权分离度在 2018～2020 年总体呈现上升趋势，虽然在 2021 年有所下降，但其两权分离度在四个板块中仍然最大。中小企业板在 2017～2021 年总体呈现波动下降趋势。创业板的两权分离度虽然在 2017～2020 年呈现波动上升趋势，但变化幅度较小，而在 2021 年，创业板的两权分离度明显提高（见图 4），主要是因为中红医疗（300981）的两权分离度较大。

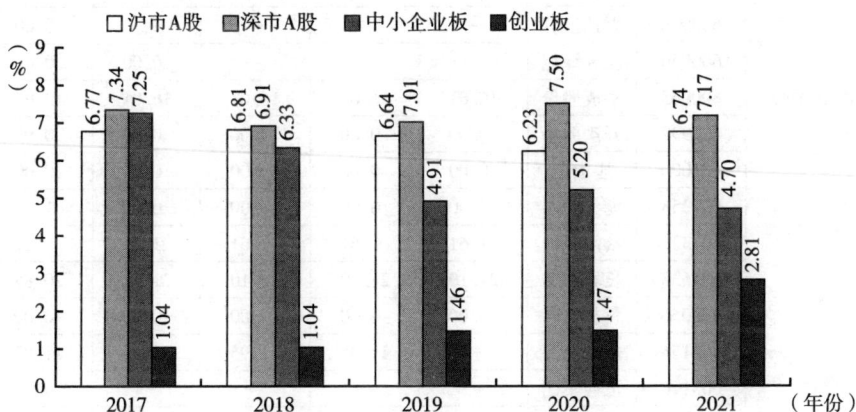

图 4 2017～2021 年河北上市公司各板块两权分离度平均值对比

资料来源：国泰安数据库和上市公司年报。

3. 河北上市公司两权分离度

表 7 对 2017～2021 年河北上市公司两权分离度的具体情况进行了列示。

表 7 2017～2021 年河北上市公司两权分离度

单位：%

所属板块	证券代码	证券名称	2017 年	2018 年	2019 年	2020 年	2021 年
沪市 A 股	600135	乐凯胶片	0.00	0.00	0.00	0.00	0.00
	600149	廊坊发展	0.00	0.00	0.00	0.00	0.00
	600230	沧州大化	22.66	22.67	22.67	22.67	22.30

续表

所属板块	证券代码	证券名称	2017 年	2018 年	2019 年	2020 年	2021 年
沪市 A 股	600340	华夏幸福	9.80	6.64	5.71	5.71	4.88
	600409	三友化工	16.52	16.81	16.81	16.81	17.02
	600480	凌云股份	11.94	11.94	13.32	13.32	11.65
	600482	中国动力	12.02	11.08	7.52	7.52	17.38
	600550	保变电气	0.00	0.00	0.00	0.00	0.00
	600559	老白干酒	0.00	0.00	0.00	0.00	0.00
	600722	金牛化工	8.14	8.05	6.03	6.03	2.17
	600803	新奥股份	13.36	13.05	11.80	11.80	26.65
	600812	华北制药	8.57	8.51	8.51	8.51	20.60
	600906	财达证券	—	—	—	—	0.00
	600956	新天绿能	—	—	—	0.00	0.00
	600965	福成股份	16.01	16.01	16.01	16.01	12.90
	600997	开滦股份	0.00	0.00	0.00	0.00	0.00
	601000	唐山港	0.00	0.00	0.00	0.00	0.00
	601258	庞大集团	0.00	0.00	0.00	0.00	1.00
	601326	秦港股份	1.61	1.61	1.61	1.61	1.81
	601633	长城汽车	21.10	21.10	21.10	21.11	20.85
	603050	科林电气	0.00	0.00	0.00	0.00	0.00
	603156	养元饮品	—	11.95	11.95	11.95	11.95
	603176	汇通集团	—	—	—	—	0.85
	603385	惠达卫浴	0.35	0.35	3.08	0.34	3.10
	603938	三孚股份	0.00	0.00	0.00	0.00	0.00
	605196	华通线缆	—	—	—	—	0.00
深市 A 股	000158	常山北明	0.00	0.00	0.00	0.00	0.00
	000401	冀东水泥	22.59	26.44	26.44	26.44	20.75
	000413	东旭光电	16.40	11.13	11.08	16.82	13.51
	000600	建投能源	0.00	0.00	0.00	0.00	0.00
	000709	河钢股份	0.00	0.00	1.28	1.28	6.22
	000778	新兴铸管	0.00	0.00	0.00	0.00	0.00
	000848	承德露露	2.03	0.00	0.00	0.00	0.00
	000856	冀东装备	22.59	22.59	22.59	22.58	22.59
	000889	中嘉博创	21.98	20.42	20.42	20.42	20.42
	000923	河钢资源	0.00	0.00	0.00	0.00	0.00
	000937	冀中能源	2.49	2.29	2.29	2.49	2.49
	000958	东方能源	0.00	0.00	0.00	0.00	0.00

续表

所属板块	证券代码	证券名称	2017 年	2018 年	2019 年	2020 年	2021 年
中小企业板	002049	紫光国微	17.83	17.83	17.83	17.83	15.87
	002108	沧州明珠	19.84	20.28	14.46	14.46	14.04
	002146	荣盛发展	19.61	19.61	18.68	18.68	5.78
	002282	博深股份	0.00	0.00	0.00	0.00	0.00
	002342	巨力索具	1.00	1.00	0.00	1.00	1.00
	002442	龙星化工	0.00	0.00	0.00	0.00	0.00
	002459	晶澳科技	13.37	4.58	2.99	0.00	15.03
	002494	华斯股份	0.00	0.00	0.00	0.00	0.00
	002603	以岭药业	0.00	0.00	0.00	0.00	0.00
	002691	冀凯股份	0.80	0.00	0.00	0.00	0.00
	002960	青鸟消防	—	—	0.00	—	—
	003031	中瓷电子	—	—	—	—	0.00
创业板	300107	建新股份	0.00	0.00	0.00	0.00	0.00
	300137	先河环保	0.00	0.00	0.00	0.00	0.00
	300138	晨光生物	0.00	0.00	0.00	0.00	0.00
	300152	科融环境	10.40	10.40	10.33	10.33	7.44
	300255	常山药业	0.00	0.00	0.00	0.00	0.00
	300368	汇金股份	0.00	0.00	0.00	0.00	0.00
	300371	汇中股份	0.00	0.00	0.00	0.00	0.00
	300428	立中集团	0.00	0.00	0.00	0.00	0.00
	300446	乐凯新材	0.00	0.00	0.00	0.00	0.00
	300491	通合科技	0.00	0.00	0.00	0.00	0.00
	300765	新诺威	—	—	5.74	5.79	5.86
	300847	中船汉光	—	—	—	—	7.23
	300869	康泰医学	—	—	—	—	0.00
	300922	天秦装备	—	—	—	—	0.00
	300981	中红医疗	—	—	—	—	22.28
	300990	同飞股份	—	—	—	—	2.14

资料来源：国泰安数据库和上市公司年报。

三 河北上市公司股权结构存在的问题

（一）河北上市公司股权性质存在的问题

通过前面的分析可以看出，河北上市公司中，国有企业的占比较少。且通过对 2017~2021 年河北上市股权性质和实际控制人性质两个指标的分析，发现河北上市公司中数量最多的是民营企业，不低于河北上市公司总数的一半，由国内自然人控股；其次是国有企业，且在国有企业中地方机构控股的企业要多于中央机构控股企业；最少的是外资企业，近 5 年来仅有 1 家，由国内自然人控股。

国有企业作为经济体的重要组成部分，深刻反映出一个国家的历史渊源、意识形态以及政治制度、商业模式以及技术轨迹。国有企业是国有经济的重要组成部分，其生产资料归全社会所有，是国民经济中的主导力量。虽然国有企业的数量逐渐减少，但其规模与实力仍然在不断增长。从国有企业产值占国内生产总值（GDP）的比重看，经济合作与发展组织（OECD）经济体的占比为 5%，发展中国家要高得多，中亚国家国有企业的 GDP 占比为 10%~40%，而在中国，国有企业的 GDP 占比为 30%。

随着时代的发展，社会发展、人口就业以及社会保障等制度机制与国有企业的迅速扩张和方向越发紧密相关，加强了人们对国企实现社会主义公有制的深刻认知，从而提升了国企的重要性并促进了国企的发展壮大。研究发现，地方政府的政绩与其控股公司的盈利水平密切相关，[①] 即地方控股公司的良好发展可以为当地经济发展带来很多资源，这便调动了地方政府帮扶其控股的上市公司的积极性，从而减少了管理者的经营压力。同时当国有企业尤其是中央控股公司产生经营亏损时，其预算软约束能力可以有效地帮助其

---

① 朱茶芬、李志文：《国家控股对会计稳健性的影响研究》，《会计与经济研究》2008 年第 5 期，第 38~45、95 页。

获取国有银行及其他金融机构的资金，可以减轻中央控股公司管理的经营压力以及风险。而相比于国有企业，非国有企业缺乏获得政府帮扶的机会，因此为实现自身利益最大化，非国有企业的控股股东为避免管理者的机会主义行为会加强对管理者的监管以及对其行为决策的干预，这使得非国有企业面临的提升公司价值的压力大于地方控股公司，可能不利于公司的管理和经营。

（二）河北上市公司股权集中度存在的问题

在股权集中度方面，依据 CR_1 指数和 CR_{10} 指数对河北上市公司的股权集中度进行分析，发现大部分河北上市公司股权集中度较高。主板的上市公司相对于其他板块股权集中度较高，中小企业板股权集中度处于中游，创业板的上市公司股权集中度相对较低，具有较为分散的股权结构，且股权集中度在 2017~2020 年呈现上升的趋势，在 2021 年稍有下降。通过分析河北上市公司股权治理情况，发现大部分上市公司存在股权集中度较高的现象，在股权集中度较高的情况下，管理层的监督存在成本—收益不对称的问题，很可能导致大股东的利益侵占行为，引发大股东的"掏空"行为，而中小股东对上市公司各项决议的影响力是微乎其微的，因此会损害中小股东的利益，难以建立合理的治理结构。同时股权的高度集中不利于经理人的更换，有可能不利于公司的发展。这是因为当公司股权高度集中时，大股东委派的代理人在与其他人争夺代理权的过程中利益受损的可能性会降低，而代理人只有在不被控股股东信任的情况下才会交出代理权，但是对于控股股东来说，其意识到任命代理人的错误、代理人经营管理的错误，以及该公司经营水平低于同类公司的水平，则需要消耗高昂的成本。

在两权分离度方面，河北上市公司在 2017~2019 年呈下降趋势，在 2020~2021 年稍有上升；2017~2021 年，河北上市公司两权分离度平均值整体呈现波动下降的趋势，而全国两权分离度平均值持续上升。从河北上市公司各板块的两权分离度变化来看，2017~2021 年，沪市 A 股、深市 A 股和中小企业板的两权分离度平均值呈波动下降趋势，而创业板的两权分离度平均值总体呈现上升趋势，说明主板和中小企业板上市公司实际控制人的控制权和现金流权的分离程度在减弱，创业板上市公司实际控制人的控制权和现金流权的分离程度在增强。相比于2017年，2021年深市A股两权分离度平均值仍为四个板块中的最大值，创业板两权分离度平均值仍为四个板块中的最小值，说明创业板实际控制人两权集中度高。目前，国内资本市场还处于"新兴加转轨"的阶段，在制度架构、市场基础和投资理念上，都与成熟市场存在很大的差异。而两权分离度越高，内部股东越可能以极少的资本拥有绝大多数资本运作权，使得权责利高度不匹配，这可能导致更严重的代理问题和更高的代理成本。且终极控制股东对公司的控制具有隐秘性和复杂性，为其关联交易、内幕交易、利润转移、掏空上市公司等不规范运作提供了许多便利。当控股股东的控制权比例越大，而所有权比例越小，即分离度越高时，其侵占上市公司和其他股东利益的动力就越大；只有当控股股东的所有权比例越大时，控股股东才会越有激励动机保证公司顺利运行。

现阶段在中国证券市场上，多数上市公司的控股股东占据绝对优势，而且对中小股东利益保护的外部治理机制相对匮乏，机构投资者尚不能充分发挥在公司治理中的作用，难以与控股股东抗衡；同时，在高度集中的股权结构中，2/3以上的管理层来自控股股东，即机构投资者同样难以通过对公司管理权实施重大影响，达到自我利益保护的目的。因此，面对两权分离带来的不良后果，机构投资者很难主动改变两权分离状况，他们将更多地采取被动规避措施，这不利于机构投资者长期持股。

四　对策建议

（一）更好发挥政府作用，促进公平竞争

目前，中国的法律基础仍然较为薄弱，法律法规实施程度仍然有待提升。在这种情况下，政府有必要拥有一定的公司所有权，更好发挥政府作用，促进公平竞争。随着时间的推移，投资者保护相关法律虽然起到了一定

的保障作用，但仍然有待完善，以避免一些上市公司私有产权控股股东为获取控制权而转移上市公司资产的现象发生。只有不断改进政府监管机制以及规范市场条件，才能减少管理层的自利行为，保证企业的长久运营。此外，非国有企业的实际所得税税率显著低于国有企业，中央国有企业实际所得税税率显著低于地方国有企业，即相比于利益关系清晰的民营上市公司，国有上市公司的税收规避动机较弱，实际所得税率较高。同时，公司所处地区经济发展越快，民营上市公司与国有上市公司间的实际所得税率差异越小，充分发挥政府的作用，有利于促进本地企业发展，通过企业发展扩大税基、促进经济增长和就业，实现不同股权性质公司的公平竞争。

（二）提高信息披露水平，加大惩罚力度

为保障上市公司的发展，需要通过规范法律制度和市场制度加强外部治理环境的强制性，从而加大法律的执行力度、提高违规成本，为上市公司创造良好的外部治理环境。一是进一步完善上市公司实际控制人的信息披露制度，例如完善对实际控制人的认定标准，应将用间接控股方式以及其他私下协议、私下安排方式控制公司的人纳入披露范畴；制定严格的实际控制人股权变动信息披露办法，同时建立和完善日常监管信息系统，录入实际控制人各项交易信息，从而加大对其的监控力度，保障各项交易的合法性和合理性，为投资者提供股权变动规范有序、进出主体明确清楚的信息系统，便于投资者和监管部门获取公司实际控制人的情况，同时避免公司治理过程中可能出现的一些问题。二是加大法律执行力度，降低法律执行的区域性差异，从而使投资者得到实质性的法律保护。同时建立与完善中小股东利益的赔偿制度，提高违规成本，加大事后对违规者的惩罚力度以保障中小股东得到合理的赔偿。如落实终极控股股东对中小股东利益损失的赔偿责任，建立"追溯实际控制人"的法律法规，同时利用追究刑事责任的方式加大处罚力度。

（三）实行投资主体多元化，培育理性成熟的机构投资者

为实现股东间的制衡，需要继续培育和发展证券投资基金和社保基金等

理性成熟的机构投资者，增加机构投资者在流通市场中的比重。机构投资者拥有信息、资金等优势，对于持股比例相对集中的公司，持有分散股权的机构投资者有能力和动力对上市公司的不良行为进行监督和制止，与大股东相抗衡，制约大股东的"掏空"行为。同时，机构投资者还可以在控制股权过分分散的情况下对经理人进行监督，消除股市中的过度投机行为，推动上市公司完善其法人治理结构，加强对中小股东的重视。由于理性成熟的机构投资者一般持股时间较长，入市资金量大，具有一定的信息获取和分析能力，再加上对投资安全性和长期利益的关注，以及进入市场的灵活性较差，其对股市有"稳定器"的作用，因此培育成熟理性的机构投资者可以为中小投资者合理投资、避免投机的行为提供引导作用，同时有利于促进证券市场的规范、稳健以及高效运作。

（四）促进大股东控制和中小股东保护机制综合发挥效应

加大对企业利益相关者的重视与保护，全面认识内部控制的功能及其溢出效应，从而与公司利益相关者建立良好的关系，促进各利益相关者对公司内部控制的关注，在此基础上，寻找并构建公司内部控制规范实施的动力机制。控股股东与其他中小股东的利益冲突是我国上市公司治理的主要矛盾，当缺乏对中小股东权益的保护时，两权背离将会刺激控股股东侵害中小股东的利益，从而造成严重的公司治理问题，影响公司的健康发展。因此应合理制衡股东权利，减少控股股东与中小股东的利益冲突，优化公司的资本投资行为，即利用适当的股权集中度来有效地减少投资者与管理层的委托代理问题，降低公司代理成本。同时，需要保证董事选聘的公开、公平、公正和独立，在控股股东控股比例超过30%的情况下，可通过累积投票制度，充分反映中小股东的意见。除了实施累积投票制度外，实施独立董事制度和建立合理的监事会治理机制也将对合理制衡大股东权利起到积极作用。

B.3

河北上市公司独立董事治理
研究报告（2022）

李桂荣*

摘　要： 在公司治理结构中，作为董事会的核心成员，独立董事占据十
分重要的地位。其一方面代表股东实施对管理层的监督工作，
另一方面也承担企业经营活动的咨询职能。本报告从独立董事
基本情况、独立性、任职情况、履职情况、离职情况五个重要
的治理维度对河北上市公司独立董事治理现状进行研究，剖析
河北上市公司独立董事治理中存在的女性比例较低、独立性有
待加强、独立董事薪酬水平有待提升等问题，并提出加强独立
董事的选聘、提升独立董事独立性、完善独立董事的激励和约
束机制等对策建议，为加强对管理层的监督，提升董事会履职
效果提供参考。

关键词： 上市公司　独立董事治理　河北

独立董事独立于公司的管理和经营活动，在公司战略、运作、资源、经
营标准以及一些重大问题上做出自己独立的判断。本报告对上市公司独立董
事治理的发展概况以及河北上市公司独立董事治理整体情况进行了研究，其
中对整体情况的研究以《上市公司独立董事规则》相关规定为依据，并结

---

* 李桂荣，博士，河北经贸大学工商管理学院院长，教授，硕士研究生导师，河北省重点学科
财务会计方向带头人，主要研究领域为会计政策与公司治理。

合 2017～2021 年上市公司年报和国泰安数据库中的数据，根据以下五类指标对河北上市公司独立董事治理现状进行分析：一是独立董事基本情况；二是独立董事独立性情况；三是独立董事任职情况；四是独立董事履职情况；五是独立董事离职情况。分析其中存在的问题，并提出对策建议，有助于提高董事会对公司的决策职能和专业化运作水平、增强董事会对公司经营管理的监督职能，并有利于完善公司治理机制，以维护各个利益相关者的利益。

一 独立董事治理理论与历史沿革

（一）独立董事治理理论

独立董事制度是指在董事会中设立独立董事，以形成权力制衡与监督的一种制度，其主要包括独立董事"独立性"的规定、独立董事在董事会中的角色与作用、推选与任免程序、任期、报酬、会议等一系列制度安排。其中独立董事是指不在公司担任除董事外的其他职务，并与其所受聘的上市公司及其主要股东不存在可能妨碍其进行独立客观判断的关系的董事，其一般站在中小股东立场，能够凭借独立性和专业性对管理层做出的相关决策履行监督权和发表专业意见，有利于提升公司形象，便于市场融资，是保护利益相关者权益的重要监督主体。

随着公司治理机制的日益健全，独立董事配置对企业的影响将愈来愈受到关注，但已有关于独立董事对公司治理情况的影响研究有不同的观点。在美国等西方国家，独立董事在董事会中所占比例过高时，独立董事的存在甚至会抑制企业的发展。国内有学者发现独立董事并不能影响企业绩效，但也有学者认为独立董事虽然没有发挥预期的公司治理效用，对企业长期绩效产生影响，但其对不同产权属性企业绩效的影响路径存在明显差异。① 此外，

---

① 曲亮、章静、郝云宏：《独立董事如何提升企业绩效——立足四层委托—代理嵌入模型的机理解读》，《中国工业经济》2014 年第 7 期，第 109～121 页。

完善独立董事的选拔制度和激励制度，通过选拔具有良好教育水平和丰富的相关工作经验、有良好声誉和国际视野的人士作为独立董事加入董事会，同时提高独立董事津贴，能够提高企业效率。同时，独立董事监督职能发挥效果明显，但咨询和决策职能没有得到充分的发挥。[①] 但也有一部分学者发现独立董事能够对企业发展产生积极的影响。独立董事为使自己能够拥有兼任其他企业独立董事的机会，具有为保护自己声誉而更加勤勉尽责的内驱力，进而有助于发挥公司治理的有效性，提升企业绩效。[②] 独立董事的设立能够减少管理层的机会主义行为，降低代理成本，同时，能够降低经营风险和诉讼风险，从而对企业绩效产生积极影响。[③] 此外，依据代理成本理论和董事会职能分化理论，独立董事能够减少代理成本，降低"内部人控制"问题发生的可能性，并且能够在一定程度上将董事会的经营决策职能和监督职能分开，提升公司治理水平。

（二）独立董事治理的历史沿革

独立董事制度起源于 20 世纪 30 年代。1940 年，美国颁布的《投资公司法》标志着独立董事制度的产生，其主要目的在于防止控股股东及管理层的内部控制，避免对公司整体利益造成损害；20 世纪六七十年代以后，在深入研究董事会职能、结构和效率与"内部人控制"问题日益严重的双重推动下，美国立法机构及中介组织加速了推进独立董事制度的进程；1976年，美国证监会要求国内每家上市公司于 1978 年 6 月 30 日前设立一个由专门的独立董事组成的审计委员会。此后，独立董事制度逐步发展成为英美公司治理结构的重要组成部分。

---

① 王言、周绍妮、宋夏子：《中国独立董事："咨询"、"监督"还是"决策"？——兼论独立董事特征对履职的调节效应》，《北京交通大学学报》（社会科学版）2019 年第 4 期，第 79~92 页。

② E. M. Fich, A. Shivdasani, "Financial Fraud, Director Reputation, and Shareholder Wealth," *Journal of Financial Economics* 2（2006）：306-336.

③ 励莉、周芳玲：《独立董事身份特征对公司绩效的影响研究》，《经济问题》2019 年第 6 期，第 97~103 页。

中国的独立董事制度率先在中国境外上市公司中试点。1999 年，国家经贸委与中国证监会联合发布的《关于进一步促进境外上市公司规范运作和深化改革的意见》要求在境外上市公司中设立独立董事制度；2001 年，中国证监会发布了《关于在上市公司建立独立董事制度的指导意见》（以下简称《意见》），强制要求所有上市公司必须按照《意见》规定，建立独立董事制度；2002 年 1 月，中国证监会和国家经贸委联合发布的《上市公司治理准则》第四十九条规定，上市公司应按照各有关规定建立独立董事制度；2004 年，中国证监会发布了《关于加强社会公众股股东权益保护的若干规定》，进一步肯定并完善了独立董事制度；2014 年，中国上市公司协会首次发布了《上市公司独立董事履职指引》，规定独立董事应当充分了解公司治理的基本原则、上市公司运作的法律框架、独立董事的职责与责任、上市公司信息披露和关联交易监管等具体规则，并要求其具备内控与风险防范意识和基本的财务报表阅读和理解能力；2018 年 9 月，中国证监会推动修改了资本市场重要的基石性文件《上市公司治理准则》，对独立董事的章节进行了重要调整，明确独立董事享有董事的一般职权，同时依照法律法规和公司章程针对相关事项享有特别职权；2021 年 11 月，中国证监会发布了《上市公司独立董事规则（征求意见稿）》，对独立董事制度进行完善；2022 年 1 月，《上市公司独立董事规则》开始施行，对独立董事的选聘、任职、履职等方面提出了具体意见，有利于独立董事利用自身的独立性和专业性为上市公司提供意见，并能够监督管理层和控股股东的行为，提升公司治理水平。

二 河北上市公司独立董事治理现状

独立董事作为公司治理过程中不可或缺的一部分，对公司管理层的行为起到监督和约束作用，能够维护公司利益，防范中小股东和广大投资者的权益受到侵害。但近年来，我国上市公司的独立董事治理过程中暴露出很多问题，与市场预期不符，质疑声不断。基于此，本报告主要从独立董事基本情况、独立董事独立性情况、独立董事任职情况、独立董事履职情况和独立董事离职情况五个治理维度出发，对河北上市公司独立董事治理状况和全国上市公司、河北不同板块以及河北全部上市公司独立董事治理状况分别进行了对比，分析存在的差异，以期为改善河北上市公司独立董事治理水平，进而提升上市公司绩效提供有益参考。

（一）河北上市公司独立董事基本情况

独立董事作为承担企业监督和咨询职能的董事会成员，其基本情况对于自身职能的发挥也具有重要的影响。独立董事的基本情况主要包括人数、年龄、性别、薪酬和学历背景。

1.独立董事人数

独立董事人数越多，越有利于提升董事会进行决策的独立性，并有利于有效发挥独立董事的制衡和监督作用。[①] 表1对2017~2021年河北上市公司独立董事人数的具体情况进行了列示。

表1　2017~2021年河北上市公司独立董事人数

单位：人

所属板块	证券代码	公司简称	2017 年	2018 年	2019 年	2020 年	2021 年
沪市 A 股	600135	乐凯胶片	3	3	3	3	3
	600149	廊坊发展	4	4	4	4	4
	600230	沧州大化	3	3	3	3	3
	600340	华夏幸福	3	3	3	3	3
	600409	三友化工	5	5	5	5	5
	600480	凌云股份	3	3	3	3	3
	600482	中国动力	3	3	3	4	4
	600550	保变电气	4	3	3	3	3
	600559	老白干酒	3	3	3	3	5
	600722	金牛化工	3	3	3	3	3

---

① 龙镇辉、楼润平、孙鹏：《自主研发、合作研发与企业盈利绩效：兼论独立董事的调节作用》，《科技管理研究》2017年第11期，第123~128页。

续表

所属板块	证券代码	公司简称	2017 年	2018 年	2019 年	2020 年	2021 年
沪市 A 股	600803	新奥股份	3	3	3	4	4
	600812	华北制药	5	5	5	5	5
	600906	财达证券	—	—	—	—	4
	600956	新天绿能	—	—	—	3	3
	600965	福成股份	3	3	3	3	2
	600997	开滦股份	3	3	3	3	3
	601000	唐山港	5	5	5	5	5
	601258	庞大集团	5	5	5	5	5
	601326	秦港股份	4	4	4	4	3
	601633	长城汽车	3	3	3	3	3
	603050	科林电气	3	3	3	3	3
	603156	养元饮品	3	3	3	3	3
	603176	汇通集团	—	—	—	—	3
	603385	惠达卫浴	3	3	3	3	3
	603938	三孚股份	3	3	3	3	3
	605196	华通线缆	—	—	—	—	3
深市 A 股	000158	常山北明	4	4	4	4	4
	000401	冀东水泥	3	3	3	3	3
	000413	东旭光电	3	3	3	3	3
	000600	建投能源	3	3	3	3	3
	000709	河钢股份	3	4	4	4	4
	000778	新兴铸管	3	3	3	2	3
	000848	承德露露	3	3	3	3	3
	000856	冀东装备	3	3	3	3	3
	000889	中嘉博创	3	3	3	3	3
	000923	河钢资源	3	3	3	3	3
	000937	冀中能源	3	4	4	4	4
	000958	东方能源	3	3	3	3	3
中小企业板	002049	紫光国微	3	3	3	3	3
	002108	沧州明珠	3	3	3	3	3
	002146	荣盛发展	3	3	3	3	3
	002282	博深股份	3	4	3	3	3
	002342	巨力索具	3	3	3	3	3
	002442	龙星化工	3	3	3	3	3

所属板块	证券代码	公司简称	2017 年	2018 年	2019 年	2020 年	2021 年
中小企业板	002459	晶澳科技	3	3	3	3	3
	002494	华斯股份	3	3	3	3	3
	002603	以岭药业	3	3	3	3	3
	002691	冀凯股份	3	3	3	3	3
	002960	青鸟消防	—	—	3	3	3
	003031	中瓷电子	—	—	—	3	3
创业板	300107	建新股份	3	3	3	3	3
	300137	先河环保	3	3	3	3	3
	300138	晨光生物	3	3	3	3	3
	300152	科融环境	3	3	3	3	3
	300255	常山药业	3	2	2	2	2
	300368	汇金股份	3	3	3	3	3
	300371	汇中股份	3	3	3	3	3
	300428	立中集团	3	3	3	3	3
	300446	乐凯新材	3	3	3	3	3
	300491	通合科技	3	3	3	3	3
	300765	新诺威	—	—	3	3	3
	300847	中船汉光	—	—	—	3	3
	300869	康泰医学	—	—	—	3	3
	300922	天秦装备	—	—	—	3	3
	300981	中红医疗	—	—	—	—	3
	300990	同飞股份	—	—	—	—	3

资料来源：国泰安数据库和上市公司年报。

2017~2021 年，河北上市公司各板块中沪市 A 股、深市 A 股、中小企业板和创业板的上市公司独立董事人数平均值变化趋势并不明显（见图 1）。

2017~2021 年，全国上市公司独立董事人数平均值总体呈下降趋势，在 2018 年增加为 3.16 人，但之后便恢复平缓下降趋势。河北上市公司独立董事人数平均值基本维持在同一水平，整体呈现较为稳定的趋势。同时，全国

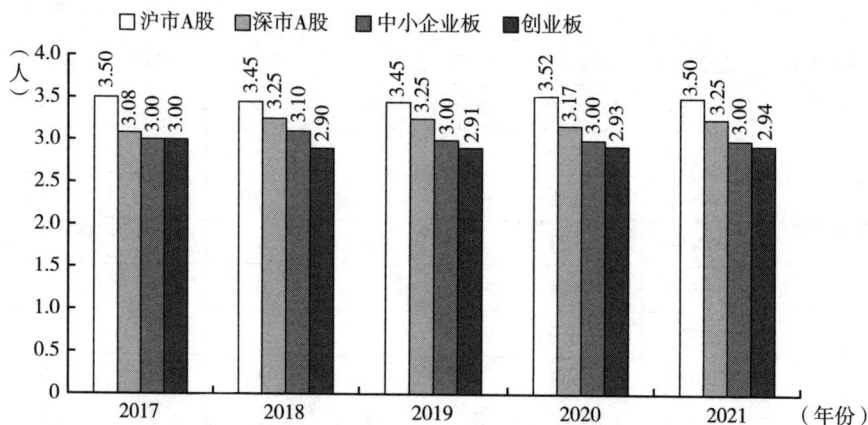

图1　2017~2021年河北上市公司各板块独立董事人数平均值对比
资料来源：国泰安数据库和上市公司年报。

上市公司独立董事人数平均值始终低于河北上市公司独立董事人数平均值（见图2）。

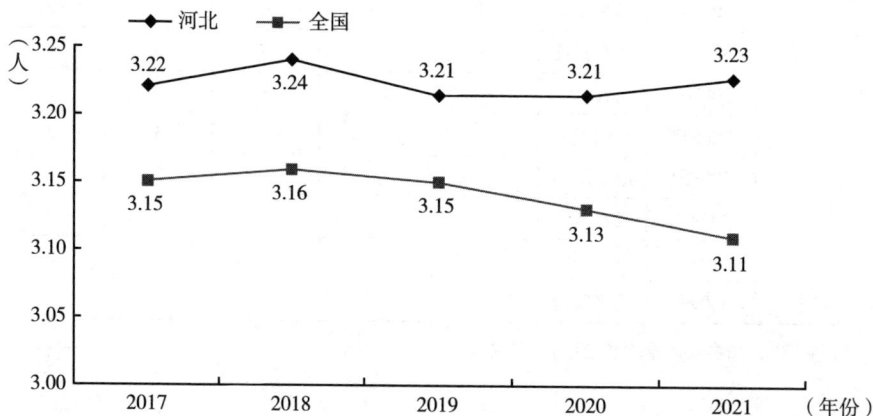

图2　2017~2021年河北上市公司和全国上市公司独立董事人数平均值对比
资料来源：国泰安数据库和上市公司年报。

2.独立董事年龄

个体的年龄往往与其工作经验、分析能力及其拥有的社会人脉密切相关，独立董事同样如此，独立董事年龄的高低也会对企业的治理效果产生一定程度的影响。[①] 表2对2017~2021年河北上市公司独立董事年龄平均值的具体情况进行了列示。

表2　2017~2021年河北上市公司独立董事年龄平均值

单位：岁

所属板块	证券代码	公司简称	2017年	2018年	2019年	2020年	2021年
沪市A股	600135	乐凯胶片	51.25	55.00	57.00	58.00	54.00
	600149	廊坊发展	43.00	44.00	45.00	45.75	46.75
	600230	沧州大化	50.33	50.30	52.33	41.67	42.67
	600340	华夏幸福	46.00	47.00	48.00	57.67	58.67
	600409	三友化工	47.40	48.40	53.00	55.00	56.00
	600480	凌云股份	54.00	56.00	55.33	52.33	53.33
	600482	中国动力	59.00	60.00	61.00	59.00	57.25
	600550	保变电气	50.00	51.00	54.00	55.00	58.40
	600559	老白干酒	52.67	53.67	54.67	56.00	56.00
	600722	金牛化工	43.33	44.33	45.33	46.33	47.33
	600803	新奥股份	56.00	57.00	54.00	56.75	57.50
	600812	华北制药	60.80	61.80	59.00	59.20	59.00
	600906	财达证券	—	—	—	—	49.75
	600956	新天绿能	—	—	—	53.00	48.00
	600965	福成股份	47.67	48.67	55.00	54.00	55.00
	600997	开滦股份	50.67	51.67	52.67	53.67	54.40
	601000	唐山港	55.40	57.60	58.60	56.20	56.17
	601258	庞大集团	56.80	58.40	55.20	52.30	54.33
	601326	秦港股份	54.75	52.50	53.50	54.50	55.50
	601633	长城汽车	48.00	50.33	51.33	51.50	47.17
	603050	科林电气	49.00	48.33	49.33	47.33	48.33
	603156	养元饮品	—	50.00	50.67	51.67	52.67
	603176	汇通集团	56.33	53.33	54.33	55.33	53.67
	603385	惠达卫浴	—	—	—	—	58.40
	603938	三孚股份	48.67	49.67	50.67	47.33	48.33
	605196	华通线缆	—	—	—	—	58.17

---

① 励莉、周芳岭：《独立董事身份特征对公司绩效的影响研究》，《经济问题》2019年第6期，第97~103页。

续表

所属板块	证券代码	公司简称	2017 年	2018 年	2019 年	2020 年	2021 年
深市 A 股	000158	常山北明	56.00	53.00	54.00	55.00	57.57
	000401	冀东水泥	52.00	53.00	54.00	54.67	54.75
	000413	东旭光电	53.00	54.00	53.00	54.33	55.33
	000600	建投能源	59.33	60.33	56.33	59.00	60.00
	000709	河钢股份	51.33	56.50	60.00	65.00	66.00
	000778	新兴铸管	55.00	56.00	57.00	57.33	59.80
	000848	承德露露	49.33	51.33	52.33	48.67	49.67
	000856	冀东装备	46.00	48.00	49.00	50.00	51.00
	000889	中嘉博创	50.33	59.50	59.00	60.00	52.20
	000923	河钢资源	64.67	53.67	54.67	55.67	56.67
	000937	冀中能源	57.75	54.75	55.75	57.00	58.00
	000958	东方能源	51.67	52.67	53.67	54.67	55.67
中小企业板	002049	紫光国微	65.67	66.67	56.33	53.67	54.67
	002108	沧州明珠	56.00	57.00	55.33	54.56	57.67
	002146	荣盛发展	54.67	54.00	50.67	51.67	57.20
	002282	博深股份	57.00	56.75	56.33	58.00	59.00
	002342	巨力索具	49.00	50.00	51.33	52.33	53.25
	002442	龙星化工	48.33	43.67	45.00	49.67	48.80
	002459	晶澳科技	49.00	50.00	54.33	55.33	56.33
	002494	华斯股份	54.33	55.00	56.00	55.00	57.67
	002603	以岭药业	58.33	59.33	60.33	55.67	56.67
	002691	冀凯股份	54.00	55.00	56.00	48.67	49.67
	002960	青鸟消防	—	—	54.67	51.50	49.33
	003031	中瓷电子	—	—	—	—	55.67
创业板	300107	建新股份	46.00	47.00	46.33	47.33	48.33
	300137	先河环保	49.50	54.33	55.33	56.33	57.33
	300138	晨光生物	61.33	62.33	63.33	64.33	65.33
	300152	科融环境	54.00	56.33	57.33	58.00	55.50
	300255	常山药业	56.67	55.00	56.00	57.00	59.25
	300368	汇金股份	52.00	53.00	53.00	54.00	55.00
	300371	汇中股份	51.00	52.33	56.00	57.00	58.00
	300428	立中集团	—	—	—	—	54.00
	300446	乐凯新材	51.67	52.67	52.67	58.00	54.33
	300491	通合科技	55.00	52.00	53.00	54.00	55.00

所属板块	证券代码	公司简称	2017 年	2018 年	2019 年	2020 年	2021 年
创业板	300491	通合科技	55.00	52.00	53.00	54.00	55.00
	300765	新诺威	—	—	50.67	51.67	52.67
	300847	中船汉光	—	—	—	60.67	61.67
	300869	康泰医学	—	—	—	57.67	58.67
	300922	天秦装备	—	—	—	51.00	52.00
	300981	中红医疗	—	—	—	—	55.57
	300990	同飞股份	—	—	—	—	51.67

资料来源：国泰安数据库和上市公司年报。

2017~2021 年，河北上市公司各板块中，沪市 A 股、中小企业板的独立董事年龄平均值不断波动，深市 A 股的独立董事年龄平均值稳步增长。2017~2020 年，创业板的独立董事年龄平均值缓慢增长，但 2021 年有所降低。2020 年，沪市 A 股的独立董事平均年龄出现下降趋势；中小企业板的独立董事年龄平均值则在 2018 年后出现下降，由 2018 年的 54.74 岁下降为 2020 年的 53.28 岁（见图 3）。

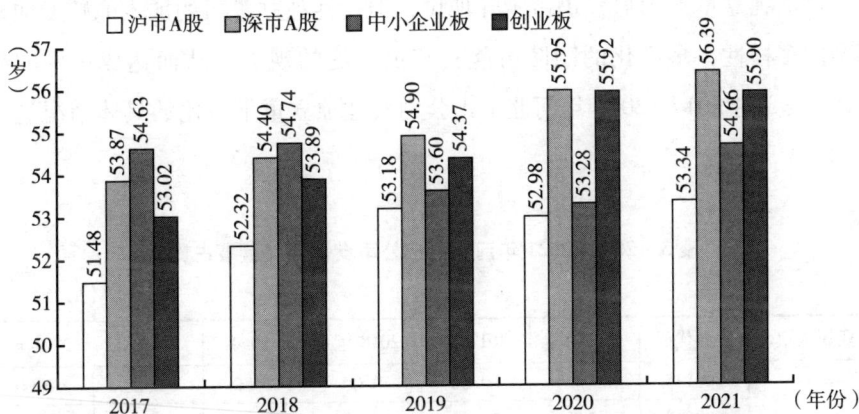

图 3　2017~2021 年河北上市公司各板块独立董事年龄平均值对比

资料来源：国泰安数据库和上市公司年报。

2017~2021 年河北上市公司和全国上市公司独立董事年龄平均值呈现稳步增长态势。此外，2017~2021 年全国上市公司独立董事年龄平均值均高于河北上市公司独立董事年龄平均值，随时间的变化，二者的平均值逐渐接近，2021 年仅差 0.08 岁（见图 4）。

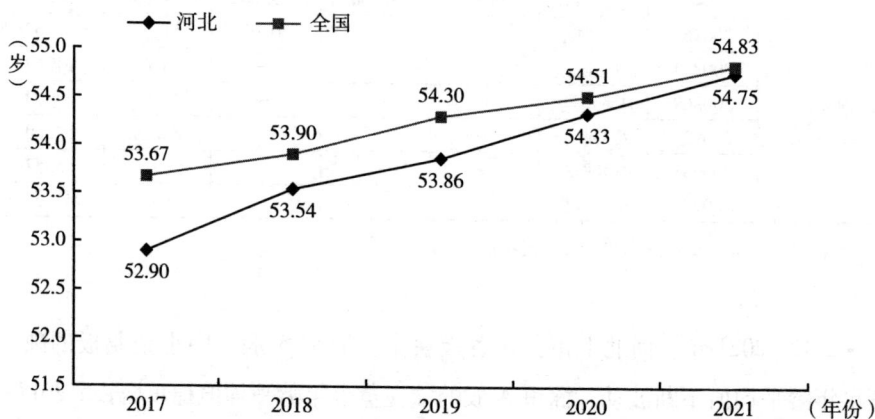

图 4　2017~2021 年河北上市公司和全国上市公司独立董事年龄平均值对比

资料来源：国泰安数据库和上市公司年报。

3. 独立董事性别

目前独立董事中男性仍占主导地位，但女性独立董事的加入能够增加董事会的多样性，多样化的团队可能具有更广泛的观点，从而达成更好的决策。[①] 表 3 对 2017~2021 年河北上市公司女性独立董事占比的具体情况进行了列示。

表 3　2017~2021 年河北上市公司女性独立董事占比

单位：%

所属板块	证券代码	公司简称	2017 年	2018 年	2019 年	2020 年	2021 年
沪市 A 股	600135	乐凯胶片	0.00	0.00	0.00	0.00	0.00
	600149	廊坊发展	20.00	25.00	25.00	25.00	25.00
	600230	沧州大化	33.33	33.33	33.33	33.33	33.33
	600340	华夏幸福	0.00	0.00	0.00	0.00	0.00

---

① 胡琦、周端明：《女性董事对企业绩效影响的实证研究——基于股权性质划分的中国上市公司经验数据》，《财经理论研究》2016 年第 3 期，第 78~87 页。

所属板块	证券代码	公司简称	2017 年	2018 年	2019 年	2020 年	2021 年
沪市 A 股	600409	三友化工	0.00	0.00	14.28	14.28	20.00
	600480	凌云股份	0.00	0.00	0.00	0.00	0.00
	600482	中国动力	0.00	0.00	0.00	0.00	0.00
	600550	保变电气	0.00	0.00	0.00	0.00	20.00
	600559	老白干酒	0.00	0.00	0.00	20.00	16.67
	600722	金牛化工	66.67	66.67	66.67	66.67	66.67
	600803	新奥股份	0.00	0.00	0.00	0.00	0.00
	600812	华北制药	20.00	20.00	20.00	16.67	16.67
	600906	财达证券	—	—	—	—	0.00
	600956	新天绿能	—	—	—	0.00	0.00
	600965	福成股份	0.00	0.00	16.67	25.00	33.33
	600997	开滦股份	50.00	33.33	33.33	33.33	20.00
	601000	唐山港	40.00	33.33	33.33	25.00	16.67
	601258	庞大集团	0.00	0.00	0.00	0.00	0.00
	601326	秦港股份					25.00
	601633	长城汽车	—	—	—	—	33.33
	603050	科林电气	0.00	0.00	0.00	0.00	0.00
	603156	养元饮品	33.33	33.33	50.00	33.33	33.33
	603176	汇通集团	—	—	—	—	0.00
	603385	惠达卫浴	0.00	16.67	33.33	33.33	40.00
	603938	三孚股份	16.67	33.33	33.33	25.00	33.33
	605196	华通线缆	—	—	—	—	33.33
深市 A 股	000158	常山北明	25.00	33.33	25.00	25.00	28.57
	000401	冀东水泥	40.00	33.33	33.33	25.00	25.00
	000413	东旭光电	0.00	0.00	25.00	20.00	0.00
	000600	建投能源	0.00	0.00	0.00	25.00	33.33
	000709	河钢股份	0.00	0.00	16.67	25.00	25.00
	000778	新兴铸管	25.00	33.33	33.33	20.00	20.00
	000848	承德露露	0.00	25.00	33.33	25.00	33.33
	000856	冀东装备	0.00	25.00	33.33	33.33	33.33
	000889	中嘉博创	0.00	0.00	0.00	0.00	0.00
	000923	河钢资源	0.00	0.00	0.00	0.00	0.00
	000937	冀中能源	33.33	25.00	25.00	28.57	25.00
	000958	东方能源	16.67	0.00	0.00	0.00	0.00

续表

所属板块	证券代码	公司简称	2017 年	2018 年	2019 年	2020 年	2021 年
中小企业板	002049	紫光国微	0.00	0.00	25.00	25.00	33.33
	002108	沧州明珠	0.00	0.00	0.00	0.00	0.00
	002146	荣盛发展	33.33	25.00	33.33	33.33	20.00
	002282	博深股份	0.00	20.00	20.00	33.33	33.33
	002342	巨力索具	0.00	0.00	0.00	0.00	25.00
	002442	龙星化工	50.00	25.00	33.33	33.33	60.00
	002459	晶澳科技	20.00	33.33	50.00	66.67	66.67
	002494	华斯股份	25.00	33.33	33.33	33.33	33.33
	002603	以岭药业	0.00	0.00	0.00	0.00	0.00
	002691	冀凯股份	20.00	33.33	33.33	20.00	33.33
	002960	青鸟消防	—	—	0.00	0.00	0.00
	003031	中瓷电子	—	—	—	66.67	66.67
创业板	300107	建新股份	33.33	33.33	40.00	25.00	33.33
	300137	先河环保	20.00	33.33	33.33	33.33	33.33
	300138	晨光生物	33.33	33.33	33.33	33.33	33.33
	300152	科融环境	0.00	0.00	0.00	0.00	0.00
	300255	常山药业	0.00	0.00	0.00	0.00	0.00
	300368	汇金股份	33.33	25.00	16.67	0.00	0.00
	300371	汇中股份	33.33	33.33	50.00	66.67	66.67
	300428	立中集团	40.00	33.33	33.33	25.00	0.00
	300446	乐凯新材	50.00	66.67	40.00	50.00	33.33
	300491	通合科技	33.33	33.33	33.33	33.33	33.33
	300765	新诺威	—	—	0.00	0.00	0.00
	300847	中船汉光	—	—	—	50.00	66.67
	300869	康泰医学	—	—	—	0.00	0.00
	300922	天秦装备	—	—	—	0.00	0.00
	300981	中红医疗	—	—	—	—	14.29
	300990	同飞股份	—	—	—	—	33.33

资料来源：国泰安数据库和上市公司年报。

2017~2021 年河北上市公司各板块中，沪市 A 股、深市 A 股和中小企业板的女性独立董事占比平均值总体呈现增长的趋势。其中，沪市 A 股和深市 A 股波动幅度较小；中小企业板的女性独立董事占比平均值增长幅度较大，由 2017 年的 14.83%上升为 2021 年的 30.97%。创业板的女性独立董事占比平均值 2018 年以后呈下降趋势，由 2018 年的 29.17%下降为 2021 年的 21.73%（见图 5）。

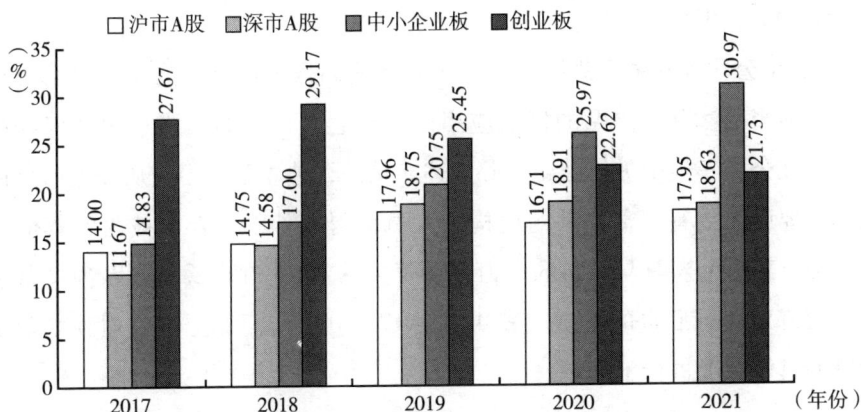

图5　2017~2021年河北上市公司女性独立董事占比平均值变化趋势

资料来源：国泰安数据库和上市公司年报。

　　2017~2021年，河北上市公司和全国上市公司女性独立董事占比平均值均呈现稳步增长态势，但河北上市公司女性独立董事占比平均值增长幅度大于全国上市公司女性独立董事占比平均值。同时，自2019年起，河北上市公司女性独立董事占比平均值超过全国上市公司女性独立董事占比平均值（见图6）。

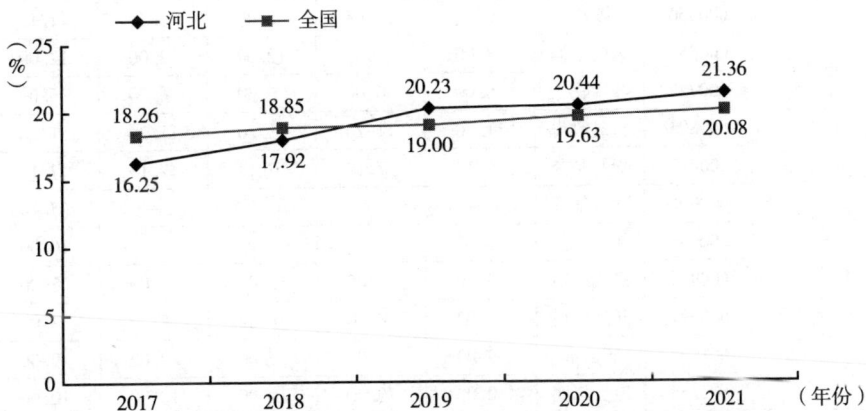

**图6　2017~2021年河北上市公司和全国上市公司女性独立董事
占比平均值变化趋势**

资料来源：国泰安数据库和上市公司年报。

4.独立董事薪酬

《上市公司独立董事规则》第二十八条明确规定：上市公司应当给予独立董事适当的津贴。津贴的标准应当由董事会制订预案，股东大会审议通过，并在公司年报中进行披露。除上述津贴外，独立董事不应从该上市公司及其主要股东或有利害关系的机构和人员取得额外的、未予披露的其他利益。独立董事的薪酬与董事的努力有显著关系，[①] 薪酬高低是判断独立董事能否较好地履行职责的关键。表4对2017~2021年河北上市公司独立董事薪酬的具体情况进行了列示。

表4 2017~2021年河北上市公司独立董事薪酬

单位：万元

所属板块	证券代码	公司简称	2017年	2018年	2019年	2020年	2021年
沪市A股	600135	乐凯胶片	8.00	8.00	8.00	8.00	8.00
	600149	廊坊发展	9.52	9.52	9.52	9.52	9.52
	600230	沧州大化	2.40	2.40	2.40	2.40	2.40
	600340	华夏幸福	18.00	20.00	20.00	20.00	30.00
	600409	三友化工	8.40	8.40	8.40	10.00	10.00
	600480	凌云股份	8.00	8.00	6.00	6.00	10.73
	600482	中国动力	10.00	10.00	10.00	12.00	12.00
	600550	保变电气	0.00	9.68	8.00	6.58	11.12
	600559	老白干酒	8.00	8.00	12.00	12.00	12.00
	600722	金牛化工	6.00	6.00	6.00	6.00	6.00
	600803	新奥股份	11.20	11.20	11.20	11.20	11.20
	600812	华北制药	7.14	7.14	7.14	7.14	7.14
	600906	财达证券	—	—	—	—	7.14
	600956	新天绿能	—	—	—	—	10.00
	600965	福成股份	3.00	3.00	3.00	3.00	3.00
	600997	开滦股份	8.00	8.00	8.00	8.00	8.00
	601000	唐山港	9.00	9.00	9.00	9.00	9.00
	601258	庞大集团	10.00	10.00	10.00	10.00	10.00

---

① J. Cordeiro, R. Veliyath, E. Eramus, "An Empirical Investigation of the Determinants of Outside Director Compensation," *Corporate Governance*: *An International Review* 3 (2000): 268-279.

续表

所属板块	证券代码	公司简称	2017 年	2018 年	2019 年	2020 年	2021 年
沪市 A 股	601326	秦港股份	—	—	—	—	10.00
	601633	长城汽车	—	—	—	—	6.00
	603050	科林电气	6.00	6.00	6.00	6.00	6.00
	603156	养元饮品	6.00	12.00	12.00	12.00	12.00
	603176	汇通集团	—	—	—	—	15.00
	603385	惠达卫浴	7.79	7.79	7.79	7.79	7.79
	603938	三孚股份	9.26	9.26	9.26	9.26	9.26
	605196	华通线缆	—	—	—	—	4.00
深市 A 股	000158	常山北明	6.00	12.00	12.00	12.00	12.00
	000401	冀东水泥	12.00	12.00	12.00	12.00	12.00
	000413	东旭光电	5.00	5.00	18.00	18.00	18.00
	000600	建投能源	10.00	10.00	10.00	10.00	10.00
	000709	河钢股份	5.00	5.00	5.00	12.00	12.00
	000778	新兴铸管	20.00	20.00	20.00	20.00	20.00
	000848	承德露露	10.00	10.00	10.00	10.00	10.00
	000856	冀东装备	5.00	5.00	5.00	5.00	5.00
	000889	中嘉博创	5.00	5.00	5.00	6.33	7.00
	000923	河钢资源	4.00	2.00	5.00	10.00	10.00
	000937	冀中能源	10.00	10.00	10.00	10.00	10.00
	000958	东方能源	0.00	0.00	8.00	8.00	12.00
中小企业板	002049	紫光国微	12.00	12.00	12.00	15.00	15.00
	002108	沧州明珠	8.00	8.00	8.00	8.00	8.00
	002146	荣盛发展	20.00	20.00	25.00	25.00	25.00
	002282	博深股份	6.00	6.00	6.00	6.00	6.00
	002342	巨力索具	10.00	10.00	10.00	10.00	10.00
	002442	龙星化工	5.00	5.00	10.00	12.00	12.00
	002459	晶澳科技	8.00	8.00	8.00	15.00	15.00
	002494	华斯股份	5.00	5.00	5.00	5.00	2.50
	002603	以岭药业	10.00	10.00	10.00	10.00	10.00
	002691	冀凯股份	10.00	10.00	10.00	10.00	10.00
	002960	青鸟消防	—	—	10.00	15.00	15.00
	003031	中瓷电子	—	—	—	5.00	7.20

续表

所属板块	证券代码	公司简称	2017 年	2018 年	2019 年	2020 年	2021 年
创业板	300107	建新股份	5.00	5.00	5.00	5.00	5.00
	300137	先河环保	2.84	8.00	8.00	8.00	8.00
	300138	晨光生物	5.46	5.50	6.00	6.00	6.00
	300152	科融环境	5.00	6.53	10.20	10.10	7.34
	300255	常山药业	6.00	6.00	6.00	6.00	6.00
	300368	汇金股份	5.00	5.00	2.50	8.13	10.00
	300371	汇中股份	5.00	5.00	5.00	5.00	5.00
	300428	立中集团	5.00	5.00	8.00	8.00	8.00
	300446	乐凯新材	6.00	6.00	6.00	6.00	6.00
	300491	通合科技	6.00	6.00	6.00	6.00	6.00
	300765	新诺威	—	—	6.00	6.00	6.00
	300847	中船汉光	—	—	—	2.74	5.80
	300869	康泰医学	—	—	—	6.00	6.00
	300922	天秦装备	—	—	—	6.00	7.20
	300981	中红医疗	—	—	—	—	3.00
	300990	同飞股份	—	—	—	—	6.50

资料来源：国泰安数据库和上市公司年报。

2017~2021 年，河北上市公司各板块中，沪市 A 股、深市 A 股和创业板的独立董事薪酬平均值呈稳定上升趋势。2021 年，中小企业板的独立董事薪酬平均值出现小幅度下降（见图 7）。

2017~2021 年，河北上市公司独立董事薪酬平均值呈现稳步上升的趋势，全国上市公司则呈现波动上升的趋势。2020 年，全国上市公司独立董事薪酬平均值由 2019 年的 7.83 万元下降为 7.75 万元。此外，2017~2021 年，全国上市公司独立董事薪酬平均值始终低于河北上市公司独立董事薪酬平均值（见图 8）。

5. 独立董事学历背景

独立董事的学历水平与公司绩效之间呈现正相关关系，独立董事的学历

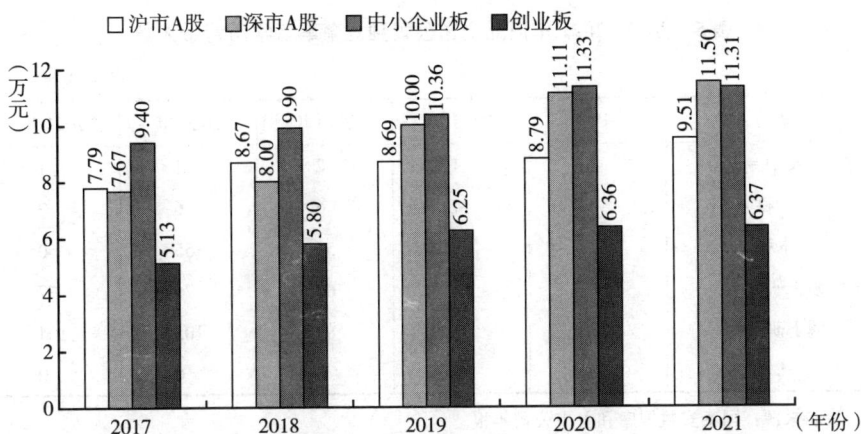

图 7   2017~2021 年河北上市公司各板块独立董事薪酬平均值变化趋势

资料来源：国泰安数据库和上市公司年报。

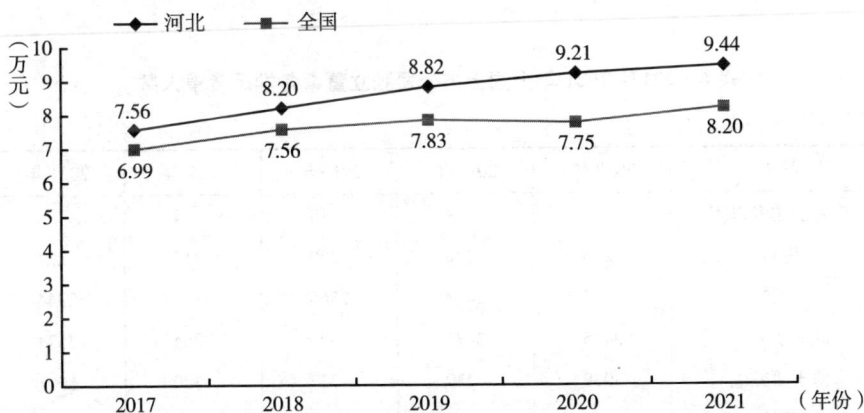

图 8   2017~2021 年河北上市公司和全国上市公司独立董事薪酬平均值变化趋势

资料来源：国泰安数据库和上市公司年报。

水平越高，其监管职能和咨询功能发挥越好，公司绩效越好。[①] 表 5 对 2017~2021 年河北上市公司独立董事学历背景的具体情况进行了列示。

---

① 励莉、周芳玲：《独立董事身份特征对公司绩效的影响研究》，《经济问题》2019 年第 6 期，第 97~103 页。

表5 2017~2021年河北上市公司独立董事各学历背景人数

单位：人

学历	2017年	2018年	2019年	2020年	2021年
中专及中专以下	1	1	2	1	1
专科	7	7	6	6	7
本科	52	49	55	55	60
硕士研究生	68	66	65	76	77
博士研究生	87	85	89	105	104
其他	0	0	0	0	0

资料来源：国泰安数据库和上市公司年报。

表6对2017~2021年全国上市公司独立董事学历背景的具体情况进行了列示。

表6 2017~2021年全国上市公司独立董事各学历背景人数

单位：人

学历	2017年	2018年	2019年	2020年	2021年
中专及中专以下	7	9	10	4	2
专科	258	240	250	213	224
本科	2505	2463	2565	2155	2344
硕士研究生	3415	3471	3691	3264	3574
博士研究生	3979	4239	4737	4380	5001
其他	0	1	0	0	0

资料来源：国泰安数据库和上市公司年报。

表7至表11对2017~2021年河北上市公司各板块独立董事学历背景的具体情况进行了列示。其中除中小企业板外，2017~2021年河北上市公司各板块中独立董事博士研究生人数最多，中专及中专以下人数最少。

表7 2017年河北上市公司各板块独立董事各学历背景人数

单位：人

所属板块	中专及中专以下	专科	本科	硕士研究生	博士研究生	其他
沪市A股	1	3	17	29	38	0
深市A股	0	1	10	14	23	0
中小企业板	0	2	14	12	12	0
创业板	0	1	11	13	14	0

资料来源：国泰安数据库和上市公司年报。

表8 2018年河北上市公司各板块独立董事各学历背景人数

单位：人

所属板块	中专及中专以下	专科	本科	硕士研究生	博士研究生	其他
沪市A股	1	3	15	29	37	0
深市A股	0	1	10	15	21	0
中小企业板	0	2	14	12	12	0
创业板	0	1	10	10	15	0

资料来源：国泰安数据库和上市公司年报。

表9 2019年河北上市公司各板块独立董事各学历背景人数

单位：人

所属板块	中专及中专以下	专科	本科	硕士研究生	博士研究生	其他
沪市A股	2	4	20	28	40	0
深市A股	0	1	9	11	21	0
中小企业板	0	0	15	15	11	0
创业板	0	1	11	11	17	0

资料来源：国泰安数据库和上市公司年报。

表10 2020年河北上市公司各板块独立董事各学历背景人数

单位：人

所属板块	中专及中专以下	专科	本科	硕士研究生	博士研究生	其他
沪市A股	1	4	19	33	50	0
深市A股	0	1	11	13	22	0
中小企业板	0	0	13	16	16	0
创业板	0	1	12	14	17	0

资料来源：国泰安数据库和上市公司年报。

表11　2021年河北上市公司各板块独立董事各学历背景人数

单位：人

所属板块	中专及中专以下	专科	本科	硕士研究生	博士研究生	其他
沪市A股	1	4	20	34	48	0
深市A股	0	1	12	14	18	0
中小企业板	0	0	15	14	15	0
创业板	0	2	13	15	23	0

资料来源：国泰安数据库和上市公司年报。

2017~2021年，河北上市公司独立董事中具有博士研究生学历的人数最多，拥有中专及中专以下学历的人数最少，此外，独立董事人数由多到少依次为硕士研究生、本科生、大专生（见表12）。

表12　2017~2021年河北上市公司独立董事各学历占比情况

单位：%

学历	2017年	2018年	2019年	2020年	2021年
中专及中专以下	0.47	0.48	0.92	0.41	0.40
大专	3.26	3.37	2.76	2.74	2.81
本科	24.19	23.56	25.35	22.63	24.10
硕士研究生	31.63	31.73	29.95	31.28	30.92
博士研究生	40.47	40.87	41.01	43.21	41.77
其他	0.00	0.00	0.00	0.00	0.00

资料来源：国泰安数据库和上市公司年报。

2017~2021年，除其他学历外，全国上市公司独立董事中具有博士研究生学历的人数最多，拥有中专及中专以下学历的人数最少，此外，具有不同学历的独立董事人数由多到少依次为硕士研究生、本科生、大专生（见表13）。

表 13　2017~2021 年全国上市公司独立董事各学历占比情况

单位：%

学历	2017 年	2018 年	2019 年	2020 年	2021 年
中专及中专以下	0.07	0.09	0.09	0.04	0.02
大专	2.54	2.30	2.22	2.13	2.01
本科	24.65	23.63	22.79	21.52	21.03
硕士研究生	33.60	33.30	32.80	32.59	32.07
博士研究生	39.15	40.67	42.10	43.73	44.87
其他	0.00	0.01	0.00	0.00	0.00

资料来源：国泰安数据库和上市公司年报。

（二）河北上市公司独立董事独立性情况

1. 独立董事比例

《上市公司独立董事规则》第四条明确规定：上市公司董事会成员中应当至少包括三分之一独立董事。独立董事的独立性也通常用董事会的独立董事比例来衡量，即上市公司独立董事人数占董事会人数的比重，比重越大，董事会的独立性越高。[①] 表 14 对 2017~2021 年河北上市公司独立董事比例的具体情况进行了列示。

表 14　2017~2021 年河北上市公司独立董事比例

单位：%

所属板块	证券代码	公司简称	2017 年	2018 年	2019 年	2020 年	2021 年
沪市 A 股	600135	乐凯胶片	40.00	33.33	33.33	33.33	33.33
	600149	廊坊发展	35.71	36.36	33.33	36.36	36.36
	600230	沧州大化	33.33	33.33	33.33	46.15	42.86
	600340	华夏幸福	44.44	33.33	33.33	50.00	33.33
	600409	三友化工	37.50	33.33	36.84	44.44	38.46
	600480	凌云股份	33.33	33.33	33.33	33.33	50.00

---

① 王百强、侯粲然、孙健：《公司战略对公司经营绩效的影响研究》，《中国软科学》2018 年第 1 期，第 127~137 页。

续表

所属板块	证券代码	公司简称	2017 年	2018 年	2019 年	2020 年	2021 年
沪市 A 股	600482	中国动力	33.33	33.33	33.33	46.15	36.36
	600550	保变电气	36.36	33.33	36.36	33.33	33.33
	600559	老白干酒	33.33	33.33	33.33	41.67	55.56
	600722	金牛化工	33.33	37.50	33.33	33.33	33.33
	600803	新奥股份	33.33	33.33	41.67	33.33	33.33
	600812	华北制药	41.67	38.46	62.50	50.00	55.56
	600906	财达证券	—	—	—	—	36.36
	600956	新天绿能	—	—	—	40.00	33.33
	600965	福成股份	37.50	42.86	60.00	50.00	33.33
	600997	开滦股份	33.33	33.33	33.33	33.33	33.33
	601000	唐山港	33.33	35.29	35.29	44.44	33.33
	601258	庞大集团	33.33	40.00	33.33	38.89	35.71
	601326	秦港股份	36.36	42.86	36.36	40.00	33.33
	601633	长城汽车	55.56	42.86	42.86	50.00	42.86
	603050	科林电气	40.00	50.00	42.86	50.00	42.86
	603156	养元饮品	33.33	33.33	36.36	33.33	33.33
	603176	汇通集团	—	—	—	—	42.86
	603385	惠达卫浴	33.33	50.00	33.33	33.33	33.33
	603938	三孚股份	54.55	42.86	42.86	50.00	42.86
	605196	华通线缆	—	—	—	—	33.33
深市 A 股	000158	常山北明	33.33	46.15	36.36	36.36	36.36
	000401	冀东水泥	38.46	33.33	33.33	33.33	33.33
	000413	东旭光电	42.86	33.33	50.00	45.45	42.86
	000600	建投能源	33.33	33.33	33.33	36.36	33.33
	000709	河钢股份	33.33	35.71	46.15	33.33	36.36
	000778	新兴铸管	33.33	33.33	33.33	35.71	42.86
	000848	承德露露	33.33	40.00	33.33	33.33	33.33
	000856	冀东装备	44.44	40.00	37.50	37.50	50.00
	000889	中嘉博创	33.33	45.45	40.00	33.33	42.86
	000923	河钢资源	33.33	40.00	33.33	33.33	33.33
	000937	冀中能源	35.29	33.33	36.36	46.67	36.36
	000958	东方能源	50.00	33.33	37.50	33.33	37.50
中小企业板	002049	紫光国微	44.44	33.33	50.00	36.36	42.86
	002108	沧州明珠	36.36	33.33	33.33	33.33	33.33

续表

所属板块	证券代码	公司简称	2017 年	2018 年	2019 年	2020 年	2021 年
中小企业板	002146	荣盛发展	33.33	40.00	33.33	33.33	33.33
	002282	博深股份	33.33	38.46	33.33	33.33	33.33
	002342	巨力索具	42.86	37.50	50.00	37.50	37.50
	002442	龙星化工	46.15	36.36	42.86	46.15	33.33
	002459	晶澳科技	41.67	33.33	35.29	33.33	33.33
	002494	华斯股份	36.36	42.86	42.86	42.86	42.86
	002603	以岭药业	33.33	33.33	33.33	38.46	33.33
	002691	冀凯股份	45.45	33.33	33.33	38.46	33.33
	002960	青鸟消防	—	—	50.00	50.00	42.86
	003031	中瓷电子	—	—	—	33.33	33.33
创业板	300107	建新股份	33.33	33.33	45.45	40.00	33.33
	300137	先河环保	45.45	33.33	33.33	33.33	33.33
	300138	晨光生物	37.50	37.50	42.86	50.00	50.00
	300152	科融环境	42.86	38.46	42.86	42.86	42.86
	300255	常山药业	44.44	37.50	33.33	40.00	33.33
	300368	汇金股份	33.33	33.33	42.86	33.33	33.33
	300371	汇中股份	33.33	33.33	40.00	33.33	33.33
	300428	立中集团	45.45	33.33	33.33	36.36	42.86
	300446	乐凯新材	36.36	33.33	38.46	33.33	33.33
	300491	通合科技	33.33	40.00	33.33	37.50	42.86
	300765	新诺威	—	—	33.33	33.33	33.33
	300847	中船汉光	—	—	—	33.33	33.33
	300869	康泰医学	—	—	—	33.33	42.86
	300922	天秦装备	—	—	—	33.33	33.33
	300981	中红医疗	—	—	—	—	33.33
	300990	同飞股份	—	—	—	—	33.33

资料来源：国泰安数据库和上市公司年报。

2017~2021 年，河北上市公司各板块独立董事比例平均值差距比较明显。沪市 A 股、深市 A 股、中小企业板和创业板均呈波动性变化趋势。沪市 A 股在 2020 年出现大幅度上涨，由 2019 年的 38.21% 上升为 41.08%；深市 A 股各年独立董事比例平均值变化不明显；中小企业板在 2018 年和 2021 年出现较大幅度下降；创业板在 2018 年出现大幅度下降，由 2017 年的 38.54% 降为 35.34%（见图 9）。

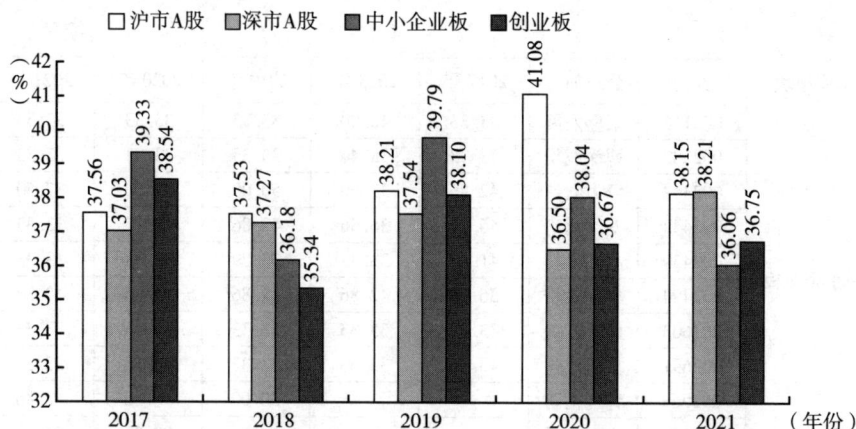

图9 2017~2021年河北上市公司各板块独立董事比例平均值对比

资料来源：国泰安数据库和上市公司年报。

2017~2020 年，全国上市公司独立董事比例平均值呈现缓慢增长的趋势，但在 2021 年出现小幅度下降；河北上市公司独立董事比例平均值在 2017~2021 年波动明显，2018 年迅速下降，下降了 1.13 个百分点，之后迅速上升，2020 年较 2018 年上升了 1.75 个百分点，2021 年又开始下降，下降了 1.13 个百分点。整体上看，除 2018 年和 2021 年外，河北上市公司独立董事比例平均值均高于全国上市公司独立董事比例平均值（见图10）。

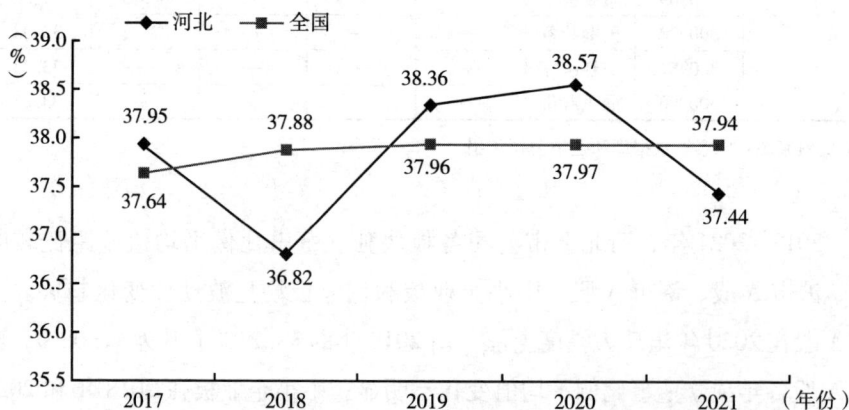

图10 2017~2021年河北上市公司和全国上市公司独立董事比例平均值变化趋势

资料来源：国泰安数据库和上市公司年报。

2.独立董事工作地点一致性情况

本地任职给独立董事带来信息优势、监督便利等，在改善监督效果的同时会令独立董事陷入"面子""人情"等有损监督效果的关系效应当中。因此，独立董事与上市公司工作地点是否一致也会对企业的经营绩效产生一定程度的影响。[①] 表15对2017~2021年河北上市公司独立董事与上市公司工作地点一致性统计的具体情况进行了列示。

表15　2017~2021年河北上市公司独立董事与上市公司工作地点一致性统计

所属板块	证券代码	公司简称	2017年	2018年	2019年	2020年	2021年
沪市A股	600135	乐凯胶片	2	2	2	2	2
	600149	廊坊发展	1	2	2	2	2
	600230	沧州大化	2	2	2	2	0
	600340	华夏幸福	2	2	2	2	2
	600409	三友化工	2	2	1	2	2
	600480	凌云股份	2	2	2	2	2
	600482	中国动力	2	2	2	2	2
	600550	保变电气	2	2	2	1	2
	600559	老白干酒	2	2	2	2	2
	600722	金牛化工	2	1	1	2	2
	600803	新奥股份	2	2	2	2	1
	600812	华北制药	2	2	2	2	2
	600906	财达证券	—	—	—	—	2
	600956	新天绿能	—	—	—	2	2
	600965	福成股份	1	1	2	2	2
	600997	开滦股份	2	2	2	2	2
	601000	唐山港	2	2	2	2	2
	601258	庞大集团	2	2	2	2	2
	601326	秦港股份	2	2	2	2	2
	601633	长城汽车	2	2	2	2	2
	603050	科林电气	2	2	2	2	2
	603156	养元饮品	2	2	2	2	2

[①] 周泽将、雷玲、杜兴强：《本地任职与独立董事异议行为：监督效应 vs. 关系效应》，《南开管理评论》2021年第2期，第83~95页。

所属板块	证券代码	公司简称	2017 年	2018 年	2019 年	2020 年	2021 年
沪市 A 股	603176	汇通集团	—	—	—	—	2
	603385	惠达卫浴	2	2	2	2	2
	603938	三孚股份	2	2	2	2	2
	605196	华通线缆	—	—	—	—	2
深市 A 股	000158	常山北明	1	2	2	2	2
	000401	冀东水泥	1	2	2	2	2
	000413	东旭光电	1	1	1	2	1
	000600	建投能源	2	2	2	2	2
	000709	河钢股份	1	1	1	1	2
	000778	新兴铸管	2	2	2	2	2
	000848	承德露露	2	2	2	2	2
	000856	冀东装备	1	2	2	2	2
	000889	中嘉博创	2	2	2	2	2
	000923	河钢资源	2	2	2	2	2
	000937	冀中能源	2	2	2	2	2
	000958	东方能源	2	2	2	2	2
中小企业板	002049	紫光国微	2	2	2	2	2
	002108	沧州明珠	1	2	2	2	2
	002146	荣盛发展	1	2	2	2	1
	002282	博深股份	1	1	2	1	2
	002342	巨力索具	2	2	2	2	2
	002442	龙星化工	2	2	2	2	2
	002459	晶澳科技	2	2	2	2	2
	002494	华斯股份	2	2	2	2	2
	002603	以岭药业	1	1	2	2	1
	002691	冀凯股份	2	2	2	2	2
	002960	青鸟消防	—	—	1	2	2
	003031	中瓷电子	—	—	—	—	2
创业板	300107	建新股份	1	1	2	2	2
	300137	先河环保	2	2	2	2	2
	300138	晨光生物	1	2	2	1	1
	300152	科融环境	2	2	2	2	2
	300255	常山药业	1	1	2	1	2
	300368	汇金股份	1	1	1	1	1

所属板块	证券代码	公司简称	2017 年	2018 年	2019 年	2020 年	2021 年
创业板	300371	汇中股份	1	2	1	2	1
	300428	立中集团	1	1	2	2	2
	300446	乐凯新材	1	2	2	2	2
	300491	通合科技	1	2	2	2	2
	300765	新诺威	—	—	1	1	1
	300847	中船汉光	—	—	—	2	2
	300869	康泰医学	—	—	—	1	2
	300922	天秦装备	—	—	—	2	2
	300981	中红医疗	—	—	—	—	2
	300990	同飞股份	—	—	—	—	1

注：独立董事与上市公司工作地点一致性统计按照 1＝一致，2＝不一致，每家公司一般聘请多位独立董事，则按照会计专业的独立董事工作所在地为准，判断同城/异地。如果一家公司中有两名会计专业的独立董事，则只要有一人与上市公司注册地不同就算异地。

资料来源：国泰安数据库和上市公司年报。

2017~2021 年河北上市公司各板块独立董事与上市公司工作地点一致性平均值中，沪市 A 股、深市 A 股和中小企业板整体较为稳定，波动幅度并不明显，创业板独立董事与上市公司工作地点一致性平均值在 2018~2021 年波动幅度并不明显，但 2017~2018 年的波动幅度明显，由 2017 年的 1.20 增长为 2018 年的 1.60，增长了 0.40（见图 11）。

2017~2021 年，全国上市公司独立董事与上市公司工作地点一致性平均值总体呈现稳定增长的趋势，独立董事工作地点与上市公司地点不一致的数量在增加。2021 年，河北上市公司独立董事与上市公司工作地点一致性平均值出现小幅度下降，由 2020 年的 1.87 变为 2021 年的 1.83，下降了 0.04。2017~2021 年，河北上市公司独立董事与上市公司工作地点一致性平均值均高于全国上市公司独立董事与上市公司工作地点一致性平均值（见图 12）。

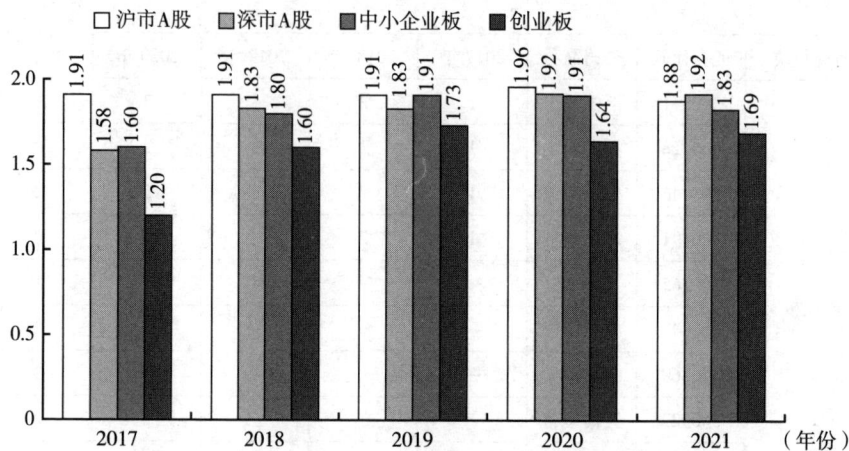

沪市A股　■深市A股　■中小企业板　■创业板

图11　2017～2021年河北上市公司各板块独立董事
与上市公司工作地点一致性平均值对比

资料来源：国泰安数据库和上市公司年报。

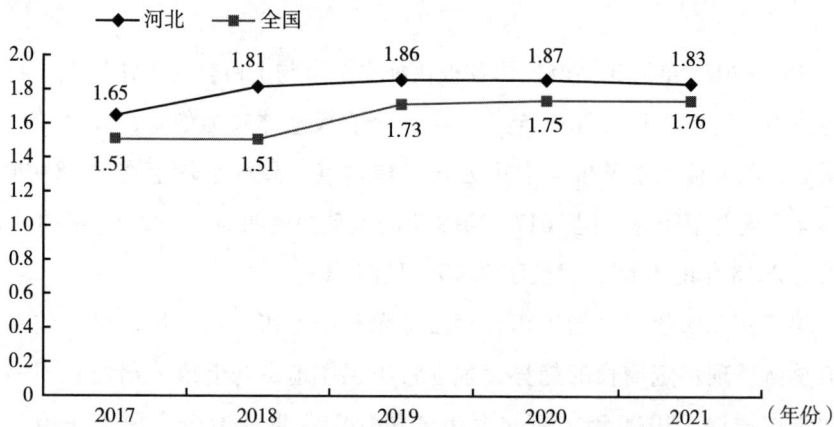

◆河北　■全国

图12　2017～2021年河北上市公司和全国上市公司独立董事
与上市公司工作地点一致性平均值对比

资料来源：国泰安数据库和上市公司年报。

（三）河北上市公司独立董事任职情况

1. 河北上市公司独立董事任职年限

《上市公司独立董事规则》第十五条明确规定：独立董事每届任期与该上市公司其他董事任期相同，任期届满，连选可以连任，但是连任时间不得超过六年。独立董事随着任期时间的变化，其判断力和决策能力也会改变，对公司治理也会产生不一样的作用。表 16 对 2017～2021 年河北上市公司独立董事任职年限的具体情况进行了列示。

表 16　2017～2021 年河北上市公司独立董事任职年限统计

单位：年

所属板块	证券代码	公司简称	2017 年	2018 年	2019 年	2020 年	2021 年
沪市 A 股	600135	乐凯胶片	2.85	3.55	4.62	4.17	3.32
	600149	廊坊发展	2.06	2.06	3.06	4.07	5.07
	600230	沧州大化	2.95	3.95	4.95	2.97	1.15
	600340	华夏幸福	2.80	3.70	4.70	2.85	1.62
	600409	三友化工	3.38	3.88	4.07	2.93	2.26
	600480	凌云股份	2.59	3.59	3.44	2.68	3.25
	600482	中国动力	1.95	2.95	3.95	2.48	2.11
	600550	保变电气	3.89	4.64	3.81	4.51	3.30
	600559	老白干酒	3.66	4.66	5.66	4.00	1.73
	600722	金牛化工	1.79	2.79	3.79	4.80	5.80
	600803	新奥股份	3.15	4.34	3.09	1.79	2.79
	600812	华北制药	3.42	4.42	2.71	1.68	2.18
	600906	财达证券	—	—	—	—	2.62
	600956	新天绿能	—	—	—	0.10	1.10
	600965	福成股份	4.71	5.71	3.35	1.22	2.28
	600997	开滦股份	3.49	3.42	4.42	5.48	3.85
	601000	唐山港	3.48	4.54	4.57	3.43	2.37
	601258	庞大集团	3.22	3.51	3.81	3.22	2.54
	601326	秦港股份	—	—	—	—	3.53
	601633	长城汽车	—	—	—	—	1.55

续表

所属板块	证券代码	公司简称	2017 年	2018 年	2019 年	2020 年	2021 年
沪市 A 股	603050	科林电气	2.18	2.17	2.80	2.85	3.01
	603156	养元饮品	1.82	2.82	2.87	3.79	4.79
	603176	汇通集团	—	—	—	—	1.52
	603385	惠达卫浴	2.54	1.77	2.53	3.59	2.72
	603938	三孚股份	1.47	1.21	2.21	2.41	3.21
	605196	华通线缆	—	—	—	—	2.50
深市 A 股	000158	常山北明	2.68	2.46	2.76	3.76	2.72
	000401	冀东水泥	2.90	2.06	3.06	4.12	3.80
	000413	东旭光电	3.16	4.16	3.99	2.50	2.80
	000600	建投能源	1.85	2.85	3.85	3.64	3.86
	000709	河钢股份	3.36	2.65	2.40	2.01	3.01
	000778	新兴铸管	2.57	2.53	3.53	4.38	3.32
	000848	承德露露	1.73	2.04	2.48	2.62	3.32
	000856	冀东装备	3.36	2.60	2.44	3.44	4.44
	000889	中嘉博创	1.38	1.98	2.43	3.36	2.62
	000923	河钢资源	2.40	1.70	1.58	2.58	3.58
	000937	冀中能源	3.23	1.97	2.97	2.27	2.07
	000958	东方能源	2.29	1.53	2.53	3.54	4.54
中小企业板	002049	紫光国微	2.95	3.63	3.53	2.64	2.90
	002108	沧州明珠	2.33	3.20	3.15	3.21	4.21
	002146	荣盛发展	3.36	3.27	3.18	4.19	3.11
	002282	博深股份	4.74	3.72	3.08	2.13	3.13
	002342	巨力索具	2.18	3.50	3.14	3.49	3.37
	002442	龙星化工	1.97	0.82	1.87	1.44	0.65
	002459	晶澳科技	2.78	2.57	1.79	1.07	2.07
	002494	华斯股份	1.66	2.52	3.52	4.53	2.76
	002603	以岭药业	2.39	3.39	4.42	3.24	2.99
	002691	冀凯股份	2.66	2.49	3.49	2.69	2.39
	002960	青鸟消防	—	—	2.11	1.36	2.42
	003031	中瓷电子	—	—	—	1.79	2.79

所属板块	证券代码	公司简称	2017 年	2018 年	2019 年	2020 年	2021 年
创业板	300107	建新股份	2.62	3.62	2.77	2.75	3.36
	300137	先河环保	3.54	1.18	2.18	3.19	4.19
	300138	晨光生物	1.93	2.93	3.93	4.94	5.94
	300152	科融环境	0.77	1.05	2.05	3.05	3.04
	300255	常山药业	1.81	2.84	3.15	4.16	2.58
	300368	汇金股份	1.88	2.90	1.94	1.56	2.56
	300371	汇中股份	1.90	2.90	2.92	3.47	4.47
	300428	立中集团	2.23	2.60	3.60	3.45	3.67
	300446	乐凯新材	2.63	3.49	3.44	2.92	3.01
	300491	通合科技	2.42	1.71	1.38	2.38	3.38
	300765	新诺威	—	—	2.93	3.93	4.93
	300847	中船汉光	—	—	—	0.85	1.80
	300869	康泰医学	—	—	—	4.03	5.03
	300922	天秦装备	—	—	—	1.77	2.77
	300981	中红医疗	—	—	—	—	2.39
	300990	同飞股份	—	—	—	—	1.37

资料来源：国泰安数据库和上市公司年报。

2017~2019 年，沪市 A 股的独立董事任职年限平均值呈上升趋势，2020~2021 年呈下降趋势；2017~2021 年，深市 A 股和中小企业板的独立董事任职年限平均值呈波动上升趋势；2017~2021 年，创业板的独立董事任职年限平均值呈稳定上升趋势，由 2017 年的 2.17 年上升为 2021 年的 3.41 年（见图 13）。

2017~2019 年，全国上市公司和河北上市公司独立董事任职年限平均值均呈上升趋势；从整体上看，除 2017 年以外，河北上市公司独立董事任职年限平均值均高于全国上市公司独立董事任职年限平均值（见图 14）。

2. 河北上市公司独立董事兼任情况

《上市公司独立董事规则》第六条明确规定：独立董事原则上最多在五

家上市公司兼任独立董事，并确保有足够的时间和精力有效地履行独立董事的职责。表 17 对 2017~2021 年河北上市公司独立董事兼任不同公司数人数进行了具体列示。

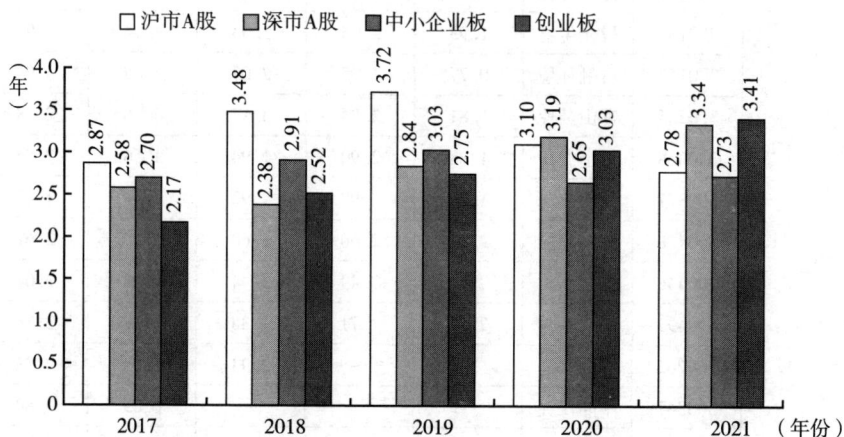

图 13　2017~2021 年河北上市公司各板块独立董事任职年限平均值对比

资料来源：国泰安数据库和上市公司年报。

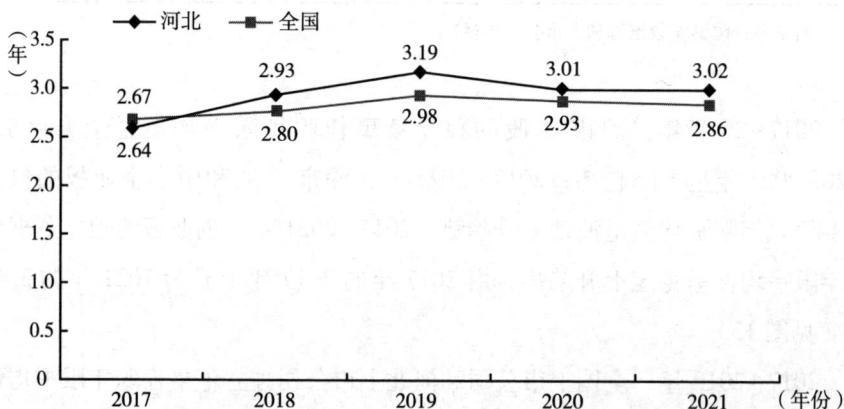

图 14　2017~2021 年全国上市公司和河北上市公司独立董事任职年限平均值对比

资料来源：国泰安数据库和上市公司年报。

表 17　2017~2021 年河北上市公司独立董事兼任不同公司数人数

单位：人

兼任公司数	2017 年	2018 年	2019 年	2020 年	2021 年
0	108	109	127	129	127
1 家	36	46	32	40	40
2 家	21	14	13	15	15
3 家	6	5	6	8	21
4 家	3	1	2	4	5
5 家	0	0	0	0	2

资料来源：国泰安数据库和上市公司年报。

2017~2021 年河北上市公司独立董事兼任不同公司数中，不兼任上市公司的独立董事人数最多，兼任 5 家上市公司的独立董事人数最少。从整体上看，随兼任上市公司数的增加，兼任的独立董事人数逐渐减少。

（四）河北上市公司独立董事履职情况

1. 河北上市公司独立董事出席会议情况

《上市公司独立董事规则》第十六条明确规定：独立董事连续三次未亲自出席董事会会议的，由董事会提请股东大会予以撤换。独立董事应当按时出席董事会会议，了解上市公司的生产经营和运作情况，主动调查、获取做出决策所需要的情况和资料。表 18 对 2017~2021 年河北上市公司独立董事委托出席会议人数的具体情况进行了列示。其中，2017 年，凌云股份（证券代码：600480）委托出席会议的 2 人分别为 2 次和 3 次委托出席会议；2018~2020 年，保变电气（证券代码：600550）3 年委托出席会议的 1 人分别为 2 次委托出席会议、3 次委托出席会议、2 次委托出席会议；2021 年，常山北明（证券代码：000158）委托出席会议的 1 人为 2 次委托出席会议；2018 年，龙星化工（证券代码：002442）委托出席会议的 1 人为 3 次委托出席会议。

表18 2017～2021年河北上市公司独立董事委托出席会议人数

单位：人

所属板块	证券代码	公司简称	2017年	2018年	2019年	2020年	2021年
沪市A股	600135	乐凯胶片	0	0	0	0	1
	600149	廊坊发展	0	0	0	0	0
	600230	沧州大化	0	0	0	0	0
	600340	华夏幸福	0	0	0	0	0
	600409	三友化工	0	0	0	0	0
	600480	凌云股份	2	3	1	1	0
	600482	中国动力	0	0	0	0	0
	600550	保变电气	0	1	1	1	0
	600559	老白干酒	0	0	0	0	0
	600722	金牛化工	0	0	0	0	0
	600803	新奥股份	1	1	0	0	1
	600812	华北制药	0	0	0	0	0
	600906	财达证券	—	—	—	—	0
	600956	新天绿能	—	—	—	—	0
	600965	福成股份	0	0	0	0	0
	600997	开滦股份	1	0	0	0	0
	601000	唐山港	1	1	0	0	0
	601258	庞大集团	1	2	1	0	0
	601326	秦港股份	1	2	1	0	0
	601633	长城汽车	1	0	0	0	0
	603050	科林电气	0	0	0	0	0
	603156	养元饮品	0	0	0	0	0
	603176	汇通集团	—	—	—	—	0
	603385	惠达卫浴	0	0	0	0	0
	603938	三孚股份	0	0	0	0	0
	605196	华通线缆	—	—	—	—	0
深市A股	000158	常山北明	2	2	2	0	1
	000401	冀东水泥	0	0	0	0	0

所属板块	证券代码	公司简称	2017 年	2018 年	2019 年	2020 年	2021 年
深市 A 股	000413	东旭光电	0	0	0	0	0
	000600	建投能源	0	0	0	0	0
	000709	河钢股份	1	0	0	0	0
	000778	新兴铸管	0	0	1	0	0
	000848	承德露露	1	1	1	0	0
	000856	冀东装备	0	0	0	0	0
	000889	中嘉博创	0	0	0	0	0
	000923	河钢资源	0	0	0	0	0
	000937	冀中能源	0	0	0	0	0
	000958	东方能源	0	0	0	0	0
中小企业板	002049	紫光国微	0	0	0	0	0
	002108	沧州明珠	0	1	0	0	0
	002146	荣盛发展	0	0	1	1	0
	002282	博深股份	0	0	0	0	0
	002342	巨力索具	0	0	0	0	0
	002442	龙星化工	0	1	1	0	0
	002459	晶澳科技	0	0	0	0	0
	002494	华斯股份	0	0	0	0	0
	002603	以岭药业	0	0	0	0	0
	002691	冀凯股份	0	0	0	0	0
	002960	青鸟消防	—	—	0	0	0
	003031	中瓷电子	—	—	—	—	0
创业板	300107	建新股份	0	0	0	0	0
	300137	先河环保	0	0	0	0	1
	300138	晨光生物	0	0	0	0	0
	300152	科融环境	0	1	0	0	0
	300255	常山药业	0	0	0	0	0
	300368	汇金股份	0	0	0	0	0

续表

所属板块	证券代码	公司简称	2017 年	2018 年	2019 年	2020 年	2021 年
创业板	300371	汇中股份	0	0	0	0	0
	300428	立中集团	0	0	0	0	0
	300446	乐凯新材	0	1	0	0	0
	300491	通合科技	0	0	0	0	0
	300765	新诺威	—	—	1	0	0
	300847	中船汉光	—	—	—	0	1
	300869	康泰医学	—	—	—	0	0
	300922	天秦装备	—	—	—	0	0
	300981	中红医疗	—	—	—	—	0
	300990	同飞股份	—	—	—	—	0

资料来源：国泰安数据库和上市公司年报。

2017~2021 年，河北上市公司各板块的独立董事委托出席会议人数中，深市 A 股、中小企业板和创业板均为波动变化趋势，并且独立董事委托出席会议人数较少；沪市 A 股的独立董事委托出席会议人数变化幅度较大，并且在 2017~2018 年，委托出席会议独立董事人数相对较多（见图 15）。

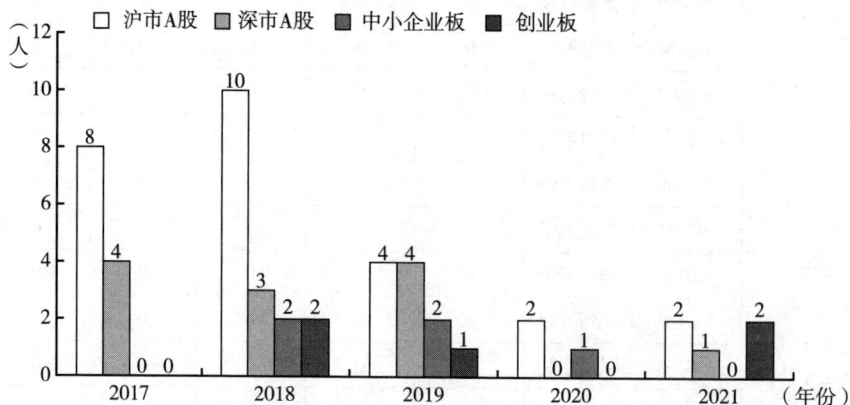

图 15　2017~2021 年河北上市公司各板块独立董事委托出席会议人数对比

资料来源：国泰安数据库和上市公司年报。

整体来看，河北上市公司和全国上市公司的独立董事委托出席会议人数平均值相差较大，且河北独立董事委托出席会议人数平均值始终高于全国。河北上市公司独立董事委托出席会议人数平均值呈波动下降趋势，首先由2017年的0.18人上升为2018年的0.25人，上升幅度较大，之后迅速下降，下降为2020年的0.04人，2021年上升为0.07人。全国上市公司独立董事委托出席会议人数平均值呈稳定下降趋势，由2017年的0.09人下降为2021年的0.03人（见图16）。

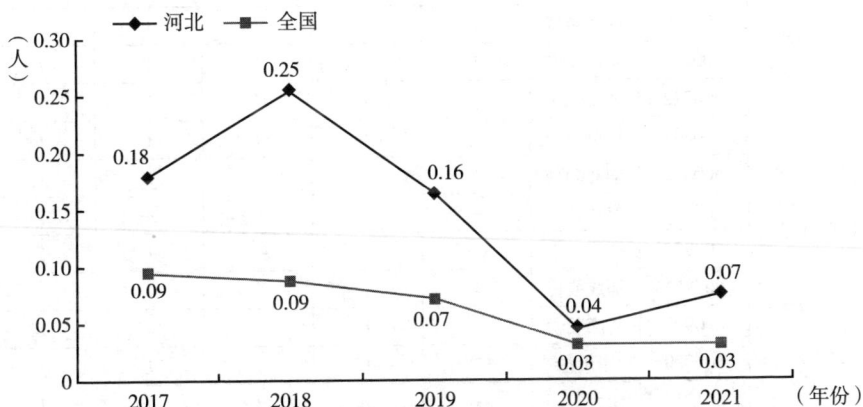

图16　2017~2021年河北上市公司和全国上市公司的独立董事委托出席会议人数平均值变化趋势

资料来源：国泰安数据库和上市公司年报。

2017~2021年河北上市公司独立董事缺席会议的情况只有1次，独立董事履职情况较好。

2.河北上市公司独立董事发表意见情况

《上市公司独立董事规则》第二十三条明确规定，独立董事应当就前款事项发表以下几类意见之一：同意；保留意见及其理由；反对意见及其理由；无法发表意见及其障碍。其中需要披露的事项，上市公司应当将独立董事的意见予以公告，独立董事出现意见分歧无法达成一致时，董事会应将各独立董事的意见分别披露。表19对2017~2021年河北上市公司独立董事发表意见的具体情况进行了列示。

表 19 2017~2021 年河北上市公司独立董事发表意见情况

所属板块	证券代码	公司简称	2017 年	2018 年	2019 年	2020 年	2021 年
沪市 A 股	600135	乐凯胶片	1	1	1	1	1
	600149	廊坊发展	1	1	1	1	1
	600230	沧州大化	1	1	1	1	1
	600340	华夏幸福	1	1	1	1	1
	600409	三友化工	1	1	1	1	1
	600480	凌云股份	1	1	1	1	1
	600482	中国动力	1	1	1	1	1
	600550	保变电气	1	1	1	1	1
	600559	老白干酒	1	1	1	1	1
	600722	金牛化工	1	1	1	1	1
	600803	新奥股份	1	1	1	1	1
	600812	华北制药	1	1	1	1	1
	600906	财达证券	—	—	—	—	1
	600956	新天绿能	—	—	—	1	1
	600965	福成股份	1	1	1	1	1
	600997	开滦股份	1	1	1	1	1
	601000	唐山港	1	1	1	1	1
	601258	庞大集团	1	1	1	1	1
	601326	秦港股份	1	1	1	1	1
	601633	长城汽车	1	1	1	1	1
	603050	科林电气	1	1	1	1	1
	603156	养元饮品	1	1	1	1	1
	603176	汇通集团	—	—	—	—	1
	603385	惠达卫浴	1	1	1	1	1
	603938	三孚股份	1	1	1	1	1
	605196	华通线缆	—	—	—	—	1
深市 A 股	000158	常山北明	1	1	1	5	1
	000401	冀东水泥	1	1	1	1	1
	000413	东旭光电	1	1	1	1	1
	000600	建投能源	1	1	1	1	1
	000709	河钢股份	1	1	1	1	1
	000778	新兴铸管	1	1	1	1	1
	000848	承德露露	1	1	1	1	1
	000856	冀东装备	1	1	1	1	1

所属板块	证券代码	公司简称	2017 年	2018 年	2019 年	2020 年	2021 年
深市 A 股	000889	中嘉博创	1	1	1	1	1
	000923	河钢资源	1	1	1	1	1
	000937	冀中能源	1	1	1	1	1
	000958	东方能源	1	1	1	1	1
中小企业板	002049	紫光国微	1	1	1	1	1
	002108	沧州明珠	1	1	1	1	1
	002146	荣盛发展	1	1	1	1	1
	002282	博深股份	1	1	1	1	1
	002342	巨力索具	1	1	1	1	1
	002442	龙星化工	1	1	1	1	1
	002459	晶澳科技	1	1	1	1	1
	002494	华斯股份	1	1	1	1	1
	002603	以岭药业	1	1	1	1	1
	002691	冀凯股份	1	1	1	1	1
	002960	青鸟消防	—	—	1	1	1
	003031	中瓷电子	—	—	—	—	1
创业板	300107	建新股份	1	1	1	1	1
	300137	先河环保	1	1	1	1	1
	300138	晨光生物	1	1	1	1	1
	300152	科融环境	1	5	1	1	1
	300255	常山药业	1	1	1	1	1
	300368	汇金股份	1	1	1	1	1
	300371	汇中股份	1	1	1	1	1
	300428	立中集团	1	1	1	1	1
	300446	乐凯新材	1	1	1	1	1
	300491	通合科技	1	1	1	1	1
	300765	新诺威	—	—	1	1	1
	300847	中船汉光	—	—	—	1	1
	300869	康泰医学	—	—	—	1	1
	300922	天奏装备	—	—	—	1	1
	300981	中红医疗	—	—	—	—	1
	300990	同飞股份	—	—	—	—	1

注：参考《关于在上市公司建立独立董事制度的指导意见》；1＝同意；2＝保留意见；3＝反对意见；4＝无法发表意见；5＝弃权；6＝提出异议；7＝其他。

资料来源：国泰安数据库和上市公司年报。

由表 19 可知，河北上市公司独立董事发表意见基本为同意，只有两次为弃权。

（五）河北上市公司独立董事离职情况

近几年，我国独立董事辞职的消息频频出现，除去中央组织部下发的有关规定的影响，仍有不少因其他原因辞职的独立董事。表 20 对 2017~2021 年河北上市公司独立董事离职人数进行了具体列示。

表 20　2017~2021 年河北上市公司独立董事离职人数

单位：人

所属板块	证券代码	公司简称	2017 年	2018 年	2019 年	2020 年	2021 年
沪市 A 股	600135	乐凯胶片	1	0	0	1	1
	600149	廊坊发展	1	0	0	0	0
	600230	沧州大化	0	0	0	3	0
	600340	华夏幸福	1	0	0	3	0
	600409	三友化工	1	0	1	3	0
	600480	凌云股份	0	0	1	1	0
	600482	中国动力	0	0	0	2	0
	600550	保变电气	0	1	1	0	2
	600559	老白干酒	0	0	0	2	1
	600722	金牛化工	0	0	0	0	0
	600803	新奥股份	0	0	2	0	0
	600812	华北制药	0	0	5	0	1
	600906	财达证券	—	—	—	—	0
	600956	新天绿能	—	—	—	2	0
	600965	福成股份	0	0	3	1	1
	600997	开滦股份	1	0	0	0	2
	601000	唐山港	0	0	1	3	1
	601258	庞大集团	0	1	1	2	1
	601326	秦港股份	0	2	0	0	1
	601633	长城汽车	2	0	1	1	1
	603050	科林电气	1	1	0	1	0
	603156	养元饮品	0	0	1	0	0
	603176	汇通集团	—				0

续表

所属板块	证券代码	公司简称	2017年	2018年	2019年	2020年	2021年
沪市A股	603385	惠达卫浴	0	3	0	0	2
	603938	三孚股份	3	0	0	1	0
	605196	华通线缆	—	—	—	—	3
深市A股	000158	常山北明	0	2	0	0	3
	000401	冀东水泥	2	0	0	0	1
	000413	东旭光电	0	0	1	2	0
	000600	建投能源	0	0	0	1	0
	000709	河钢股份	0	1	2	0	0
	000778	新兴铸管	1	0	0	1	2
	000848	承德露露	0	1	0	1	0
	000856	冀东装备	1	1	0	0	0
	000889	中嘉博创	1	1	1	0	2
	000923	河钢资源	0	3	0	0	0
	000937	冀中能源	2	0	0	3	0
	000958	东方能源	3	0	0	0	0
中小企业板	002049	紫光国微	1	0	1	1	0
	002108	沧州明珠	1	0	1	0	0
	002146	荣盛发展	0	1	0	0	2
	002282	博深股份	0	1	2	0	0
	002342	巨力索具	0	0	1	0	1
	002442	龙星化工	3	1	0	3	2
	002459	晶澳科技	2	0	3	0	0
	002494	华斯股份	1	0	0	0	3
	002603	以岭药业	0	0	0	2	0
	002691	冀凯股份	2	0	0	2	0
	002960	青鸟消防	—	—	1	1	0
	003031	中瓷电子	—	—	—	0	0
创业板	300107	建新股份	0	0	2	0	0
	300137	先河环保	2	0	0	0	0
	300138	晨光生物	0	0	0	0	0
	300152	科融环境	2	2	0	0	1
	300255	常山药业	1	1	0	0	2
	300368	汇金股份	0	0	3	0	0
	300371	汇中股份	0	0	1	0	0

续表

所属板块	证券代码	公司简称	2017 年	2018 年	2019 年	2020 年	2021 年
创业板	300428	立中集团	2	0	0	1	0
	300446	乐凯新材	1	0	1	1	0
	300491	通合科技	0	3	0	0	0
	300765	新诺威	—	—	0	0	0
	300847	中船汉光	—	—	—	1	0
	300869	康泰医学	—	—	—	0	0
	300922	天秦装备	—	—	—	0	0
	300981	中红医疗	—	—	—	—	3
	300990	同飞股份	—	—	—	—	0

资料来源：国泰安数据库和上市公司年报。

2017~2021 年，河北上市公司各板块独立董事离职人数均呈现波动趋势，深市 A 股、中小企业板和创业板的独立董事离职人数各年均在 10 人及以下，但沪市 A 股的独立董事离职人数变动较大，尤其在 2018 年以后迅速增长，从 2018 年的 8 人变为 2020 年的 26 人，2021 年又迅速下降，变为 17 人，但相对其他板块而言，独立董事离职人数依旧处于较高水平（见图 17）。

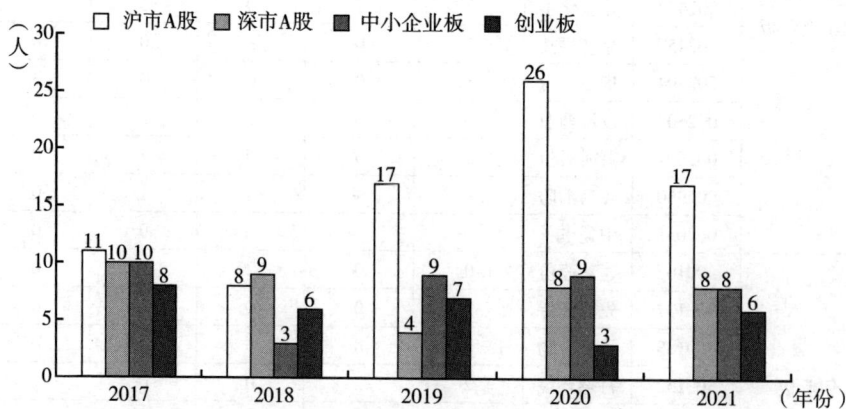

图 17　2017~2021 年河北上市公司各板块独立董事离职人数对比

资料来源：国泰安数据库和上市公司年报。

三　河北上市公司独立董事治理存在的问题

（一）独立董事中女性比例较低

根据 2017～2021 年河北上市公司女性独立董事的相关数据，发现河北上市公司女性独立董事所占比例很低，甚至一部分上市公司中没有女性独立董事，如乐凯胶片、华夏幸福等。然而，由于性别的差异以及受民族文化的影响，女性在工作中往往更有耐心、更细心，也更遵从权威，再加上缺乏冒险性，厌恶风险，女性独立董事的存在能够有效抑制企业的过度投资，因而有利于企业绩效的提升，并且已有研究发现国企中女性独立董事能够促进企业绩效提升，[①] 河北上市公司在治理结构上存在一定的不合理性，难以更好地发挥女性独立董事的治理作用。

（二）独立董事独立性有待加强

根据 2017～2021 年河北上市公司独立董事的相关数据，发现河北上市公司独立董事人数有下降的趋势，独立董事比例平均值从 2021 年开始迅速下降，并且低于全国的独立董事比例平均值，导致独立董事在企业发展过程中不能更好地发挥治理作用，不利于对企业的各项决策形成独立性和专业性判断，从而可能导致企业各项决策的判断性失误而引起绩效降低。

（三）独立董事薪酬水平有待提升

根据 2017～2021 年河北上市公司独立董事薪酬的相关数据，发现河北上市公司独立董事薪酬低于全国平均水平。然而，薪酬作为独立董事履职的一项重要的外在配套制度，能在一定程度上提高其履职监督的动机、积极性

[①] 胡琦、周端明：《女性董事对企业绩效影响的实证研究——基于股权性质划分的中国上市公司经验数据》，《财经理论研究》2016 年第 3 期，第 78～87 页。

和能力。一方面，我国上市公司的独立董事薪酬结构以固定年薪为主，而固定年薪的激励效果表现为倒"U"字形，[①] 低薪酬的独立董事可能出现消极怠工、缺乏工作热情、不作为的现象，变身"麻木董事"；另一方面，中国对独立董事的监管措施也不完善，独立董事很可能在法律风险低但额外报酬高的情况下"被收买"，为大股东和管理层隐瞒其进行盈余管理的事实。河北上市公司独立董事薪酬较低，容易使独立董事产生消极怠工的心理，甚至被大股东和管理层"收买"，做出不利于企业发展的决策。

四　关于河北上市公司独立董事治理的对策建议

（一）加强独立董事的选聘

通过前文对河北上市公司独立董事人员结构的分析，不难发现，部分河北上市公司存在选聘独立董事方面的问题，尤其是女性独立董事过少。应增加女性独立董事人数。在独立董事人员结构中需要注意人员的性别，独立董事中性别的互补能够提高独立董事的整体能力，有利于公司绩效的提升。同时，建立选聘独立董事的标准和流程。单一化的人才市场准入标准可能无法满足不同企业对独立董事人才的特定需求，应从竞聘者的年龄、专业能力背景、可投入的工作时间等方面限制。

（二）提升独立董事的独立性

河北上市公司独立董事人数的下降不利于其监督职能的发挥，因此，应增加独立董事人数。独立董事通过发挥其监督作用，不仅可以防止高管利用职权损害股东利益，也可以抑制大股东为了谋取自身利益而损害中小股东的利益。此外，适当增加独立董事人数，优化董事会结构，将独立董

---

① 朱杰：《独立董事薪酬激励与上市公司信息披露违规》，《审计与经济研究》2020年第2期，第77~86页。

事的比例控制在 50%左右，能够促使企业绩效得到更大的提升。[①] 但增加独立董事人数的同时需要保证独立董事的质量。适当增加独立董事人数，有助于对企业决策做出独立性判断，但要保证市场竞聘机制有效运行，必须制定一个合理规范的人才市场准入标准，提高独立董事的质量而不是仅增加数量。

（三）完善独立董事的激励和约束机制

独立董事治理功能的发挥还与企业自身的内部激励机制和外部的治理环境有关。第一，探索新的薪酬激励机制。上市公司独立董事单一的薪酬机制，没有给予独立董事一定的激励和动力，这会使独立董事在对待上市公司本职工作上存在懈怠和消极的心理。建议建立绩效考核机制，以考核成绩为薪酬发放标准，给予独立董事随中小股东等外部投资者的收益升降而增减的变动薪酬，激励其有效履行监督等职能。有效的激励机制设计无疑能够调动独立董事的积极性，既能够保证独立董事的独立性，又能够实现独立董事的个人收益与其治理投入的有效挂钩，有利于公司绩效的改善。此外，建议给予独立董事声誉激励。有关部门可以定期对独立董事工作进行评选，对那些勤勉认真以及独立性高的独立董事予以公开表彰，以此形成长期有效的激励作用。第二，引入并严格执行问责制，充分调动独立董事的治理积极性。在宏观层面上，政府应积极优化治理环境，利用信息披露制度、舆论监督等机制的治理功能，真正发挥声誉机制的利益传导作用，内外兼治，为独立董事治理功能的发挥营造良好的环境。

[①] 赵晓鹏、郝亚玲：《独立董事比例、董事会规模与企业绩效》，《郑州航空工业管理学院学报》2015 年第 4 期，第 63~68 页。

B.4
河北上市公司高管薪酬和激励
研究报告（2022）

石晓飞*

摘　要： 高管的薪酬和激励是缓解股东与管理层之间代理冲突的重要手段。高管薪酬和激励措施运用得当，将有效降低股东与管理层之间的代理冲突；反之，如果激励措施运用失当，就可能使得管理层与股东之间的利益冲突增加，损害股东利益和公司价值。本报告根据高管货币薪酬激励约束、高管股权激励约束两类指标对河北上市公司高管薪酬和激励情况进行研究，基于此提出了河北上市公司高管薪酬和激励发展的若干政策建议，如构建多元化的高管薪酬结构、增加股票期权比重、完善上市公司内部治理结构等。报告为有效规范高管行为和保护股东权益，以及完善河北上市公司高管薪酬体系建设提供有益参考。

关键词： 上市公司　高管薪酬　高管激励　河北

公司高层管理人员处于公司治理体系的内核，是公司中重要的治理群体与联结点。积极有效的薪酬体系设计可以激励公司高层管理人员发挥自身潜力，实现企业与管理层利益协同，提升股东权益与公司绩效。基于此，本报告以《中华人民共和国公司法》等相关规定为依据，结合 2017~2021 年上

---

* 石晓飞，博士，河北经贸大学工商管理学院副院长、公司治理与企业成长研究中心主任，副教授，硕士研究生导师，主要研究领域为公司治理。

市公司年报和国泰安数据库中的数据，根据高管货币薪酬激励约束、高管股权激励约束两类指标对河北上市公司高管薪酬和激励情况进行分析，并针对其产生的问题提出了有效应对策略。

一　高管薪酬和激励理论与历史沿革

作为现代公司治理体系的重要组成部分，有效的高管薪酬契约直接关系如何降低企业代理成本和保护投资者利益等关键性问题。党的十九大报告指出，我国需要"培育具有全球竞争力的世界一流企业"，其中重要的保障环节就是合理的高管薪酬激励体系建设。相反，不科学的薪酬激励制度将会造成企业运行效率低下和优秀人才流失。[①] 随着公司控制权与所有权的分离，管理层与股东之间产生的代理问题使原有的货币薪酬制度无法实现企业的长期利益需求，而股权激励是解决代理问题的基本途径和方式。高管激励作为一种公司治理的手段，可以将高管个人利益与公司整体利益联系起来，有利于促进高管在公司经营时做出有利于实现企业长远价值的决策。[②] 上市公司的高管薪酬和激励主要分为货币薪酬激励和股权激励两种模式。

（一）高管货币薪酬激励

基于委托代理理论，高管作为企业代理人，更多关注的是自身利益以及付出与对价的平等性，易于忽略企业和股东的利益。恰当的高管货币薪酬激励能够缓解委托代理问题，公司采用基本薪资、季度、年度绩效考核等手段将企业收益与高管薪资挂钩，使公司日常经营决策更加注重企业利益。[③]

---

① 周泽将、马静、胡刘芬：《高管薪酬激励体系设计中的风险补偿效应研究》，《中国工业经济》2018 年第 12 期，第 152~169 页。
② 郭雪萌、梁彭、解子睿：《高管薪酬激励、资本结构动态调整与企业绩效》，《山西财经大学学报》2019 年第 4 期，第 78~91 页。
③ 尹夏楠、明华、耿建芳：《高管薪酬激励对企业资源配置效率的影响研究——基于产权性质和行业异质性视角》，《中国软科学》2021 年第 A1 期，第 260~267 页。

基于锦标赛理论，薪酬差距的扩大有利于降低股东监督成本，激发高管之间的竞争，进而提高公司业绩。[①] 从文化差异角度来讲，西方主要强调个人主义，中国传统文化更加提倡集体主义、社会公平。当企业的薪酬差距较小时，高管团队不会产生较大的不公平感，而当企业薪酬差距扩大到一定程度时，这种不公平感会逐渐强烈，薪酬差距带来的负面效应远大于正面效应，[②] 特别是在企业需要高管团队相互协作时，薪酬差距过大会影响团队成员合作。[③] 此外，企业高管内部薪酬不公平性会给企业业绩造成负面影响，这种高管薪酬差距体现了高管的议价能力，薪酬差距过大会引发堑壕效应，甚至会造成更加严重的代理问题。[④]

因此，科学合理的高管货币薪酬设计既要做到管理层与股东同进退，又要避免激励差异过大而引发的负面效应。货币薪酬激励作为高管薪酬体系结构中重要的一部分，货币薪酬激励水平会影响高管的经营决策、投资行为，当高管货币薪酬激励水平较低时，高管可能会采取高风险过度投资行为以提高自己的报酬，给企业带来较大的风险和损失。[⑤] 如果高管薪酬水平过高，容易造成高管的薪酬攀比心理，进而进行盈余管理、股价操纵等，忽略企业长远发展。[⑥] 高管货币薪酬归属于基础薪酬，它是对个人工作的肯定以及生活的保障，但并不能将高管个人利益和企业长远利益紧密结合起来。在 20 世纪 50 年代的美国，股权激励作为企业的长效激励机制应运而生。

---

① E. P. Lazear, S. Rosen, "Rank-order Tournaments as Optimum Labor Contracts," *Journal of Political Economy* 89（1981）：841-864.

② 黎文靖、胡玉明：《国企内部薪酬差距激励了谁?》，《经济研究》2012 年第 12 期，第 125~136 页。

③ 张正堂：《高层管理团队协作需要、薪酬差距和企业绩效：竞赛理论的视角》，《南开管理评论》2007 年第 2 期，第 4~11 页。

④ 雷霆、周嘉南：《股权激励、高管内部薪酬差距与权益资本成本》，《管理科学》2014 年第 6 期，第 12~26 页。

⑤ 詹雷、王瑶瑶：《管理层激励、过度投资与企业价值》，《南开管理评论》2013 年第 3 期，第 36~46 页。

⑥ 罗宏、曾永良、宛玲羽：《薪酬攀比、盈余管理与高管薪酬操纵》，《南开管理评论》2016 年第 2 期，第 19~31 页。

（二）高管股权激励

1. 高管股权激励理论

随着公司控制权与所有权的分离，管理层与股东之间的代理问题成为公司治理中的一个重要问题，原有的货币薪酬制度无法实现企业的长期利益需求，而股权激励是解决代理问题的基本途径和方式。根据委托代理理论，高管股权激励可以有效解决股东与管理者之间的矛盾，降低管理者对高风险的规避情绪，提高企业的可持续发展能力。[①] 在高管薪酬激励契约中，货币薪酬激励通常与企业当期利润联系紧密，使管理者更喜欢短期回报较高的投资项目，从而配置较多的短期金融资产；而股权激励的出现抑制了此类短期行为，股权激励使高管团队更倾向投资长期回报率高的研发和创新项目，注重企业价值的可持续增长。[②]

2. 高管股权激励的历史沿革

1956 年，路易斯·凯尔索等人基于二元经济学理论设计了员工持股计划（ESOP）。随后，职工持股计划、股票期权计划等股权激励模式纷纷出现。日本于 20 世纪 60 年代后期也开始推出 ESOP 等股权激励计划。至此，股权激励在美国、日本的广泛推行引领了股权激励的国际潮流，法国、英国、意大利、澳大利亚等 50 多个国家纷纷跟随效仿。股权激励的实施弥补了企业长效激励机制的缺失，帮助其搭建了一套将现金、红利与期权相结合的短中长期激励机制。由于股权激励良好的实施效果与激励作用，其在 20 世纪 80 年代至 90 年代末日益兴盛，欧美企业股权激励薪酬在高管薪酬总额中的占比逐年提升。到 20 世纪末，在美国排前 1000 名的公司中，有 90% 的公司对高管授予了股票期权，股票期权在高管总收入中的比重也从 1976 年的不到 20% 上升到 2000 年的 50%，通用、可口可乐、强生、迪士尼等 10 家

① 陈冬华、范从来、沈永建：《高管与员工：激励有效性之比较与互动》，《管理世界》2015 年第 5 期，第 160~171 页。
② 安磊、沈悦、余若涵：《高管激励与企业金融资产配置关系——基于薪酬激励和股权激励对比视角》，《山西财经大学学报》2018 年第 12 期，第 30~44 页。

大公司的期权收益甚至占到高管总收入的95%以上。2005年中国证监会发布了《上市公司股权激励管理办法（试行）》，到2016年7月13日中国证监会又发布了这一办法的正式版。《2021年度A股上市公司股权激励实践统计与分析报告》显示，2021年A股808家上市公司共计公告826个股权激励计划，较2020年度的452个增长82.74%，这种高速增长态势是中国股权激励计划逐步常态化的印证。

二 河北上市公司高管薪酬和激励现状

一般而言，以薪酬契约为主的显性激励是公司最为常用的高管激励方式，[①] 并且高管"薪酬—业绩"的敏感性高于普通员工[②]。高管薪酬的强制性披露规则使得上市公司迫于压力，在制定高管薪酬时更多地考虑公司业绩，提高了高管薪酬与公司业绩之间的敏感性。[③] 高管持股比例和高管薪酬越高的企业，其相应的企业业绩总体越高，[④] 所以合理的股权激励机制可以显著提高企业业绩。同时，高管持股能有效缓解代理冲突，提高企业价值。[⑤] 基于此，本报告根据高管货币薪酬激励约束、高管股权激励约束两类指标分别对全国上市公司、河北不同板块以及河北全部上市公司高管薪酬和激励情况进行了对比分析，以期为改善河北上市公司高管薪酬和激励水平提供有益的参考。

---

① 郝颖、黄雨秀、宁冲等：《公司社会声望与高管薪酬：公共服务抑或职业声誉》，《金融研究》2020年第10期，第189~206页。

② 陈冬华、范从来、沈永建：《高管与员工：激励有效性之比较与互动》，《管理世界》2015年第5期，第160~171页。

③ 田志刚：《强制性披露能提高高管薪酬与公司业绩之间的敏感性吗？——基于上市公司面板数据的经验研究》，《经济管理》2011年第8期，第67~73页。

④ C. Jensen Michael, H. Meckling William, "Theory of the Firm: Managerial Behavior, Agency Costs and Ownership Structure," *Journal of Financial Economics* 4 (1976): 323-329.

⑤ 李维安、李汉军：《股权结构、高管持股与公司绩效——来自民营上市公司的证据》，《南开管理评论》2006年第5期，第4~10页。

（一）高管货币薪酬激励约束情况

1. 河北上市公司和全国上市公司高管货币薪酬情况

表 1 对 2017~2021 年河北上市公司和全国上市公司的高管货币薪酬进行了统计分析。

表 1　2017~2021 年河北上市公司和全国上市公司高管货币薪酬平均值

单位：万元

地区	2017 年	2018 年	2019 年	2020 年	2021 年
河北	554.90	542.05	714.70	656.08	690.91
全国	464.73	519.61	572.86	862.86	891.71

注：不含高管领取的津贴。

资料来源：国泰安数据库和上市公司年报。

2017~2019 年河北上市公司高管货币薪酬平均值高于全国，2020 年环比下降 8.20%，同年全国上市公司高管货币薪酬平均值超越河北，环比增加 50.62%，这一趋势在 2021 年保持稳定。2017~2021 年全国高管货币薪酬总体保持稳步增长，河北上市公司呈动态变化的态势。

2. 河北上市公司各板块高管货币薪酬

表 2 对 2017~2021 年河北上市公司各板块高管货币薪酬平均值进行了统计分析。

表 2　2017~2021 年河北上市公司各板块高管货币薪酬平均值

单位：万元

所属板块	2017 年	2018 年	2019 年	2020 年	2021 年
沪市 A 股	689.05	708.06	1073.80	907.82	863.48
深市 A 股	415.82	510.42	435.36	395.31	485.56
中小企业板	745.64	569.17	812.73	999.11	1058.34
创业板	249.36	187.65	203.21	196.50	285.53

资料来源：国泰安数据库和上市公司年报。

2017～2019 年沪市 A 股高管货币薪酬平均值最高，之后为中小企业板和深市 A 股，创业板高管货币薪酬平均值最低。2017～2021 年中小企业板高管货币薪酬总体保持增长趋势，2020 年环比增加 22.93%，超越沪市 A 股达到了最高，2021 年保持稳定。总体而言，2017～2021 年四大板块中沪市 A 股高管货币薪酬平均值呈现下降趋势，其余板块均总体呈上升趋势。

3. 河北各上市公司高管货币薪酬

表 3 对 2017～2021 年河北各上市公司的高管货币薪酬具体情况进行了列示。

表 3　2017～2021 年河北各上市公司高管货币薪酬

单位：万元

所属板块	证券代码	证券名称	2017 年	2018 年	2019 年	2020 年	2021 年
沪市 A 股	600135	乐凯胶片	279.31	306.87	155.34	157.25	226.26
	600149	廊坊发展	222.90	167.63	141.19	92.48	195.47
	600230	沧州大化	70.72	94.69	99.20	95.60	143.11
	600340	华夏幸福	2609.00	3571.34	12799.26	8527.01	5997.35
	600409	三友化工	839.30	1262.34	1154.92	1311.37	1231.38
	600480	凌云股份	277.90	553.39	517.79	382.96	523.18
	600482	中国动力	228.89	336.25	335.69	141.68	324.45
	600550	保变电气	317.03	362.56	172.14	376.39	339.62
	600559	老白干酒	85.00	85.00	185.50	146.80	163.00
	600722	金牛化工	40.36	24.75	25.73	86.55	62.36
	600803	新奥股份	1700.89	1164.50	995.28	1454.50	2816.00
	600812	华北制药	454.21	455.30	347.05	433.19	731.71
	600906	财达证券	—	—	—	—	459.91
	600956	新天绿能	—	—	—	1123.02	1486.99
	600965	福成股份	156.00	209.00	203.00	198.00	207.99
	600997	开滦股份	1208.34	191.93	243.02	242.72	368.36
	601000	唐山港	470.99	550.15	633.45	674.74	615.75
	601258	庞大集团	1114.43	921.51	817.20	892.55	1610.85
	601326	秦港股份	225.99	415.85	475.52	520.50	520.56
	601633	长城汽车	1947.10	2186.12	1465.55	1469.50	1184.48
	603050	科林电气	182.08	211.54	358.73	412.97	73.62

续表

所属板块	证券代码	证券名称	2017 年	2018 年	2019 年	2020 年	2021 年
沪市 A 股	603156	养元饮品	—	253.81	145.00	175.00	282.03
	603176	汇通集团	—	—	—	—	365.30
	603385	惠达卫浴	1914.47	2132.38	2228.36	1839.61	2167.54
	603938	三孚股份	125.06	120.49	124.64	125.57	202.08
	605196	华通线缆	—	—	—	—	151.06
深市 A 股	000158	常山北明	418.21	660.70	696.22	461.66	1002.38
	000401	冀东水泥	843.90	801.65	934.28	878.13	991.93
	000413	东旭光电	748.42	726.76	321.74	5.06	267.25
	000600	建投能源	514.69	334.75	345.31	514.72	678.65
	000709	河钢股份	214.20	485.97	299.28	345.07	418.22
	000778	新兴铸管	550.00	749.13	613.16	555.86	700.75
	000848	承德露露	157.00	266.20	314.94	251.15	118.62
	000856	冀东装备	334.42	276.56	212.50	215.76	219.31
	000889	中嘉博创	106.37	215.56	224.43	215.93	266.66
	000923	河钢资源	81.76	210.12	259.27	80.32	22.50
	000937	冀中能源	525.21	1017.30	553.29	547.72	471.16
	000958	东方能源	495.63	380.35	449.91	672.36	669.27
中小企业板	002049	紫光国微	4245.00	607.89	337.23	1054.73	1216.22
	002108	沧州明珠	953.84	699.08	889.48	1034.69	1011.00
	002146	荣盛发展	1003.26	3170.52	4537.94	4757.52	5072.50
	002282	博深股份	376.13	214.09	240.55	337.14	304.94
	002342	巨力索具	183.00	154.80	159.70	159.70	192.00
	002442	龙星化工	74.85	230.31	254.34	480.97	465.46
	002459	晶澳科技	197.10	174.27	1292.63	1744.26	1804.78
	002494	华斯股份	36.06	46.32	46.32	46.32	64.92
	002603	以岭药业	274.67	267.27	547.87	658.58	983.02
	002691	冀凯股份	112.51	127.17	133.62	71.46	90.34
	002960	青鸟消防	—	—	500.33	644.85	716.05
	003031	中瓷电子	—	—	—	—	778.80
创业板	300107	建新股份	68.31	136.97	170.26	133.01	216.11
	300137	先河环保	158.49	104.59	159.40	239.54	242.40
	300138	晨光生物	446.36	311.58	543.34	401.24	859.26
	300152	科融环境	652.53	292.13	68.81	74.08	136.50
	300255	常山药业	436.01	278.75	205.08	207.08	536.29

续表

所属板块	证券代码	证券名称	2017 年	2018 年	2019 年	2020 年	2021 年
	300368	汇金股份	186.74	274.66	321.96	352.20	225.12
	300371	汇中股份	200.03	158.95	196.38	383.30	356.03
	300428	立中集团	63.60	112.01	133.13	151.51	258.13
	300446	乐凯新材	115.27	120.00	126.01	153.20	73.62
	300491	通合科技	166.24	86.81	184.83	122.09	269.98
创业板	300765	新诺威	—	—	126.11	139.45	151.20
	300847	中船汉光	—	—	—	91.12	188.65
	300869	康泰医学	—	—	—	92.16	186.85
	300922	天秦装备	—	—	—	211.01	148.50
	300981	中红医疗	—	—	—	—	442.48
	300990	同飞股份	—	—	—	—	277.30

资料来源：国泰安数据库和上市公司年报。

（二）高管股权激励约束

1. 高管持股

（1）河北上市公司和全国上市公司高管持股

表 4 对 2017～2021 年河北上市公司和全国上市公司的高管持股数量进行了统计分析。

表 4　2017～2021 年河北上市公司和全国上市公司高管持股数量平均值

单位：万股

地区	2017 年	2018 年	2019 年	2020 年	2021 年
河北	5059.79	5402.51	4156.35	1054.76	1555.70
全国	4005.49	4019.25	3952.43	394.78	3399.41

注：高管持股数量是指高管报告期末持股数量。
资料来源：国泰安数据库和上市公司年报。

2017～2019 年，全国上市公司和河北上市公司高管持股数量平均值均处于平稳变化态势，且河北上市公司高管持股数量平均值高于全国上市公司高管持股数量平均值。2020 年，河北上市公司和全国上市公司高管持股数量平均值都呈现明显下降态势，河北上市公司高管持股数量平均值环比下降 74.62%，全国上市公司高管持股数量平均值环比下降 90.01%。2021 年，全国上市公司和河北上市公司高管持股数量平均值均迅速回升，河北上市公司高管持股数量平均值环比上升 47.49%，低于全国上市公司高管持股数量平均值。

（2）河北各板块上市公司高管平均持股数量

表 5 对 2017~2021 年河北上市公司各板块高管持股数量平均值进行了统计分析。

表 5　2017~2021 年河北上市公司各板块高管持股数量平均值

单位：万股

所属板块	2017 年	2018 年	2019 年	2020 年	2021 年
沪市 A 股	9040.51	9906.38	8906.87	1096.60	1030.70
深市 A 股	186.60	211.16	150.90	144.45	124.08
中小企业板	2864.46	2859.84	2592.26	2623.53	3641.86
创业板	4750.61	4266.31	588.99	533.68	1917.94

资料来源：国泰安数据库和上市公司年报。

2017~2019 年河北沪市 A 股上市公司高管持股数量平均值最大，而 2020 年开始锐减，主要原因是庞大集团（601258）高管持股量由 2019 年的 175401.98 万股减少为 2020 年的 458.50 万股，导致平均值剧烈波动。总体而言，2017~2021 年河北沪市 A 股和创业板两个板块高管平均持股数量呈动荡变化的态势，这一态势在 2020~2021 年趋于稳定，而河北深市 A 股和中小企业板两大板块高管平均持股数量变动较为平缓。

（3）河北各上市公司高管持股数量

表 6 对 2017~2021 年河北各上市公司的高管持股数量具体情况进行了列示。

表6 2017~2021年河北各上市公司高管平均持股数量

单位：万股

所属板块	证券代码	证券名称	2017年	2018年	2019年	2020年	2021年
沪市A股	600135	乐凯胶片	0.00	0.00	0.00	0.00	0.00
	600149	廊坊发展	0.00	0.00	0.00	0.00	0.00
	600230	沧州大化	0.00	0.00	0.00	0.00	45.74
	600340	华夏幸福	88.34	12965.01	1913.01	2486.91	2415.41
	600409	三友化工	0.00	0.00	0.00	0.00	0.00
	600480	凌云股份	98.04	82.34	80.02	48.16	22.29
	600482	中国动力	49.72	49.72	49.72	49.72	0.00
	600550	保变电气	0.00	0.00	0.00	0.00	0.00
	600559	老白干酒	0.00	0.00	0.00	0.00	0.00
	600722	金牛化工	0.00	0.00	0.00	0.00	0.00
	600803	新奥股份	0.20	0.00	0.00	0.00	835.00
	600812	华北制药	0.42	0.42	0.42	0.42	0.42
	600906	财达证券	—	—	—	—	0.00
	600956	新天绿能	—	—	—	10.00	10.00
	600965	福成股份	1765.67	1765.67	1765.67	0.00	1765.67
	600997	开滦股份	0.00	0.00	0.00	0.00	0.00
	601000	唐山港	0.00	0.00	0.00	0.00	0.00
	601258	庞大集团	182195.45	182450.98	175401.98	458.50	458.50
	601326	秦港股份	0.00	0.00	0.00	0.00	0.00
	601633	长城汽车	0.00	0.00	0.00	406.00	110.25
	603050	科林电气	1883.90	2006.40	2034.89	1840.32	1758.26
	603156	养元饮品	—	14988.28	11081.77	15663.96	13298.13
	603176	汇通集团	—	—	—	—	0.00
	603385	惠达卫浴	3574.05	3485.25	3477.45	4148.18	4198.18
	603938	三孚股份	195.00	146.25	146.25	109.72	107.04
	605196	华通线缆	—	—	—	—	1773.25
深市A股	000158	常山北明	2115.51	2476.24	1747.79	1530.41	1295.29
	000401	冀东水泥	0.07	0.28	0.00	0.00	0.18
	000413	东旭光电	22.50	22.50	24.60	13.60	0.00
	000600	建投能源	0.90	0.90	0.90	0.90	0.90
	000709	河钢股份	0.19	0.19	0.19	0.20	0.01
	000778	新兴铸管	3.58	6.13	6.13	150.70	166.86
	000848	承德露露	5.44	4.84	5.32	11.69	0.00

续表

所属板块	证券代码	证券名称	2017 年	2018 年	2019 年	2020 年	2021 年
深市 A 股	000856	冀东装备	0.00	0.00	0.00	0.00	0.00
	000889	中嘉博创	0.00	0.00	0.00	0.00	1.81
	000923	河钢资源	0.00	0.00	0.00	0.00	0.00
	000937	冀中能源	0.00	0.00	0.00	0.00	0.00
	000958	东方能源	19.00	22.87	25.87	25.87	23.87
中小企业板	002049	紫光国微	76.58	76.58	0.00	57.43	0.00
	002108	沧州明珠	0.00	0.00	0.00	0.00	0.00
	002146	荣盛发展	2586.81	2391.59	2389.59	2436.78	2436.78
	002282	博深股份	0.00	0.00	0.00	0.00	0.00
	002342	巨力索具	434.25	434.25	380.25	414.00	468.00
	002442	龙星化工	36.00	59.70	59.70	162.29	341.29
	002459	晶澳科技	221.20	220.35	0.00	106.00	144.67
	002494	华斯股份	0.00	0.00	0.00	0.00	0.00
	002603	以岭药业	25251.69	25351.16	25351.16	25164.83	39140.38
	002691	冀凯股份	38.08	64.73	64.73	64.73	64.73
	002960	青鸟消防	—	—	269.39	452.76	605.96
	003031	中瓷电子	—	—	—	—	500.49
创业板	300107	建新股份	103.27	97.45	73.09	65.22	1388.89
	300137	先河环保	1441.61	1794.58	1794.58	1794.58	1638.65
	300138	晨光生物	702.80	983.92	983.92	983.92	11661.70
	300152	科融环境	0.00	0.00	28.10	18.00	22.00
	300255	常山药业	34974.29	33758.10	405.10	315.23	344.23
	300368	汇金股份	5405.06	4216.14	291.54	117.89	0.00
	300371	汇中股份	564.86	607.36	850.30	877.98	877.98
	300428	立中集团	0.00	0.00	0.00	0.00	3456.00
	300446	乐凯新材	517.12	517.12	742.44	612.56	187.56
	300491	通合科技	3797.13	688.38	1309.88	791.43	3365.82
	300765	新诺威	—	—	0.00	0.00	0.00
	300847	中船汉光	—	—	—	0.00	0.00
	300869	康泰医学	—	—	—	1035.32	1428.31
	300922	天秦装备	—	—	—	859.42	4763.39

所属板块	证券代码	证券名称	2017 年	2018 年	2019 年	2020 年	2021 年
创业板	300981	中红医疗	—	—	—	—	0.00
	300990	同飞股份	—	—	—	—	1552.50

资料来源：国泰安数据库和上市公司年报。

2. 高管股权激励计划

（1）河北上市公司和全国上市公司高管股权激励计划

表 7 和表 8 分别对 2017~2021 年河北上市公司和全国上市公司实施高管股权激励计划数量和比例进行了统计分析。

表 7　2017~2021 年河北上市公司和全国上市公司实施高管股权激励计划数量

单位：家

地区	2017 年	2018 年	2019 年	2020 年	2021 年
河北	5	3	4	6	5
全国	396	409	337	443	818

资料来源：国泰安数据库和上市公司年报。

表 8　2017~2021 年河北上市公司和全国上市公司实施高管股权激励计划比例

单位：%

地区	2017 年	2018 年	2019 年	2020 年	2021 年
河北	9.43	5.66	7.14	10.00	7.58
全国	11.15	11.47	8.97	9.46	17.47

资料来源：国泰安数据库和上市公司年报。

2017~2020 年全国上市公司和河北上市公司实施高管股权激励计划比例处于平稳变化态势，2021 年全国实施高管股权激励计划的上市公司比例迎来爆发式增长，同比增长 8.01 个百分点，而河北上市公司呈现下跌态势。

（2）河北各板块上市公司高管股权激励数量

表9对2017～2021年河北上市公司各板块高管股权激励数量进行了统计分析。

表9　2017～2021年河北上市公司各板块高管股权激励数量

单位：家

所属板块	2017年	2018年	2019年	2020年	2021年
沪市A股	2	2	2	3	4
深市A股	0	0	1	0	0
中小企业板	0	0	0	2	1
创业板	3	1	1	1	0

资料来源：国泰安数据库和上市公司年报。

2017～2021年，河北沪市A股上市公司高管股权激励数量平均值最多，其次为创业板和中小企业板，深市A股高管股权激励数量平均值最少，并且2017～2021年四个板块高管股权激励数量呈现动荡变化的态势。

表10对2017～2021年河北各上市公司高管股权激励计划具体情况进行了列示。

表10　2017～2021年河北各上市公司高管股权激励计划

单位：家

所属板块	证券代码	证券名称	2017年	2018年	2019年	2020年	2021年
沪市A股	600135	乐凯胶片	0	0	0	0	0
	600149	廊坊发展	0	0	0	0	0
	600230	沧州大化	0	0	0	1	1
	600340	华夏幸福	0	1	1	1	0
	600409	三友化工	1	0	0	0	0
	600480	凌云股份	0	0	0	0	0
	600482	中国动力	1	0	0	0	0
	600550	保变电气	0	0	0	0	0

续表

所属板块	证券代码	证券名称	2017 年	2018 年	2019 年	2020 年	2021 年
沪市 A 股	600559	老白干酒	0	0	0	0	0
	600722	金牛化工	0	0	0	0	0
	600803	新奥股份	0	0	0	0	1
	600812	华北制药	0	0	0	0	0
	600906	财达证券	0	0	0	0	0
	600956	新天绿能	—	—	—	0	0
	600965	福成股份	0	0	0	0	0
	600997	开滦股份	0	0	0	0	0
	601000	唐山港	0	0	0	0	0
	601258	庞大集团	0	0	0	0	0
	601326	秦港股份	0	0	0	0	0
	601633	长城汽车	0	0	1	1	1
	603050	科林电气	0	1	0	0	0
	603156	养元饮品	—	0	0	0	0
	603176	汇通集团	0	0	0	0	0
	603385	惠达卫浴	0	0	0	0	1
	603938	三孚股份	0	0	0	0	0
	605196	华通线缆	0	0	0	0	0
深市 A 股	000158	常山北明	0	0	0	0	0
	000401	冀东水泥	0	0	0	0	0
	000413	东旭光电	0	0	0	0	0
	000600	建投能源	0	0	0	0	0
	000709	河钢股份	0	0	0	0	0
	000778	新兴铸管	0	0	1	0	0
	000848	承德露露	0	0	0	0	0
	000856	冀东装备	0	0	0	0	0
	000889	中嘉博创	0	0	0	0	0
	000923	河钢资源	0	0	0	0	0

续表

所属板块	证券代码	证券名称	2017 年	2018 年	2019 年	2020 年	2021 年
深市 A 股	000937	冀中能源	0	0	0	0	0
	000958	东方能源	0	0	0	0	0
中小企业板	002049	紫光国微	0	0	0	0	0
	002108	沧州明珠	0	0	0	0	0
	002146	荣盛发展	0	0	0	0	0
	002282	博深股份	0	0	0	0	0
	002342	巨力索具	0	0	0	0	1
	002442	龙星化工	0	0	0	0	0
	002459	晶澳科技	0	0	0	1	0
	002494	华斯股份	0	0	0	0	0
	002603	以岭药业	0	0	0	0	0
	002691	冀凯股份	0	0	0	0	0
	002960	青鸟消防	—	—	0	1	0
	003031	中瓷电子	—	—	—	—	0
创业板	300107	建新股份	1	0	0	0	0
	300137	先河环保	0	0	0	0	0
	300138	晨光生物	0	0	0	0	0
	300152	科融环境	1	0	1	0	0
	300255	常山药业	0	0	0	0	0
	300368	汇金股份	1	0	0	1	0
	300371	汇中股份	0	1	0	0	0
	300428	立中集团	0	0	0	0	0
	300446	乐凯新材	0	0	0	0	0
	300491	通合科技	0	0	0	0	0
	300765	新诺威				0	0
	300847	中船汉光	—	—	—	0	0
	300869	康泰医学	—	—	—	0	0
	300922	天秦装备	—	—	—	0	0
	300981	中红医疗	—	—	—	—	0
	300990	同飞股份	—	—	—		0

资料来源：国泰安数据库和上市公司年报。

3. 高管股权激励标的物

表 11 对 2017~2021 年河北各上市公司高管股权激励标的物具体情况进行了列示。

表 11　2017~2021 年河北各上市公司高管股权激励标的物

所属板块	证券代码	证券名称	2017 年	2018 年	2019 年	2020 年	2021 年
沪市 A 股	600135	乐凯胶片	—	—	—	—	—
	600149	廊坊发展	—	—	—	—	—
	600230	沧州大化	—	—	—	R	R
	600340	华夏幸福	—	O&R	O&R	R	—
	600409	三友化工	R	—	—	—	—
	600480	凌云股份	—	—	—	—	—
	600482	中国动力	O	—	—	—	—
	600550	保变电气	—	—	—	—	—
	600559	老白干酒	—	—	—	—	—
	600722	金牛化工	—	—	—	—	—
	600803	新奥股份	—	—	—	—	R
	600812	华北制药	—	—	—	—	—
	600906	财达证券	—	—	—	—	—
	600956	新天绿能	—	—	—	—	—
	600965	福成股份	—	—	—	—	—
	600997	开滦股份	—	—	—	—	—
	601000	唐山港	—	—	—	—	—
	601258	庞大集团	—	—	—	—	—
	601326	秦港股份	—	—	—	—	—
	601633	长城汽车	—	—	O	R	O
	603050	科林电气	—	R	—	—	—
	603156	养元饮品	—	—	—	—	—
	603176	汇通集团	—	—	—	—	—
	603385	惠达卫浴	—	—	—	—	R
	603938	三孚股份	—	—	—	—	—
	605196	华通线缆	—	—	—	—	—
深市 A 股	000158	常山北明	—	—	—	—	—
	000401	冀东水泥	—	—	—	—	—
	000413	东旭光电	—	—	—	—	—

所属板块	证券代码	证券名称	2017 年	2018 年	2019 年	2020 年	2021 年
深市 A 股	000600	建投能源	—	—	—	—	—
	000709	河钢股份	—	—	—	—	—
	000778	新兴铸管	—	—	R	—	—
	000848	承德露露	—	—	—	—	—
	000856	冀东装备	—	—	—	—	—
	000889	中嘉博创	—	—	—	—	—
	000923	河钢资源	—	—	—	—	—
	000937	冀中能源	—	—	—	—	—
	000958	东方能源	—	—	—	—	—
中小企业板	002049	紫光国微	—	—	—	—	—
	002108	沧州明珠	—	—	—	—	—
	002146	荣盛发展	—	—	—	—	—
	002282	博深股份	—	—	—	—	—
	002342	巨力索具	—	—	—	—	R
	002442	龙星化工	—	—	—	—	—
	002459	晶澳科技	—	—	—	R	—
	002494	华斯股份	—	—	—	—	—
	002603	以岭药业	—	—	—	—	—
	002691	冀凯股份	—	—	—	—	—
	002960	青鸟消防	—	—	—	O	—
	003031	中瓷电子	—	—	—	—	—
创业板	300107	建新股份	R	—	—	—	—
	300137	先河环保	—	—	—	—	—
	300138	晨光生物	—	—	—	—	—
	300152	科融环境	O	—	O	—	—
	300255	常山药业	—	—	—	—	—
	300368	汇金股份	R	—	—	R	—
	300371	汇中股份	—	R	—	—	—
	300428	立中集团	—	—	—	—	—
	300446	乐凯新材	—	—	—	—	—
	300491	通合科技	—	—	—	—	—
	300765	新诺威	—	—	—	—	—
	300847	中船汉光	—	—	—	—	—
	300869	康泰医学	—	—	—	—	—

所属板块	证券代码	证券名称	2017 年	2018 年	2019 年	2020 年	2021 年
	300922	天秦装备	—	—	—	—	—
创业板	300981	中红医疗	—	—	—	—	—
	300990	同飞股份	—	—	—	—	—

注：O＝股票期权（Option stock），R＝限制性股票（Restrict stock）。
资料来源：国泰安数据库和上市公司年报。

表 11 显示，河北创业板、中小企业板和深市 A 股对高管偏爱采用限制性股票进行股权激励，而沪市 A 股上市公司高管股权激励标的物更加多元化，对高管实施综合激励。总体而言，2017～2021 年，河北上市公司采用股票期权对高管进行激励的情况较少，更多的是采用限制性股票激励。

4. 高管股权激励有效期

表 12 对 2017～2021 年河北各上市公司高管股权激励有效期进行了列示。

表 12　2017～2021 年河北各上市公司高管股权激励有效期

单位：年

所属板块	证券代码	证券名称	2017 年	2018 年	2019 年	2020 年	2021 年
沪市 A 股	600135	乐凯胶片	—	—	—	—	—
	600149	廊坊发展	—	—	—	—	—
	600230	沧州大化	—	—	—	6	6
	600340	华夏幸福	—	5	5	5	—
	600409	三友化工	4	—	—	—	—
	600480	凌云股份	—	—	—	—	—
	600482	中国动力	5	—	—	—	—
	600550	保变电气	—	—	—	—	—
	600559	老白干酒	—	—	—	—	—
	600722	金牛化工	—	—	—	—	—
	600803	新奥股份	—	—	—	—	6
	600812	华北制药	—	—	—	—	—
	600906	财达证券	—	—	—	—	—
	600956	新天绿能	—	—	—	—	—
	600965	福成股份	—	—	—	—	—

续表

所属板块	证券代码	证券名称	2017 年	2018 年	2019 年	2020 年	2021 年
沪市 A 股	600997	开滦股份	—	—	—	—	—
	601000	唐山港	—	—	—	—	—
	601258	庞大集团	—	—	—	—	—
	601326	秦港股份	—	—	—	—	—
	601633	长城汽车	—	—	4	4	4
	603050	科林电气	—	5	—	—	—
	603156	养元饮品	—	—	—	—	—
	603176	汇通集团	—	—	—	—	—
	603385	惠达卫浴	—	—	—	—	4
	603938	三孚股份	—	—	—	—	—
	605196	华通线缆	—	—	—	—	—
深市 A 股	000158	常山北明	—	—	—	—	—
	000401	冀东水泥	—	—	—	—	—
	000413	东旭光电	—	—	—	—	—
	000600	建投能源	—	—	—	—	—
	000709	河钢股份	—	—	—	—	—
	000778	新兴铸管	—	—	5	—	—
	000848	承德露露	—	—	—	—	—
	000856	冀东装备	—	—	—	—	—
	000889	中嘉博创	—	—	—	—	—
	000923	河钢资源	—	—	—	—	—
	000937	冀中能源	—	—	—	—	—
	000958	东方能源	—	—	—	—	—
中小企业板	002049	紫光国微	—	—	—	—	—
	002108	沧州明珠	—	—	—	—	—
	002146	荣盛发展	—	—	—	—	—
	002282	博深股份	—	—	—	—	—
	002342	巨力索具	—	—	—	—	5
	002442	龙星化工	—	—	—	—	—
	002459	晶澳科技	—	—	—	5	—
	002494	华斯股份	—	—	—	—	—
	002603	以岭药业	—	—	—	—	—
	002691	冀凯股份	—	—	—	—	—
	002960	青鸟消防	—	—	—	5	—
	003031	中瓷电子	—	—	—	—	—

续表

所属板块	证券代码	证券名称	2017 年	2018 年	2019 年	2020 年	2021 年
创业板	300107	建新股份	4	—	—	—	—
	300137	先河环保	—	—	—	—	—
	300138	晨光生物	—	—	—	—	—
	300152	科融环境	3	—	4	—	—
	300255	常山药业	—	—	—	—	—
	300368	汇金股份	4	—	—	5	—
	300371	汇中股份	—	4	—	—	—
	300428	立中集团				—	—
	300446	乐凯新材	—	—	—	—	—
	300491	通合科技	—	—	—	—	—
	300765	新诺威	—	—	—	—	—
	300847	中船汉光	—	—	—	—	—
	300869	康泰医学	—	—	—	—	—
	300922	天秦装备	—	—	—	—	—
	300981	中红医疗	—	—	—	—	—
	300990	同飞股份	—	—	—	—	—

资料来源：国泰安数据库和上市公司年报。

　　表 12 显示，河北上市公司股权激励计划有效期多集中于 4~5 年，时间上呈现延长趋势。

三　河北上市公司高管薪酬和激励存在的问题

（一）高管货币薪酬激励不足

　　2020~2021 年河北上市公司高管货币薪酬平均值显著低于全国上市公司平均值，2020 年环比下降 8.20%，同年全国上市公司高管货币薪酬平均值环比增加 50.62%，主要原因在于 2020~2021 年沪市 A 股河北上市公司高管薪酬断崖式下跌。高管货币薪酬不足将抑制企业创新水平，影响高管创新投资决策意愿，而增加高管货币薪酬可提高其风险承担水平，有利于高管采纳创新投资决策，提升企业创新能力，带动企业创新发展。此外，当管理者薪酬水平较低时，管理者为企业创造的收益归股东所有，而自己只能获得少量的薪酬，高管可能会通过增加在职消费甚至非法侵占公司利益而使自身获得补偿。同时这种投入和产出的不平衡，可能会导致管理者不再努力工作以增加公司的收益，投资无效项目而导致投资失败，进而增加企业的股权代理成本。

（二）实施高管股权激励计划的力度较小

2017~2019 年全国上市公司和河北上市公司高管持股数量平均值均处于平稳变化态势。全国上市公司和河北上市公司高管持股数量平均值均在2021 年迅速回升，但河北上市公司高管持股数量平均值远低于全国上市公司平均水平，约为全国上市公司高管持股数量平均值的 45.76%。原因在于2021 年全国实施高管股权激励计划的上市公司数量迎来爆发式增长，而河北上市公司呈现下跌态势。

2021 年注册制改革的全面推进为 A 股市场的股权激励提供了更多的空间，2021 年 A 股市场股权激励较 2020 年大幅增长，股权激励数量达到了历年最高水平。与此同时，在股权激励多年的发展中，多期股权激励计划始终保持高速增长的态势。我国 A 股上市公司股权激励经过十几年的发展已经逐渐走向常态化，股权激励也成为现代化公司治理的重要工具，而河北上市公司目前尚未跟紧国家政策和其他地区上市公司股权激励计划实施的脚步。

（三）股权激励标的物仍以限制性股票为主

2017~2021 年，河北上市公司采用股票期权对高管进行激励的情况较少，更多的是采用限制性股票进行激励。现有研究结果表明，在薪酬激励体系中，对高级经理人授予股票期权的效果要优于限制性股票。在限制性股票激励模式下，经理人出资购买股票后要满足持有年限要求和业绩考核要求后才能兑现收益，即限制性股票使得高管侧重于实现既定业绩要求。但在股票期权激励模式下，经理人在选择投资项目时不会有此顾虑。因为即便股价下跌，经理人也可以选择不行权而规避自身的损失，反而更有利于激励对象承担风险、弱化管理层机会主义倾向、提高全要素生产率。国有企业以获利空间为导向，偏好选择限制性股票，而高成长性公司偏好选择股票期权，因为实施以股票期权为标的物的股权激励计划的企业存在择时机会主义行为，它们倾向于在公司股价较低时推出激励计划，以增加管理层利益，达到更好的激励效果。

（四）激励期限过短

股票期权的有效期越长，激励对象越难操纵行权指标，而行权有效期过短将导致长期激励弱化。美国上市公司的期权有效期一般为 10 年，而2017~2021 年河北大多数公司的行权期为 4~5 年，6 年以上的很少，一些公司只有 3 年。行权有效期过短可能使上市公司高管股权一经解锁便抛出套现，违背了股权激励是长期激励而非短期激励的初衷，易导致企业短期行为。在暴利驱动下，过短的行权期可能会激励对象解锁即抛，为了达到顺利行权及高价套现、获取巨额利益、将纸上富贵变成真金实银的目的，高管可能将不惜采取大打重组牌、利润分配高送转甚至财务造假和虚假信息披露等手段，掏空公司价值，伤害投资者利益。

四　河北上市公司高管薪酬和激励对策建议

（一）构建多元化的高管薪酬结构

一个完善的高管薪酬体制不光需要货币激励，还需要对高级管理人员给予更多长效薪酬激励。高管薪酬的组合表现如下。基础年薪：高管的固定薪酬，其功能在于保障他们的基本生活所需，以使他们正常发挥经验及资历水平工作。绩效年薪：也称目标奖金，反映高管的短期业绩，其功能在于确保对当期业绩奖励的及时性。基础年薪与绩效年薪的确定主要参考市场薪酬水平。效益奖金：利润分享的一种形式，与绩效年薪同为高管的浮动薪酬，反映高管的短期业绩，其功能在于确保对当期业绩奖励的及时性，相当于高管作为"人力资本"的分红。长效激励薪酬：包括限制性股票、股票期权等，其出发点是激励高管考虑企业长期利益，加大了薪酬杠杆的激励力度和约束力度，其功能在于促使高管行为长期化，降低代理成本，吸引和保留高管团队。

河北目前的薪酬结构以现金工资和短期绩效为主，采取高管股权激励的公司很少，实施股票期权激励的公司更是寥寥无几，使高管持股无法产生该有的激励效果。长期激励可以将经营者的目标与股东财富最大化的目标结合起来，约束经营者的自利行为和短期行为。截至 2021 年 12 月 31 日，河北上市企业的高管持股数量较全国平均水平还有一定差距，所以，河北上市公司应更注重长期股权激励在薪酬结构中的重要性，进一步推进股权激励方案的施行，加大股权激励的实施力度，提高高管的持股比例，从多个方面不断增强薪酬的激励成效。

（二）增加股票期权比重，延长激励有效期

河北上市公司实施的高管股权激励计划以限制性股票激励为主，并且有效期主要集中于 4~5 年，无法完全发挥长期激励效果。股票期权是指上市公司授予激励对象在未来一定期限内以预先确定的价格和条件购买本公司一定数量股票的权利。激励对象有权行使这种权利，也可以放弃这种权利，但不得用于转让、质押或者偿还债务。在股票价格上升的情况下，激励对象可以通过行权获得潜在收益，当然如果在行权期，股票市场价格低于行权价，则激励对象有权放弃该权利，不予行权。股票期权的最终价值体现在行权时的差价上，所以对高管授予股票期权对上市公司长期利益更有利。同时，股权激励有效期越长，高管越会着眼长远，致力于公司的长期发展，增强决策的科学性，降低投资偏误和在职消费，提升经营管理水平和资源配置效率，持续提高公司业绩和股价，促进公司高质量发展。因此，河北上市公司增加股票期权比重或者采取限制性股票和股票期权并行的战略，并适当延长股权激励的有效期限（从目前的 4~5 年延长至 8~10 年）尤为重要。

（三）完善上市公司内部治理结构

完善的企业内部治理结构是上市公司良性发展的基础，也是高管薪酬和股权激励计划顺利实施的根本保证。形成良好的内部约束机制，明确各方职责所在，对企业各相关利益者产生强有力的约束，有利于股权激励方案的执行。另外，完善的内部治理结构有利于增强投资者信心，从而提升公司股价，增加股权激励对高管的吸引力。完善的公司内部治理结构包括建立规范的董事会、监事会、股东大会等制度，发挥各部门应有的作用。还包括重视公司风控工作和加强对股权激励的监管，确保既做到为公司经营做出卓越贡献的优秀人才能够得到认可，又做到预防高管为了巨额利益而做出损害公司和股东利益的机会主义行为，切实保护中小股东利益。

B.5

河北上市公司信息披露
研究报告（2022）

李桂荣*

摘　要： 信息披露作为现代公司治理的基石，是上市公司向投资者和社会
公众全面沟通信息的桥梁。本报告结合上市公司信息披露的理论
与历史沿革，从违规处理、年报信息披露质量、内部控制信息披
露和社会责任信息披露4个维度指出了河北上市公司信息披露的
现状，进而分析河北上市公司在信息披露方面存在诚信意识缺
失、内部监督形式化、内部控制审计报告形式质量有待提升和安
全责任意识薄弱等问题，并基于此提出了相应的对策建议，如完
善治理结构、加强自律监管、强化内部控制审计报告的形式审查
和强化安全生产内容的信息披露等。报告为规范上市公司信息披
露行为，提高上市公司信息披露质量，保护投资者合法权益提供
有益参考。

关键词： 上市公司　信息披露　河北

《上市公司信息披露管理办法》（证监会令第182号）指出，信息披露
义务人应当及时依法履行信息披露义务，披露的信息应当真实、准确、完
整，简明清晰、通俗易懂，不得有虚假记载、误导性陈述或者重大遗漏。此

---

* 李桂荣，博士，河北经贸大学工商管理学院院长，教授，硕士研究生导师，河北省重点学
科财务会计方向带头人，主演研究领域为会计政策与公司治理。

外，《国务院关于进一步提高上市公司质量的意见》（国发〔2020〕14号）指出："以提升透明度为目标，优化规则体系，督促上市公司、股东及相关信息披露义务人真实、准确、完整、及时、公平披露信息。以投资者需求为导向，完善分行业信息披露标准，优化披露内容，增强信息披露针对性和有效性。严格执行企业会计准则，优化信息披露编报规则，提升财务信息质量。上市公司及其他信息披露义务人要充分披露投资者做出价值判断和投资决策所必需的信息，并做到简明清晰、通俗易懂。相关部门和机构要按照资本市场规则，支持、配合上市公司依法依规履行信息披露义务。"基于此，本报告结合上市公司信息披露理论与历史沿革，指出河北上市公司信息披露现状，进一步分析河北上市公司信息披露方面存在的问题并提出相应的对策建议。

一 上市公司信息披露理论与历史沿革

（一）上市公司信息披露理论

上市公司信息披露，指的是为了使投资者更加了解公司的相关信息、进行科学决策，相关法律规定要求上市公司和其他信息披露义务人按照指定途径和方式将公司的财务变更、业务状况、损益等信息向公众进行披露或公布。① 上市公司进行信息披露的实践工作包括三个重要环节：一是信息披露义务人将特定时段的公司财务、业务以及管理等各类信息进行整理汇编。二是将整理汇编完成的文件信息提交公司董事会、股东大会等公司审议、决议部门，由公司决议部门批准信息披露文件。三是中国证监会等监管部门对公司决议通过的信息披露文件进行审核，审核通过后，信息披露义务人在中国证监会指定的网站进行信息披露。

高质量的信息披露对维护投资者权益、降低监管成本以及解决公司所

---

① 吴弘主编《证券法教程》，北京大学出版社，2007，第232页。

有者与经营者之间的代理问题具有重要意义。而高质量的信息披露离不开对信息披露理论的掌握与运用。目前主要形成了两种信息披露理论：强制性信息披露理论与预测性信息披露理论。强制性信息披露理论要求信息披露义务人必须在法律法规规定的所有需要进行信息披露的环节，按照规定的时间、规定的要求履行信息披露义务。预测性信息披露理论要求信息披露义务人根据一定的现实基础和假设对未来可能发生的事项做出预测。进一步地，根据信息披露义务人进行预测性信息披露后是否承担法律责任，又分为强制性预测信息披露理论和自愿性预测信息披露理论。披露强制性预测信息，未来实际情况若与之严重偏离甚至出现虚假陈述或者误导性陈述，信息披露义务人应承担相应的行政、民事责任，甚至可能面临刑事处罚。互为补充的强制性信息披露理论与预测性信息披露理论能够助力高质量的信息披露。

（二）上市公司信息披露历史沿革

我国信息披露制度历经 30 余年的不断调整和完善，已经形成了一套完备有效的信息披露体系。接下来，以国家颁布的法律、文件为主线，追溯上市公司信息披露的发展历程。

1991 年，上海市和深圳市分别出台《上海市股票管理暂行办法》和《深圳市股票发行与交易管理暂行办法》，首次规定了上市公司应当披露何种信息，并提出相应的信息披露行为规范；1994 年，《中华人民共和国公司法》颁布，从全国层面对信息披露行为予以规范，要求上市公司在规定时间内披露经监管部门审核的定期报告；1998 年，上海证券交易所（简称"上交所"）和深圳证券交易所（简称"深交所"）分别颁布股票上市规则，规定了公司上市所应履行的信息披露义务，信息披露义务人应当保证所披露信息的真实性、准确性以及完整性，若有虚假记载、误导性陈述和重大遗漏等行为，将追究信息披露义务人的行政甚至刑事责任；2005 年，《中华人民共和国证券法》对信息披露行为做出了更加细致和科学的规范，比如，要求上市公司董监高发表意见并签章，将信息披露义务落实到了具体人员，有助于事后进行责任追究；2006 年，中国证监会颁布《上市公司信息披露管理办法》，对原有的信息披露制度在信息披露的内容、方式等层面进行了改进与细化；2013 年，上交所发布《上海证券交易所上市公司信息披露工作评价办法》，对上市公司的信息披露行为进行考评，进一步增强了对上市公司信息披露行为的规范和监管；2014 年，国务院发布《国务院关于进一步促进资本市场健康发展的若干意见》（国发〔2014〕17 号），鼓励和引导上市公司披露行业发展性信息，以期增强行业信息披露的专业度，进而为投资者进行科学决策提供有益参考；2019 年，《中华人民共和国证券法》对信息披露规范进行了优化，进一步提升了信息披露监管的深度与精度；2021 年，中国证监会颁布修订后的《上市公司信息披露管理办法》，明确了信息披露的原则要求，同时进一步将监管经验上升至规章层面，系统性地优化了信息披露制度。

二 河北上市公司信息披露现状

（一）河北上市公司违规处理情况

上市公司信息披露违规，是指公司对外发布定期报告或临时报告时，其发布的方式违反相关规定，或者其发布的信息中存在虚假记载、误导性陈述或者重大遗落等问题。信息披露违规不可避免地会损害投资者利益，降低资源配置效率和破坏经济市场秩序。①

1. 河北上市公司各板块违规数量

从违规数量及违规率变化趋势来看，2017~2021 年河北各板块上市公司违规数量及违规率波动较大，无明显上升或下降趋势。2021 年，深市 A 股上市公司违规数量最多，为 4 家，违规率最高，为 33.33%（见表 1）。

---

① 伊志宏、姜付秀、秦义虎：《产品市场竞争、公司治理与信息披露质量》，《管理世界》2010 年第 1 期，第 133~141 页。

表1　2017~2021年河北上市公司各板块违规数量及违规率情况

单位：家，%

所属板块	2017 年		2018 年		2019 年		2020 年		2021 年	
	数量	违规率	数量	违规率	数量	违规率	数量	违规率	数量	违规率
沪市A股	0	0.00	4	18.18	1	4.55	4	17.39	0	0.00
深市A股	0	0.00	2	15.38	0	0.00	3	25.00	4	33.33
中小企业板	1	10.00	2	20.00	4	36.36	1	8.33	1	8.33
创业板	2	20.00	2	20.00	3	27.27	2	14.29	1	6.25

资料来源：国泰安数据库和上市公司年报。

2.河北上市公司违规原因

2017~2021年河北上市公司违规数量及违规率呈波动上升趋势，2021年河北上市公司中有6家公司有违规行为，违规率为9.09%（见图1）。

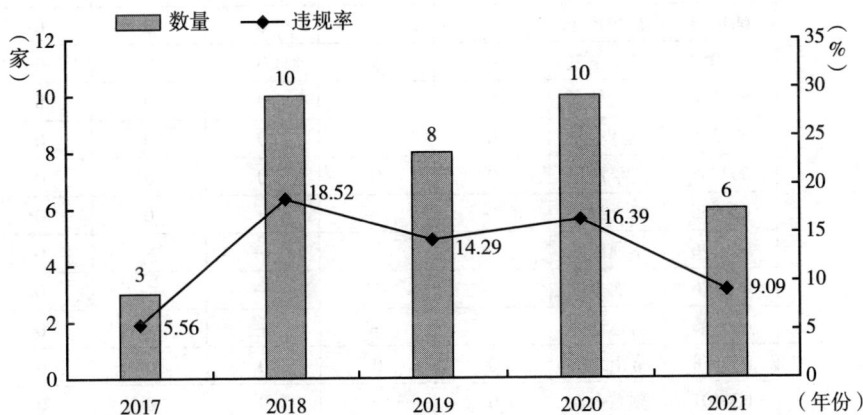

图1　2017~2021年河北上市公司违规数量及违规率情况

资料来源：国泰安数据库和上市公司年报。

表2对2017~2021年河北上市公司违规原因进行了列示。

表 2　2017~2021 年河北上市公司违规原因

所属板块	证券代码	证券名称	2017 年	2018 年	2019 年	2020 年	2021 年
沪市 A 股	600135	乐凯胶片	0	0	0	0	0
	600149	廊坊发展	0	0	0	0	0
	600230	沧州大化	0	0	0	1;2;12	0
	600340	华夏幸福	0	0	0	0	0
	600409	三友化工	0	0	0	0	0
	600480	凌云股份	0	2;3	0	0	0
	600482	中国动力	0	0	0	0	0
	600550	保变电气	0	0	0	0	0
	600559	老白干酒	0	0	0	0	0
	600722	金牛化工	0	0	0	12	0
	600803	新奥股份	0	2;3;12	0	0	0
	600812	华北制药	0	2	0	0	0
	600965	福成股份	0	0	0	2;12	0
	600997	开滦股份	0	0	0	0	0
	601000	唐山港	0	0	0	0	0
	601258	庞大集团	0	1;2	1;2;3;7;12	12	0
	601326	秦港股份	0	0	0	0	0
	601633	长城汽车	0	0	0	0	0
	603050	科林电气	0	0	0	0	0
	603156	养元饮品	0	0	0	0	0
	603385	惠达卫浴	0	0	0	0	0
	603938	三孚股份	0	0	0	0	0
	600956	新天绿能	—	—	—	0	0
	605196	华通线缆	—	—	—	—	0
	603176	汇通集团	—	—	—	—	0
	600906	财达证券	—	—	—	—	0
深市 A 股	000158	常山北明	0	0	0	0	0
	000401	冀东水泥	0	0	0	0	0
	000413	东旭光电	0	0	0	12	3;12
	000600	建投能源	0	0	0	0	0
	000709	河钢股份	0	0	0	0	3;12
	000778	新兴铸管	0	12	0	0	0
	000848	承德露露	0	0	0	0	0
	000856	冀东装备	0	0	0	0	0

续表

所属板块	证券代码	证券名称	2017 年	2018 年	2019 年	2020 年	2021 年
深市 A 股	000889	中嘉博创	0	0	0	3;12	3;12
	000923	河钢资源	0	12	0	7	0
	000937	冀中能源	0	0	0	0	0
	000958	东方能源	0	0	0	0	6;10
中小企业板	002049	紫光国微	0	3;12	3;12	0	0
	002108	沧州明珠	7	0	7	0	0
	002146	荣盛发展	0	0	0	0	0
	002282	博深股份	0	0	0	0	0
	002342	巨力索具	0	0	0	0	0
	002442	龙星化工	0	0	2	12	3;12
	002459	晶澳科技	0	0	3	0	0
	002494	华斯股份	0	0	0	0	0
	002603	以岭药业	0	0	0	0	0
	002691	冀凯股份	0	3;7;12	0	0	0
	002960	青鸟消防	—	—	0	0	0
	003031	中瓷电子	—	—	—	0	0
创业板	300107	建新股份	0	0	0	0	0
	300137	先河环保	0	0	0	0	0
	300138	晨光生物	2;5	1;6;9	1;2;4;8;10;11	0	0
	300152	科融环境	0	1	1;3	1;8	1;8
	300255	常山药业	0	0	0	1;12	0
	300368	汇金股份	2;12	0	0	0	0
	300371	汇中股份	0	0	0	0	0
	300428	立中集团	0	0	0	0	0
	300446	乐凯新材	0	0	1;3	0	0
	300491	通合科技	0	0	0	0	0
	300765	新诺威	—	—	0	0	0
	300847	中船汉光	—	—	—	0	0
	300869	康泰医学	—	—	—	0	0
	300922	天秦装备	—	—	—	0	0
	300981	中红医疗	—	—	—	—	0
	300990	同飞股份	—	—	—	—	0

注：0＝无，1＝虚假记载，2＝重大遗漏，3＝推迟披露，4＝一般会计处理不当，5＝披露不实，6＝内幕交易，7＝违规买卖股票，8＝虚构利润，9＝擅自改变资金用途，10＝占用公司资产，11＝违规担保，12＝其他。

资料来源：国泰安数据库和上市公司年报。

（二）河北上市公司年报信息披露质量情况

通过分析上市公司年报信息，投资者可以预测公司的潜在价值和未来成长空间，有利于更好地选择适合自身的投资标的；债权人可以了解公司现有经营活动对于未来发展的战略支撑能力，有利于更好地分析借贷资金的安全性；管理者可以了解公司的盈利能力与经营过程中出现的问题，有利于更及时地采取相应的对策，调整公司的经营战略，增强公司的竞争实力。[①] 高质量的年报信息能帮助各利益相关者了解企业的发展现状，全面认识产业竞争格局和企业所处的竞争地位，从而对企业竞争力和投资价值进行合理评估。[②] 基于此，本报告结合《国务院关于进一步提高上市公司质量的意见》（国发〔2020〕14 号），根据年报审计意见情况、年报修订情况和年报信息时滞天数情况三个指标对河北上市公司年报信息披露质量情况进行分析。

1. 年报审计意见情况

上市公司发布经注册会计师审计的年度财务报告，有助于提升投资者对上市公司的信赖度，同时便于投资者以及监管部门对上市公司的关键事项予以关注。

（1）河北上市公司各板块年报审计意见情况

2017~2021 年河北上市公司各板块年报意见差异较小，标准无保留意见均占比较高，其中，河北中小企业板上市公司连续 5 年的年报审计意见均为标准无保留意见。河北各板块上市公司年报审计意见为标准无保留审计意见的公司数量与河北各板块上市公司数量基本一致，其中，河北沪市 A 股上市公司年报审计意见为标准无保留意见的公司数量最多（见表3）。河北创业板上市公司年报审计意见为标准无保留意见的公司占比呈上升趋势（见表4）。

---

① 张新民、钱爱民、陈德球：《上市公司财务状况质量：理论框架与评价体系》，《管理世界》2019 年第 7 期，第 152~166 页。

② 张新民等：《互动式信息披露与融资环境优化》，《中国软科学》2021 年第 12 期，第 101~113 页。

表3 2017~2021年河北上市公司各板块年报审计意见情况

单位：家

所属板块	2017 年		2018 年		2019 年		2020 年		2021 年	
	标准无保留意见公司数量	非标准无保留意见公司数量	标准无保留意见公司数量	非标准无保留意见公司数量	标准无保留意见公司数量	非标准无保留意见公司数量	标准无保留意见公司数量	非标准无保留意见公司数量	标准无保留意见公司数量	非标准无保留意见公司数量
沪市 A 股	22	0	21	1	22	0	22	1	26	0
深市 A 股	12	0	12	0	11	1	11	1	10	2
中小企业板	10	0	10	0	11	0	12	0	12	0
创业板	9	1	9	1	10	0	13	1	15	1

资料来源：国泰安数据库和上市公司年报。

表4 2017~2021年河北上市公司各板块年报审计意见占比情况

单位：%

所属板块	2017 年		2018 年		2019 年		2020 年		2021 年	
	标准无保留意见公司占比	非标准无保留意见公司占比	标准无保留意见公司占比	非标准无保留意见公司占比	标准无保留意见公司占比	非标准无保留意见公司占比	标准无保留意见公司占比	非标准无保留意见公司占比	标准无保留意见公司占比	非标准无保留意见公司占比
沪市 A 股	100.00	0.00	95.45	4.55	100.00	0.00	95.65	4.35	100.00	0.00
深市 A 股	100.00	0.00	100.00	0.00	91.67	8.33	91.67	8.33	83.33	16.67
中小企业板	100.00	0.00	100.00	0.00	100.00	0.00	100.00	0.00	100.00	0.00
创业板	90.00	10.00	90.00	10.00	90.91	9.09	92.86	7.14	93.75	6.25

资料来源：国泰安数据库和上市公司年报。

（2）河北上市公司年报审计意见情况

2017~2021年河北上市公司年报审计意见情况变化较小，标准无保留审计意见公司数量占比均在95%以上，说明河北上市公司年报信息质量较好。

2021 年河北上市公司中有 63 家的年报审计意见为标准无保留意见，占比为 95.45%（见图 2）。

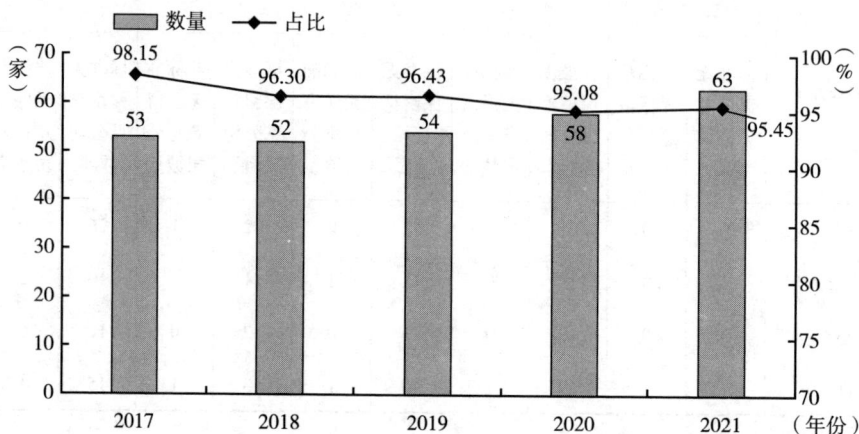

图 2 2017~2021 年河北上市公司年报标准无保留意见公司数量及占比

资料来源：国泰安数据库和上市公司年报。

表 5 对 2017~2021 年河北上市公司年报审计意见情况进行了列示。

表 5 2017~2021 年河北上市公司年报审计意见

所属板块	证券代码	证券名称	2017 年	2018 年	2019 年	2020 年	2021 年
沪市 A 股	600135	乐凯胶片	1	1	1	1	1
	600149	廊坊发展	1	1	1	1	1
	600230	沧州大化	1	1	1	1	1
	600340	华夏幸福	1	1	1	5	1
	600409	三友化工	1	1	1	1	1
	600480	凌云股份	1	1	1	1	1
	600482	中国动力	1	1	1	1	1
	600550	保变电气	1	1	1	1	1
	600559	老白干酒	1	1	1	1	1
	600722	金牛化工	1	1	1	1	1
	600803	新奥股份	1	1	1	1	1
	600812	华北制药	1	1	1	1	1
	600965	福成股份	1	1	1	1	1

所属板块	证券代码	证券名称	2017 年	2018 年	2019 年	2020 年	2021 年
沪市 A 股	600997	开滦股份	1	1	1	1	1
	601000	唐山港	1	1	1	1	1
	601258	庞大集团	1	2	1	1	1
	601326	秦港股份	1	1	1	1	1
	601633	长城汽车	1	1	1	1	1
	603050	科林电气	1	1	1	1	1
	603156	养元饮品	1	1	1	1	1
	603385	惠达卫浴	1	1	1	1	1
	603938	三孚股份	1	1	1	1	1
	600956	新天绿能	—	—	—	1	1
	605196	华通线缆	—	—	—	—	1
	603176	汇通集团	—	—	—	—	1
	600906	财达证券	—	—	—	—	1
深市 A 股	000158	常山北明	1	1	1	1	1
	000401	冀东水泥	1	1	1	1	1
	000413	东旭光电	1	1	2	2	2
	000600	建投能源	1	1	1	1	1
	000709	河钢股份	1	1	1	1	1
	000778	新兴铸管	1	1	1	1	1
	000848	承德露露	1	1	1	1	1
	000856	冀东装备	1	1	1	1	1
	000889	中嘉博创	1	1	1	1	2
	000923	河钢资源	1	1	1	1	1
	000937	冀中能源	1	1	1	1	1
	000958	东方能源	1	1	1	1	1
中小企业板	002049	紫光国微	1	1	1	1	1
	002108	沧州明珠	1	1	1	1	1
	002146	荣盛发展	1	1	1	1	1
	002282	博深股份	1	1	1	1	1
	002342	巨力索具	1	1	1	1	1
	002442	龙星化工	1	1	1	1	1

续表

所属板块	证券代码	证券名称	2017 年	2018 年	2019 年	2020 年	2021 年
中小企业板	002459	晶澳科技	1	1	1	1	1
	002494	华斯股份	1	1	1	1	1
	002603	以岭药业	1	1	1	1	1
	002691	冀凯股份	1	1	1	1	1
	002960	青鸟消防	—	—	1	1	1
	003031	中瓷电子	—	—	—	1	1
创业板	300107	建新股份	1	1	1	1	1
	300137	先河环保	1	1	1	1	1
	300138	晨光生物	1	1	1	1	1
	300152	科融环境	5	5	6	2	2
	300255	常山药业	1	1	1	1	1
	300368	汇金股份	1	1	1	1	1
	300371	汇中股份	1	1	1	1	1
	300428	立中集团	1	1	1	1	1
	300446	乐凯新材	1	1	1	1	1
	300491	通合科技	1	1	1	1	1
	300765	新诺威	—	—	1	1	1
	300847	中船汉光	—	—	—	1	1
	300869	康泰医学	—	—	—	1	1
	300922	天秦装备	—	—	—	1	1
	300981	中红医疗	—	—	—	—	1
	300990	同飞股份	—	—	—	—	1

注：1＝标准无保留意见，2＝保留意见，3＝否定意见，4＝无法发表意见，5＝无保留意见加事项段，6＝保留意见加事项段。

资料来源：国泰安数据库和上市公司年报。

2. 年报修订情况

年报信息的准确性是衡量年报信息披露质量的重要标准之一，基于此，本报告以河北上市公司 2017~2021 年年报披露中是否存在修订版为依据，对河北上市公司年报披露的准确性进行分析。

表 6 对 2017~2021 年河北上市公司年报修订情况进行了列示。

表6 2017～2021年河北上市公司年报修订情况

所属板块	证券代码	证券名称	2017年	2018年	2019年	2020年	2021年
沪市A股	600135	乐凯胶片	0	0	0	0	0
	600149	廊坊发展	0	0	0	0	0
	600230	沧州大化	0	0	0	0	0
	600340	华夏幸福	1	0	0	0	0
	600409	三友化工	0	0	0	0	0
	600480	凌云股份	0	0	0	0	0
	600482	中国动力	1	0	0	0	0
	600550	保变电气	0	0	0	0	0
	600559	老白干酒	1	0	0	0	0
	600722	金牛化工	0	1	0	0	0
	600803	新奥股份	1	0	0	0	0
	600812	华北制药	1	0	1	1	0
	600965	福成股份	0	0	0	0	0
	600997	开滦股份	1	0	0	0	0
	601000	唐山港	1	0	0	0	0
	601258	庞大集团	1	1	0	0	0
	601326	秦港股份	0	0	0	0	0
	601633	长城汽车	0	0	0	0	0
	603050	科林电气	0	0	0	0	1
	603156	养元饮品	1	1	1	0	0
	603385	惠达卫浴	0	0	0	0	0
	603938	三孚股份	0	0	0	0	0
	600956	新天绿能	—	—	—	0	0
	605196	华通线缆	—	—	—	—	1
	603176	汇通集团	—	—	—	—	0
	600906	财达证券	—	—	—	—	0
深市A股	000158	常山北明	0	1	0	0	0
	000401	冀东水泥	0	0	1	0	0
	000413	东旭光电	1	0	1	0	0
	000600	建投能源	0	0	0	0	0
	000709	河钢股份	0	1	1	0	0
	000778	新兴铸管	1	0	0	0	0
	000848	承德露露	0	0	1	0	0
	000856	冀东装备	0	0	0	0	0
	000889	中嘉博创	0	0	0	0	0
	000923	河钢资源	1	0	0	0	0

所属板块	证券代码	证券名称	2017 年	2018 年	2019 年	2020 年	2021 年
深市 A 股	000937	冀中能源	0	0	0	0	0
	000958	东方能源	0	0	0	0	0
中小企业板	002049	紫光国微	0	0	0	0	0
	002108	沧州明珠	0	0	0	0	0
	002146	荣盛发展	0	0	1	0	0
	002282	博深股份	0	0	0	0	0
	002342	巨力索具	0	0	0	0	0
	002442	龙星化工	0	0	0	0	0
	002459	晶澳科技	0	0	0	0	0
	002494	华斯股份	1	0	0	0	0
	002603	以岭药业	0	1	0	0	0
	002691	冀凯股份	0	0	0	0	0
	002960	青鸟消防	—	—	0	0	0
	003031	中瓷电子	—	—	—	0	0
创业板	300107	建新股份	1	1	0	0	0
	300137	先河环保	0	0	0	0	0
	300138	晨光生物	0	0	0	0	0
	300152	科融环境	1	1	1	0	0
	300255	常山药业	0	0	0	0	0
	300368	汇金股份	0	0	0	1	0
	300371	汇中股份	0	0	0	0	0
	300428	立中集团	0	0	0	1	0
	300446	乐凯新材	1	0	0	0	0
	300491	通合科技	0	1	0	0	0
	300765	新诺威	—	—	0	0	0
	300847	中船汉光	—	—	—	0	0
	300869	康泰医学	—	—	—	0	0
	300922	天秦装备	—	—	—	0	0
	300981	中红医疗	—	—	—	—	0
	300990	同飞股份	—	—	—	—	0

注：0=无修订版，1=存在修订版。
资料来源：国泰安数据库和上市公司年报。

2017~2021 年，河北上市公司年报存在修订情况的企业在减少，2017年存在年报修订情况的企业最多，共有 16 家上市公司，2017~2021 年呈递减趋势，到 2021 年仅有 2 家上市公司存在年报修订的情况（见图 3）。

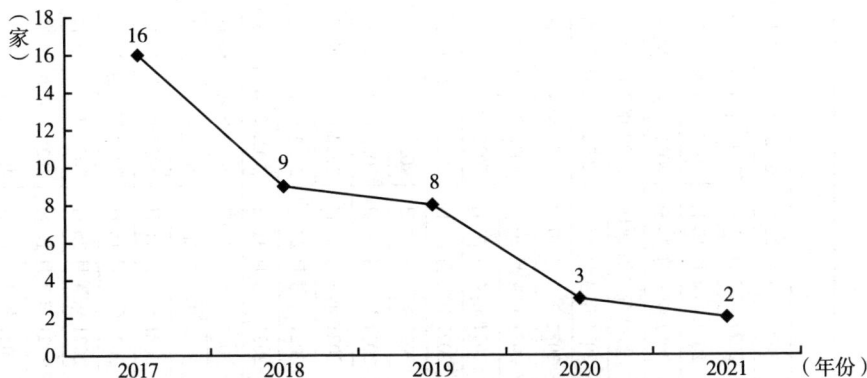

图3　2017~2021年河北上市公司年报修订情况

资料来源：国泰安数据库和上市公司年报。

3.河北上市公司年报披露时间情况

根据《上市公司信息披露管理办法》（证监会令第182号）第十三条规定，年度报告应当在每个会计年度结束之日起四个月内，中期报告应当在每个会计年度的上半年结束之日起两个月内编制完成并披露。上市公司及时披露信息，可以减少内部人利用信息优势获得利益的时间，减轻信息不对称问题，能够使处于信息劣势的弱势群体获得更详尽、更准确的决策有用信息，以增强对我国证券市场的信心，同时对证券市场健康、合理发展具有一定的现实意义。① 然而，随着我国经济的不断发展，上市公司数量不断增加，年度财务报告的披露时间逐渐出现不均衡以及滞后现象，不利于资本市场投资者和监管机构对年报信息的使用和监督。② 基于此，本报告以河北上市公司2017~2021年年报披露时间为依据，对河北上市公司年报披露的时间分布情况进行了分析。

表7对2017~2021年河北上市公司年报披露时间进行了列示。

---

① 李丹、宋衍蘅：《及时披露的年报信息可靠吗?》，《管理世界》2010年第9期，第129~137页。

② 谢盛纹、陈美芳、王洋洋：《年报预约披露推迟与审计契约持续性》，《证券市场导报》2016年第7期，第11~19页。

表 7 2017~2021 年河北上市公司年报披露时间

所属板块	证券代码	证券名称	2017 年	2018 年	2019 年	2020 年	2021 年
沪市 A 股	600135	乐凯胶片	2018 年 3 月 21 日	2019 年 3 月 27 日	2020 年 4 月 16 日	2021 年 4 月 22 日	2022 年 3 月 31 日
	600149	廊坊发展	2018 年 4 月 28 日	2019 年 4 月 27 日	2020 年 4 月 30 日	2021 年 3 月 31 日	2022 年 4 月 23 日
	600230	沧州大化	2018 年 4 月 10 日	2019 年 3 月 29 日	2020 年 4 月 24 日	2021 年 4 月 10 日	2022 年 4 月 22 日
	600340	华夏幸福	2018 年 3 月 30 日	2019 年 4 月 20 日	2020 年 4 月 25 日	2021 年 4 月 30 日	2022 年 4 月 30 日
	600409	三友化工	2018 年 4 月 12 日	2019 年 4 月 25 日	2020 年 4 月 25 日	2021 年 4 月 9 日	2022 年 3 月 16 日
	600480	凌云股份	2018 年 4 月 24 日	2019 年 4 月 29 日	2020 年 4 月 28 日	2021 年 4 月 27 日	2022 年 4 月 26 日
	600482	中国动力	2018 年 4 月 26 日	2019 年 4 月 18 日	2020 年 4 月 29 日	2021 年 4 月 30 日	2022 年 4 月 29 日
	600550	保变电气	2018 年 4 月 17 日	2019 年 4 月 16 日	2020 年 4 月 25 日	2021 年 4 月 20 日	2022 年 4 月 12 日
	600559	老白干酒	2018 年 4 月 28 日	2019 年 4 月 27 日	2020 年 4 月 25 日	2021 年 4 月 29 日	2022 年 4 月 29 日
	600722	金牛化工	2018 年 2 月 10 日	2019 年 2 月 13 日	2020 年 3 月 5 日	2021 年 4 月 28 日	2022 年 4 月 28 日
	600803	新奥股份	2018 年 3 月 30 日	2019 年 3 月 12 日	2020 年 3 月 13 日	2021 年 3 月 23 日	2022 年 3 月 19 日
	600812	华北制药	2018 年 3 月 31 日	2019 年 3 月 23 日	2020 年 3 月 31 日	2021 年 4 月 29 日	2022 年 4 月 28 日
	600965	福成股份	2018 年 3 月 28 日	2019 年 3 月 30 日	2020 年 4 月 28 日	2021 年 3 月 26 日	2022 年 4 月 29 日
	600997	开滦股份	2018 年 3 月 17 日	2019 年 3 月 30 日	2020 年 4 月 10 日	2021 年 3 月 27 日	2022 年 4 月 23 日
	601000	唐山港	2018 年 3 月 31 日	2019 年 4 月 16 日	2020 年 4 月 22 日	2021 年 3 月 31 日	2022 年 4 月 8 日
	601258	庞大集团	2018 年 4 月 28 日	2019 年 4 月 30 日	2020 年 6 月 23 日	2021 年 4 月 30 日	2022 年 4 月 30 日
	601326	秦港股份	2018 年 3 月 30 日	2019 年 3 月 28 日	2020 年 3 月 28 日	2021 年 3 月 30 日	2022 年 3 月 30 日
	601633	长城汽车	2018 年 3 月 24 日	2019 年 3 月 23 日	2020 年 4 月 25 日	2021 年 3 月 31 日	2022 年 3 月 30 日
	603050	科林电气	2018 年 4 月 24 日	2019 年 4 月 10 日	2020 年 4 月 16 日	2021 年 4 月 16 日	2022 年 4 月 23 日
	603156	养元饮品	2018 年 3 月 31 日	2019 年 3 月 26 日	2020 年 4 月 18 日	2021 年 4 月 26 日	2022 年 4 月 23 日
	603385	惠达卫浴	2018 年 4 月 2 日	2019 年 4 月 25 日	2020 年 3 月 20 日	2021 年 3 月 12 日	2022 年 4 月 15 日
	603938	三孚股份	2018 年 3 月 30 日	2019 年 4 月 12 日	2020 年 3 月 20 日	2021 年 3 月 19 日	2022 年 3 月 10 日

续表

所属板块	证券代码	证券名称	2017年	2018年	2019年	2020年	2021年
沪市A股	600956	新天绿能	—	—	—	2021年3月20日	2022年3月24日
	505196	华通线缆	—	—	—	—	2022年4月18日
	603176	汇通集团	—	—	—	—	2022年4月9日
	600906	财达证券	—	—	—	—	2022年4月16日
	000158	常山北明	2018年4月10日	2019年4月30日	2020年4月25日	2021年4月28日	2022年4月16日
	000401	冀东水泥	2018年3月23日	2019年3月21日	2020年3月19日	2021年3月17日	2022年3月17日
	000413	东旭光电	2018年4月20日	2019年4月30日	2020年6月24日	2021年4月30日	2022年4月30日
	000600	建投能源	2018年3月28日	2019年3月16日	2020年3月24日	2021年4月1日	2022年4月21日
	000709	河钢股份	2018年4月20日	2019年3月26日	2020年4月23日	2021年4月23日	2022年4月22日
	000778	新兴铸管	2018年4月10日	2019年4月2日	2020年4月24日	2021年4月13日	2022年4月19日
深市A股	000848	承德露露	2018年3月17日	2019年3月16日	2020年3月28日	2021年4月27日	2022年4月12日
	000856	冀东装备	2018年3月22日	2019年3月22日	2020年3月13日	2021年3月23日	2022年3月17日
	000889	中嘉博创	2018年4月17日	2019年4月23日	2020年4月28日	2021年4月27日	2022年4月30日
	000923	河钢资源	2018年4月26日	2019年4月30日	2020年6月24日	2021年4月29日	2022年4月27日
	000937	冀中能源	2018年4月18日	2019年3月29日	2020年4月29日	2021年4月29日	2022年4月29日
	000958	东方能源	2018年3月31日	2019年3月30日	2020年4月25日	2021年4月14日	2022年4月26日
中小企业板	002049	紫光国微	2018年3月30日	2019年4月11日	2020年4月2日	2021年4月22日	2022年4月21日
	002108	沧州明珠	2018年3月23日	2019年3月23日	2020年4月30日	2021年4月9日	2022年4月29日
	002146	荣盛发展	2018年4月11日	2019年4月3日	2020年4月8日	2021年4月28日	2022年4月30日
	002282	博深股份	2018年4月24日	2019年4月16日	2020年4月21日	2021年4月20日	2022年4月26日
	002342	巨力索具	2018年4月25日	2019年3月28日	2020年4月22日	2021年3月30日	2022年3月30日
	002442	龙星化工	2018年4月24日	2019年2月15日	2020年4月10日	2021年4月20日	2022年4月15日

续表

所属板块	证券代码	证券名称	2017年	2018年	2019年	2020年	2021年
中小企业板	002459	晶澳科技	2018年2月13日	2019年3月23日	2020年3月30日	2021年3月30日	2022年4月30日
	002494	华斯股份	2018年4月11日	2019年2月26日	2020年4月8日	2021年4月10日	2022年4月15日
	002603	以岭药业	2018年4月26日	2019年4月25日	2020年4月28日	2021年4月9日	2022年4月29日
	002691	冀凯股份	2018年4月18日	2019年4月18日	2020年4月25日	2021年4月21日	2022年4月20日
	002960	青鸟消防	—	—	2020年4月23日	2021年4月29日	2022年3月31日
	003031	中瓷电子	—	—	—	2021年4月22日	2022年4月22日
创业板	300107	建新股份	2018年3月31日	2019年3月15日	2020年4月3日	2021年4月15日	2022年4月23日
	300137	先河环保	2018年4月24日	2019年4月26日	2020年4月29日	2021年4月28日	2022年4月28日
	300138	晨光生物	2018年3月27日	2019年3月26日	2020年4月21日	2021年3月23日	2022年3月29日
	300152	科融环境	2018年4月25日	2019年4月26日	2020年4月24日	2021年4月20日	2022年4月20日
	300255	常山药业	2018年4月16日	2019年4月23日	2020年4月29日	2021年4月29日	2022年4月20日
	300368	汇金股份	2018年4月13日	2019年4月23日	2020年4月25日	2021年4月17日	2022年4月22日
	300371	汇中股份	2018年4月10日	2019年4月13日	2020年4月9日	2021年3月31日	2022年4月22日
	300428	立中集团	2018年3月16日	2019年4月23日	2020年4月16日	2021年4月26日	2022年4月25日
	300446	乐凯新材	2018年3月20日	2019年4月23日	2020年4月27日	2021年4月27日	2022年4月19日
	300491	通合科技	2018年3月20日	2019年3月22日	2020年4月25日	2021年3月30日	2022年4月26日
	300765	新诺威	—	—	2020年3月23日	2021年3月5日	2022年3月18日
	300847	中船汉光	—	—	—	2021年4月22日	2022年3月30日
	300869	康泰医学	—	—	—	2021年4月16日	2022年4月27日
	300922	天秦装备	—	—	—	2021年4月16日	2022年4月22日
	300981	中红医疗	—	—	—	—	2022年4月28日
	300990	同飞股份	—	—	—	—	2022年4月25日

资料来源：国泰安数据库和上市公司年报。

对 2017~2021 年河北上市公司年报集中披露时间进行对比，可以看出 2017~2018 年河北上市公司集中披露时间间隔变动幅度较小，上市公司集中在 4 月初进行年报披露。自 2019 年开始，上市公司集中在 4 月中旬前后进行年报披露，年报集中披露时间相比 2017~2018 年有后移趋势，但并未违反规定的披露时间（见表 8）。

表 8　2017~2021 年河北上市公司年报集中披露时间

年份	2017 年	2018 年	2019 年	2020 年	2021 年
日期	4 月 6 日	4 月 5 日	4 月 18 日	4 月 13 日	4 月 16 日

资料来源：国泰安数据库和上市公司年报。

4. 年报信息披露时滞天数情况

及时性是会计信息质量的重要制约条件，而财务报告披露时滞的长短是财务报告披露及时性的重要体现。[1] 财务报告披露时滞越长，基于财务报告进行决策的信息使用者所面临的不确定性就越大，进而会增加其信息搜寻成本，降低资本市场效率。尤其是，我国资本市场还处于新兴发展阶段，市场信息较为匮乏，及时披露财务信息有助于提高资本市场效率。基于此，本报告以上一年会计年度结束日与年报实际披露日的时间间隔作为计算时滞天数的依据，对河北上市公司 2017~2021 年年报披露的及时性进行分析。

（1）河北上市公司各板块年报信息披露时滞天数情况

2017~2021 年，河北上市公司各板块年报信息披露时滞天数总体呈现增加趋势，说明年报披露的及时性有所减弱。2019 年，河北深市 A 股上市公司的年报信息披露时滞天数最长，为 115 天。并且从河北上市公司各板块年报信息披露年均时滞天数看，河北深市 A 股上市公司也最长，为 105 天，说明河北深市 A 股上市公司年报披露的及时性较差。河北创业板、中小企业板和沪市 A 股上市公司年报信息披露年均时滞天数较深市 A 股稍短，但也在 102 天左右，年报披露及时性表现一般（见表 9）。

---

[1]　陈高才、周鲜华：《年度报告及时性的经验研究评述和未来研究》，《会计研究》2008 年第 11 期，第 48~54、97 页。

表9 2017~2021年河北上市公司各板块年报信息披露时滞天数情况

单位：天

所属板块	2017年	2018年	2019年	2020年	2021年	年均时滞天数
沪市A股	96	97	107	101	104	101
深市A股	97	97	115	107	107	105
中小企业板	98	88	107	106	110	102
创业板	95	103	108	103	108	103

资料来源：国泰安数据库和上市公司年报。

（2）河北上市公司年报信息披露时滞天数情况

2017~2021年，河北上市公司年报信息披露时滞天数整体呈波动上升趋势，年报披露的及时性有所减弱。2019年，河北上市公司年报信息披露时滞天数为109天，处于这5年的峰值。2019~2020年，河北上市公司各板块年报信息披露时滞天数由109天减少至103天，说明河北上市公司对年报信息披露的及时性有所重视。但2020~2021年，河北上市公司年报信息披露时滞天数由103天增加至107天，反映出河北上市公司虽在规定的时间内披露了年报，但披露的及时性还有待提升（见图4）。

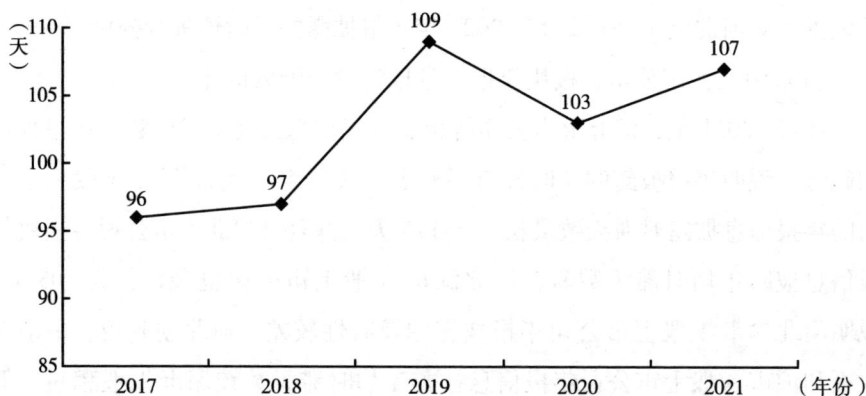

图4 2017~2021年河北上市公司年报信息披露时滞天数情况

资料来源：国泰安数据库和上市公司年报。

表 10 对 2017~2021 年河北上市公司年报信息披露时滞天数情况进行了列示。

表 10　2017~2021 年河北上市公司年报信息披露时滞天数情况

单位：天

所属板块	证券代码	证券名称	2017 年	2018 年	2019 年	2020 年	2021 年
沪市 A 股	600135	乐凯胶片	90	86	107	112	90
	600149	廊坊发展	118	117	121	90	113
	600230	沧州大化	100	88	115	100	112
	600340	华夏幸福	89	110	116	120	120
	600409	三友化工	102	115	116	99	75
	600480	凌云股份	114	119	119	117	116
	600482	中国动力	116	108	120	120	119
	600550	保变电气	107	106	116	110	102
	600559	老白干酒	118	117	116	119	119
	600722	金牛化工	41	44	65	118	118
	600803	新奥股份	89	71	73	82	78
	600812	华北制药	90	82	91	119	118
	600965	福成股份	87	89	119	85	119
	600997	开滦股份	76	89	101	86	113
	601000	唐山港	90	106	113	90	98
	601258	庞大集团	118	120	175	120	120
	601326	秦港股份	89	87	88	89	89
	601633	长城汽车	83	82	116	90	89
	603050	科林电气	114	100	107	106	113
	603156	养元饮品	90	85	109	116	113
	603385	惠达卫浴	92	115	80	71	105
	603938	三孚股份	89	102	80	78	69
	600956	新天绿能	—	—	—	79	83
	605196	华通线缆	—	—	—	—	108
	603176	汇通集团	—	—	—	—	99
	600906	财达证券	—	—	—	—	106

续表

所属板块	证券代码	证券名称	2017 年	2018 年	2019 年	2020 年	2021 年
深市 A 股	000158	常山北明	100	120	116	118	106
	000401	冀东水泥	82	80	79	76	76
	000413	东旭光电	110	120	176	120	120
	000600	建投能源	87	75	84	91	111
	000709	河钢股份	110	116	114	113	112
	000778	新兴铸管	100	92	115	103	109
	000848	承德露露	76	75	88	117	102
	000856	冀东装备	81	81	73	82	76
	000889	中嘉博创	107	113	119	117	120
	000923	河钢资源	116	120	176	119	117
	000937	冀中能源	108	88	120	119	119
	000958	东方能源	90	89	116	104	116
中小企业板	002049	紫光国微	89	101	93	112	111
	002108	沧州明珠	82	82	121	99	119
	002146	荣盛发展	101	93	99	118	120
	002282	博深股份	114	106	112	110	116
	002342	巨力索具	115	87	113	89	89
	002442	龙星化工	114	46	101	110	105
	002459	晶澳科技	44	82	90	89	120
	002494	华斯股份	101	57	99	100	105
	002603	以岭药业	116	115	119	99	119
	002691	冀凯股份	108	108	116	111	110
	002960	青鸟消防	—	—	114	119	90
	003031	中瓷电子	—	—	—	112	112
创业板	300107	建新股份	90	74	94	105	113
	300137	先河环保	114	116	120	118	118
	300138	晨光生物	86	85	112	82	88
	300152	科融环境	115	116	101	110	110
	300255	常山药业	106	113	120	119	110
	300368	汇金股份	103	113	116	107	112
	300371	汇中股份	100	103	100	90	112
	300428	立中集团	75	113	107	116	115
	300446	乐凯新材	79	113	118	117	109
	300491	通合科技	79	81	116	89	116

所属板块	证券代码	证券名称	2017 年	2018 年	2019 年	2020 年	2021 年
创业板	300765	新诺威	—	—	83	64	77
	300847	中船汉光	—	—	—	112	89
	300869	康泰医学	—	—	—	106	117
	300922	天秦装备	—	—	—	106	112
	300981	中红医疗	—	—	—	—	118
	300990	同飞股份	—	—	—	—	115

资料来源：国泰安数据库和上市公司年报。

（三）河北上市公司内部控制信息披露情况

内部控制信息披露是指企业管理层依据一定的标准向外界披露本单位内部控制完整性、合理性和有效性评价的信息以及注册会计师对内部控制报告审核的信息。[①] 为加强上市公司内部控制，促进上市公司规范运作和健康发展，保护投资者合法权益，上交所和深交所分别发布了上市公司内部控制指引，要求上市公司从 2007 年起在年度报告中披露内部控制自我评价报告和会计师事务所对自我评价报告的核实评价意见。《企业内部控制基本规范》规定，执行企业内控规范体系的企业，必须对本企业内部控制的有效性进行自我评价，披露年度自我评价报告，同时聘请会计师事务所对其财务报告内部控制的有效性进行审计，出具审计报告。此外，《国务院关于进一步提高上市公司质量的意见》（国发〔2020〕14 号）指出，为提升上市公司治理水平和运作规范性，上市公司应严格执行内控制度，加快推行内控规范体系，提升内控有效性。基于此，本报告根据是否披露内部控制评价报告和内部控制审计报告两个指标对河北上市公司内部控制信息披露情况进行分析。

---

① 杨有红、汪薇：《2006 年沪市公司内部控制信息披露研究》，《会计研究》2008 年第 3 期，第 35~42 页。

1. 内部控制评价报告

内部控制评价报告，是指上市公司董事会或股东大会等权力机构依据《企业内部控制基本规范》、相关指引及其上市地的信息披露要求，评价公司内控的有效性，并予以披露的报告。

（1）河北上市公司各板块内部控制评价报告信息披露

2017~2021年河北上市公司各板块内部控制评价报告信息披露总体处于较高水平。其中，5年来，深市A股、中小企业板、创业板的河北上市公司均全部披露了内部控制评价报告，披露率为100%。沪市A股的河北上市公司对于内部控制评价报告的信息披露情况次之，虽然披露率总体呈下降趋势，但也保持在90%以上（见表11）。

表11　2017~2021年河北上市公司各板块内部控制评价报告披露数量及披露率情况

单位：家，%

所属板块	2017年		2018年		2019年		2020年		2021年	
	数量	披露率	数量	披露率	数量	披露率	数量	披露率	数量	披露率
沪市A股	21	95.45	21	95.45	20	90.91	21	91.30	24	92.31
深市A股	12	100.00	12	100.00	12	100.00	12	100.00	12	100.00
中小企业板	10	100.00	10	100.00	11	100.00	12	100.00	12	100.00
创业板	10	100.00	10	100.00	11	100.00	14	100.00	16	100.00

资料来源：国泰安数据库和上市公司年报。

（2）河北上市公司内部控制评价报告信息披露

2017~2021年河北上市公司内部控制评价报告信息披露数量逐年上升，披露率也保持较高水平，5年内，河北上市公司内部控制评价报告的披露率均保持在95%以上，反映出河北上市公司内部控制评价报告的披露意识总体较强。2021年河北上市公司中有64家披露了内部控制评价报告信息，披露率为96.97%（见图5）。

表12对2017~2021年河北上市公司内部控制评价报告信息披露的具体情况进行了列示。

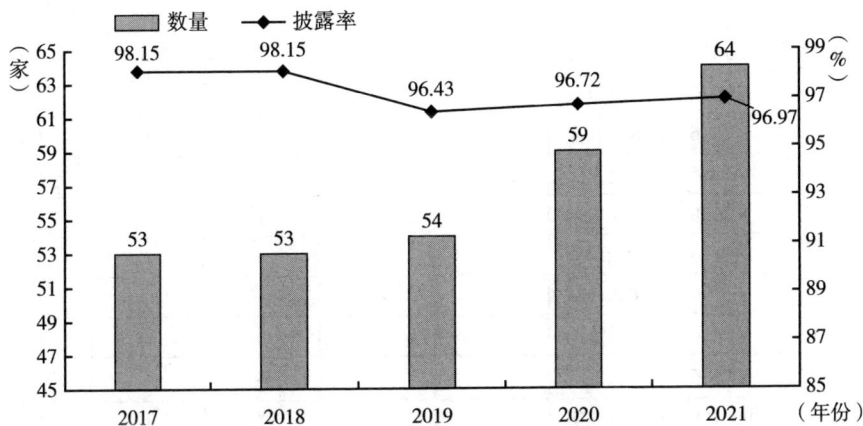

图 5 2017～2021 年河北上市公司内部控制评价报告信息披露数量及披露率情况

资料来源：国泰安数据库和上市公司年报。

表 12 2017～2021 年河北上市公司内部控制评价报告信息披露情况

所属板块	证券代码	证券名称	2017 年	2018 年	2019 年	2020 年	2021 年
沪市 A 股	600135	乐凯胶片	1	1	1	1	1
	600149	廊坊发展	1	1	1	1	1
	600230	沧州大化	0	1	0	0	0
	600340	华夏幸福	1	1	1	1	1
	600409	三友化工	1	1	1	1	1
	600480	凌云股份	1	1	1	1	1
	600482	中国动力	1	1	1	1	1
	600550	保变电气	1	1	1	1	1
	600559	老白干酒	1	1	1	1	1
	600722	金牛化工	1	0	0	0	1
	600803	新奥股份	1	1	1	1	1
	600812	华北制药	1	1	1	1	1
	600965	福成股份	1	1	1	1	1
	600997	开滦股份	1	1	1	1	0
	601000	唐山港	1	1	1	1	1
	601258	庞大集团	1	1	1	1	1
	601326	秦港股份	1	1	1	1	1
	601633	长城汽车	1	1	1	1	1

续表

所属板块	证券代码	证券名称	2017年	2018年	2019年	2020年	2021年
沪市A股	603050	科林电气	1	1	1	1	1
	603156	养元饮品	1	1	1	1	1
	603385	惠达卫浴	1	1	1	1	1
	603938	三孚股份	1	1	1	1	1
	600956	新天绿能	—	—	—	1	1
	605196	华通线缆	—	—	—	—	1
	603176	汇通集团	—	—	—	—	1
	600906	财达证券	—	—	—	—	1
深市A股	000158	常山北明	1	1	1	1	1
	000401	冀东水泥	1	1	1	1	1
	000413	东旭光电	1	1	1	1	1
	000600	建投能源	1	1	1	1	1
	000709	河钢股份	1	1	1	1	1
	000778	新兴铸管	1	1	1	1	1
	000848	承德露露	1	1	1	1	1
	000856	冀东装备	1	1	1	1	1
	000889	中嘉博创	1	1	1	1	1
	000923	河钢资源	1	1	1	1	1
	000937	冀中能源	1	1	1	1	1
	000958	东方能源	1	1	1	1	1
中小企业板	002049	紫光国微	1	1	1	1	1
	002108	沧州明珠	1	1	1	1	1
	002146	荣盛发展	1	1	1	1	1
	002282	博深股份	1	1	1	1	1
	002342	巨力索具	1	1	1	1	1
	002442	龙星化工	1	1	1	1	1
	002459	晶澳科技	1	1	1	1	1
	002494	华斯股份	1	1	1	1	1
	002603	以岭药业	1	1	1	1	1
	002691	冀凯股份	1	1	1	1	1
	002960	青鸟消防	—	—	1	1	1
	003031	中瓷电子	—	—	—	1	1

续表

所属板块	证券代码	证券名称	2017 年	2018 年	2019 年	2020 年	2021 年
创业板	300107	建新股份	1	1	1	1	1
	300137	先河环保	1	1	1	1	1
	300138	晨光生物	1	1	1	1	1
	300152	科融环境	1	1	1	1	1
	300255	常山药业	1	1	1	1	1
	300368	汇金股份	1	1	1	1	1
	300371	汇中股份	1	1	1	1	1
	300428	立中集团	1	1	1	1	1
	300446	乐凯新材	1	1	1	1	1
	300491	通合科技	1	1	1	1	1
	300765	新诺威	—	—	1	1	1
	300847	中船汉光	—	—	—	1	1
	300869	康泰医学	—	—	—	1	1
	300922	天秦装备	—	—	—	1	1
	300981	中红医疗	—	—	—	—	1
	300990	同飞股份	—	—	—	—	1

注：1＝披露了内部控制评价报告，0＝未披露内部控制评价报告。

资料来源：国泰安数据库和上市公司年报。

2. 内部控制审计报告

内部控制审计报告，是指会计师事务所接受委托，按照内部控制审计指引的规定及其上市地的监管要求，对特定基准日内部控制设计与运行的有效性进行审计并发表审计意见所出具的报告。

（1）河北上市公司各板块内部控制审计报告信息披露

总体而言，2017～2021 年河北上市公司各板块内部控制审计报告信息披露情况处于较高水平，披露内部控制审计报告的上市公司数量总体呈增长态势。具体到各板块，5 年来，沪市 A 股的河北上市公司全部披露了内部控制审计报告，披露率为 100%；深市 A 股的河北上市公司披露表现次之，除 2017 年披露率未达到 100% 外，2018～2021 年均达到了 100%；中小企业板和创业板的河北上市公司内部控制审计报告的披露情况表现较差，尤其是河北创业板上市公司，内部控制审计报告披露率总体呈下降趋势，2021年，披露率仅为37.50%（见表13）。

表13 2017~2021年河北上市公司各板块内部控制审计报告披露数量及披露率情况

单位：家，%

所属板块	2017年		2018年		2019年		2020年		2021年	
	数量	披露率	数量	披露率	数量	披露率	数量	披露率	数量	披露率
沪市A股	22	100.00	22	100.00	22	100.00	23	100.00	26	100.00
深市A股	11	91.67	12	100.00	12	100.00	12	100.00	12	100.00
中小企业板	5	50.00	6	60.00	7	63.64	9	75.00	8	66.67
创业板	6	60.00	4	40.00	8	72.73	8	57.14	6	37.50

资料来源：国泰安数据库和上市公司年报。

（2）河北上市公司内部控制审计报告信息披露

2017~2021年河北上市公司内部控制审计报告信息披露数量总体呈增长态势，披露率保持中高水平，为80%左右，反映出河北上市公司内部控制审计报告的披露意识较强。2021年河北上市公司中有52家披露了内部控制审计报告信息，披露率为78.79%（见图6）。

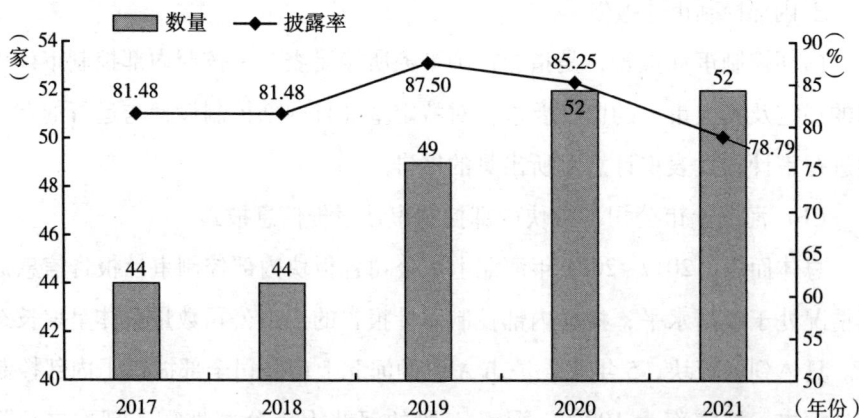

图6 2017~2021年河北上市公司内部控制审计报告信息披露数量及披露率情况

资料来源：国泰安数据库和上市公司年报。

表 14 对 2017~2021 年河北上市公司内部控制审计报告信息披露的具体情况进行了列示。

表 14　2017~2021 年河北上市公司内部控制审计报告信息披露情况

所属板块	证券代码	证券名称	2017 年	2018 年	2019 年	2020 年	2021 年
沪市 A 股	600135	乐凯胶片	1	1	1	1	1
	600149	廊坊发展	1	1	1	1	1
	600230	沧州大化	1	1	1	1	1
	600340	华夏幸福	1	1	1	1	1
	600409	三友化工	1	1	1	1	1
	600480	凌云股份	1	1	1	1	1
	600482	中国动力	1	1	1	1	1
	600550	保变电气	1	1	1	1	1
	600559	老白干酒	1	1	1	1	1
	600722	金牛化工	1	1	1	1	1
	600803	新奥股份	1	1	1	1	1
	600812	华北制药	1	1	1	1	1
	600965	福成股份	1	1	1	1	1
	600997	开滦股份	1	1	1	1	1
	601000	唐山港	1	1	1	1	1
	601258	庞大集团	1	1	1	1	1
	601326	秦港股份	1	1	1	1	1
	601633	长城汽车	1	1	1	1	1
	603050	科林电气	1	1	1	1	1
	603156	养元饮品	1	1	1	1	1
	603385	惠达卫浴	1	1	1	1	1
	603938	三孚股份	1	1	1	1	1
	600956	新天绿能	—	—	—	1	1
	605196	华通线缆	—	—	—	—	1
	603176	汇通集团	—	—	—	—	1
	600906	财达证券	—	—	—	—	1

续表

所属板块	证券代码	证券名称	2017 年	2018 年	2019 年	2020 年	2021 年
深市 A 股	000158	常山北明	1	1	1	1	1
	000401	冀东水泥	1	1	1	1	1
	000413	东旭光电	1	1	1	1	1
	000600	建投能源	1	1	1	1	1
	000709	河钢股份	1	1	1	1	1
	000778	新兴铸管	1	1	1	1	1
	000848	承德露露	1	1	1	1	1
	000856	冀东装备	1	1	1	1	1
	000889	中嘉博创	0	1	1	1	1
	000923	河钢资源	1	1	1	1	1
	000937	冀中能源	1	1	1	1	1
	000958	东方能源	1	1	1	1	1
中小企业板	002049	紫光国微	0	1	0	1	0
	002108	沧州明珠	1	1	1	1	1
	002146	荣盛发展	0	1	0	1	0
	002282	博深股份	0	1	0	1	0
	002342	巨力索具	1	0	1	0	1
	002442	龙星化工	0	1	1	1	1
	002459	晶澳科技	1	0	1	0	1
	002494	华斯股份	1	0	1	0	1
	002603	以岭药业	0	1	0	1	0
	002691	冀凯股份	1	0	1	0	1
	002960	青鸟消防	—	—	1	1	1
	003031	中瓷电子	—	—	—	1	1
创业板	300107	建新股份	1	0	1	0	1
	300137	先河环保	0	0	0	0	0
	300138	晨光生物	0	1	1	1	0
	300152	科融环境	1	0	1	1	0
	300255	常山药业	0	1	0	1	0
	300368	汇金股份	1	0	1	0	0
	300371	汇中股份	0	0	1	0	1
	300428	立中集团	1	1	1	1	1
	300446	乐凯新材	1	1	1	1	1
	300491	通合科技	1	0	1	1	0

所属板块	证券代码	证券名称	2017 年	2018 年	2019 年	2020 年	2021 年
创业板	300765	新诺威	—	—	0	0	0
	300847	中船汉光	—	—	—	1	1
	300869	康泰医学	—	—	—	0	0
	300922	天秦装备	—	—	—	1	1
	300981	中红医疗	—	—	—	—	0
	300990	同飞股份	—	—	—	—	0

注：1=披露了内部控制审计报告，0=未披露内部控制审计报告。

资料来源：国泰安数据库和上市公司年报。

（四）河北上市公司社会责任信息披露情况

社会责任信息披露是利益相关者了解公司对社会责任认知程度的有效途径，是评价其履责情况的重要依据，[1] 上市公司应该及时、充分、真实、有效地对外披露其社会责任管理和绩效信息。[2]《公开发行证券的公司信息披露内容与格式准则第 2 号——年度报告的内容与格式》（2017 年修订）第四十二条规定，鼓励公司结合行业特点，主动披露积极履行社会责任的工作情况，包括但不限于：公司履行社会责任的宗旨和理念，股东和债权人权益保护、职工权益保护、供应商权益保护、客户和消费者权益保护、环境保护与可持续发展、公共关系、社会公益事业等方面的情况。2020 年中共中央办公厅印发的《关于加强新时代民营经济统战工作的意见》中指出，倡导义利兼顾、以义为先理念，坚持致富思源、富而思进，认真履行社会责任，大力构建和谐劳动关系，积极参与光彩事业、精准扶贫和公益慈善事业，克服享乐主义和奢靡之风，做到富而有德、富而有爱、富而有责。基于此，本报告根据股东权益保护、债权人权益保护、公共关系和社会公益事业、职工权

---

① 李海玲：《我国企业社会责任信息披露现状研究》，《兰州学刊》2018 年第 10 期，第 162~173 页。

② 宋林、工建玲、姚树洁：《上市公司年报中社会责任信息披露的影响因素——基于合法性视角的研究》，《经济管理》2012 年第 2 期，第 40~49 页。

益保护、供应商权益保护、客户和消费者权益保护、环境和可持续发展、安全生产八个指标对河北上市公司社会责任信息披露情况进行分析。

1. 股东权益保护

《关于加强社会公众股股东权益保护的若干规定》指出，对于股东权益保护信息，上市公司应积极主动地披露，公平对待公司的所有股东，不得进行选择性信息披露。

（1）河北上市公司各板块股东权益保护信息披露

2017～2021年，河北上市公司各板块股东权益保护信息披露公司数量及披露率整体呈上升趋势，但存在差异。深市A股的股东权益保护信息披露情况较好，2021年河北深市A股上市公司股东权益保护信息披露数量为12家，披露率高达100%。2017～2021年，虽然沪市A股上市公司股东权益保护信息披露数量最高，但整体披露率并不高。2021年，沪市A股上市公司股东权益保护信息披露数量为19家，披露率为73.08%。2017～2021年，河北中小企业板上市公司股东权益保护信息披露率均保持较高的水平，披露率保持在90%左右；河北创业板上市公司股东权益保护信息披露率稳步提升，由40.00%提升至81.25%（见表15）。

表15 2017～2021年河北上市公司各板块股东权益保护信息披露数量及披露率情况

单位：家，%

所属板块	2017年		2018年		2019年		2020年		2021年	
	数量	披露率	数量	披露率	数量	披露率	数量	披露率	数量	披露率
沪市A股	13	59.09	14	63.64	14	63.64	15	65.22	19	73.08
深市A股	10	83.33	10	83.33	11	91.67	11	91.67	12	100.00
中小企业板	9	90.00	9	90.00	10	90.91	10	83.33	11	91.67
创业板	4	40.00	7	70.00	8	72.73	11	78.57	13	81.25

资料来源：国泰安数据库和上市公司年报。

（2）河北上市公司股东权益保护信息披露

2017～2021年，河北上市公司股东权益保护信息披露数量及披露率均处于上升趋势，河北上市公司股东权益保护意识逐年增强。2021 年河北上市公司中有 55 家披露了股东权益保护信息，披露率为 83.33%（见图 7）。

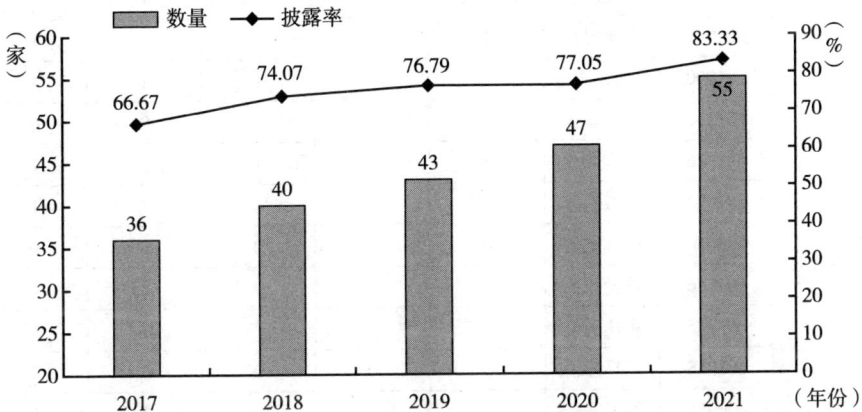

图 7　2017~2021 年河北上市公司股东权益保护信息披露数量及披露率情况

资料来源：国泰安数据库和上市公司年报。

表 16 对 2017~2021 年河北上市公司股东权益保护信息披露的具体情况进行了列示。

表 16　2017~2021 年河北上市公司股东权益保护信息披露情况

所属板块	证券代码	证券名称	2017 年	2018 年	2019 年	2020 年	2021 年
沪市 A 股	600135	乐凯胶片	0	0	0	0	0
	600149	廊坊发展	0	0	0	0	0
	600230	沧州大化	0	0	0	0	0
	600340	华夏幸福	1	1	1	1	1
	600409	三友化工	1	1	1	1	1
	600480	凌云股份	1	1	1	1	1
	600482	中国动力	1	1	1	1	1
	600550	保变电气	1	1	1	1	1
	600559	老白干酒	1	1	1	1	1
	600722	金牛化工	0	0	0	0	0
	600803	新奥股份	1	1	1	1	1
	600812	华北制药	1	1	1	1	1

续表

所属板块	证券代码	证券名称	2017 年	2018 年	2019 年	2020 年	2021 年
沪市 A 股	600965	福成股份	1	1	1	1	1
	600997	开滦股份	1	1	1	1	1
	601000	唐山港	1	1	1	1	1
	601258	庞大集团	0	0	0	0	0
	601326	秦港股份	1	1	1	1	1
	601633	长城汽车	1	1	1	1	1
	603050	科林电气	0	0	0	0	0
	603156	养元饮品	0	0	0	0	0
	603385	惠达卫浴	0	1	1	1	1
	603938	三孚股份	0	0	0	0	0
	600956	新天绿能	—	—	—	1	1
	605196	华通线缆	—	—	—	—	1
	603176	汇通集团	—	—	—	—	1
	600906	财达证券	—	—	—	—	1
深市 A 股	000158	常山北明	1	1	1	1	1
	000401	冀东水泥	1	1	1	1	1
	000413	东旭光电	1	1	1	1	1
	000600	建投能源	1	1	1	1	1
	000709	河钢股份	1	1	1	1	1
	000778	新兴铸管	1	1	1	1	1
	000848	承德露露	0	0	0	1	1
	000856	冀东装备	1	1	1	1	1
	000889	中嘉博创	1	1	1	1	1
	000923	河钢资源	1	1	1	1	1
	000937	冀中能源	1	1	1	1	1
	000958	东方能源	0	0	1	0	1
中小企业板	002049	紫光国微	1	1	1	0	1
	002108	沧州明珠	1	1	1	1	1
	002146	荣盛发展	1	1	1	1	1
	002282	博深股份	0	0	0	0	0
	002342	巨力索具	1	1	1	1	1

续表

所属板块	证券代码	证券名称	2017 年	2018 年	2019 年	2020 年	2021 年
中小企业板	002442	龙星化工	1	1	1	1	1
	002459	晶澳科技	1	1	1	1	1
	002494	华斯股份	1	1	1	1	1
	002603	以岭药业	1	1	1	1	1
	002691	冀凯股份	1	1	1	1	1
	002960	青鸟消防	—	—	1	1	1
	003031	中瓷电子				1	1
创业板	300107	建新股份	1	1	1	1	1
	300137	先河环保	0	1	1	1	1
	300138	晨光生物	0	0	0	0	0
	300152	科融环境	0	0	0	0	0
	300255	常山药业	1	1	1	1	1
	300368	汇金股份	0	0	0	0	0
	300371	汇中股份	0	1	1	1	1
	300428	立中集团	1	1	1	1	1
	300446	乐凯新材	0	1	1	1	1
	300491	通合科技	1	1	1	1	1
	300765	新诺威	—	—	1	1	1
	300847	中船汉光	—	—	—	1	1
	300869	康泰医学	—	—	—	1	1
	300922	天秦装备	—	—	—	1	1
	300981	中红医疗	—	—	—	—	1
	300990	同飞股份	—	—	—	—	1

注：1＝披露了股东权益保护信息，0＝未披露股东权益保护信息。
资料来源：国泰安数据库和上市公司年报。

2. 债权人权益保护

随着《中华人民共和国公司法》对债权人权益保护的深入，社会责任信息披露层面也要求信息披露义务人披露债权人权益保护情况。债权人虽不是公司的股东，并不参与公司的经营决策，但债权人的权益得到保护是公司能够稳定发展的重要前提。

（1）河北上市公司各板块债权人权益保护信息披露

2017~2021 年，河北上市公司各板块债权人权益保护信息披露数量及披露率存在差异。2017~2021 年，沪市 A 股、中小企业板和创业板债权人权益保护信息披露数量及披露率整体呈上升趋势。其中，中小企业板的债权人权益保护信息披露情况较好，侧面反映了中小企业板上市公司债权人权益保护意识较强，2021 年中小企业板上市公司债权人权益保护信息披露数量为10 家，披露率为 83.33%。2017~2021 年，虽然沪市 A 股上市公司债权人权益保护信息披露数量最高，但整体披露率并不高。2021 年，沪市 A 股上市公司债权人权益保护信息披露数量为 18 家，披露率为 69.23%。2017~2021年，深市 A 股上市公司债权人权益保护信息披露数量及披露率较为稳定（见表 17）。

表17 2017~2021 年河北上市公司各板块债权人权益保护信息披露数量及披露率情况

单位：家，%

所属板块	2017 年		2018 年		2019 年		2020 年		2021 年	
	数量	披露率	数量	披露率	数量	披露率	数量	披露率	数量	披露率
沪市 A 股	13	59.09	14	63.64	14	63.64	15	65.22	18	69.23
深市 A 股	10	83.33	10	83.33	10	83.33	9	75.00	10	83.33
中小企业板	8	80.00	8	80.00	9	81.82	9	75.00	10	83.33
创业板	5	50.00	7	70.00	8	72.73	11	78.57	13	81.25

资料来源：国泰安数据库和上市公司年报。

（2）河北上市公司债权人权益保护信息披露

2017~2021 年，河北上市公司债权人权益保护信息披露数量及披露率总体处于上升趋势，河北上市公司债权人权益保护意识总体增强。2021 年河北上市公司中有 51 家披露了债权人权益保护信息，披露率为 77.27%（见图8）。

表 18 对 2017~2021 年河北上市公司债权人权益保护信息披露情况进行了列示。

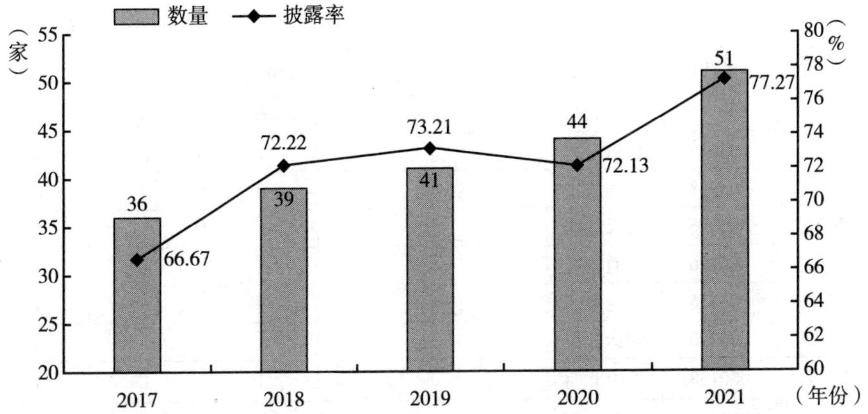

图 8　2017～2021 年河北上市公司债权人权益保护信息披露数量及披露率情况

资料来源：国泰安数据库和上市公司年报。

表 18　2017～2021 年河北上市公司债权人权益保护信息披露情况

所属板块	证券代码	证券名称	2017 年	2018 年	2019 年	2020 年	2021 年
沪市 A 股	600135	乐凯胶片	0	0	0	0	0
	600149	廊坊发展	0	0	0	0	0
	600230	沧州大化	0	0	0	0	0
	600340	华夏幸福	1	1	1	1	1
	600409	三友化工	1	1	1	1	1
	600480	凌云股份	1	1	1	1	1
	600482	中国动力	1	1	1	1	1
	600550	保变电气	1	1	1	1	1
	600559	老白干酒	1	1	1	1	1
	600722	金牛化工	0	0	0	0	0
	600803	新奥股份	1	1	1	1	1
	600812	华北制药	1	1	1	1	1
	600965	福成股份	1	1	1	1	1
	600997	开滦股份	1	1	1	1	1
	601000	唐山港	1	1	1	1	1
	601258	庞大集团	0	0	0	0	0
	601326	秦港股份	1	1	1	1	1
	601633	长城汽车	1	1	1	1	1
	603050	科林电气	0	0	0	0	0

续表

所属板块	证券代码	证券名称	2017 年	2018 年	2019 年	2020 年	2021 年
沪市 A 股	603156	养元饮品	0	0	0	0	0
	603385	惠达卫浴	0	1	1	1	1
	603938	三孚股份	0	0	0	0	0
	600956	新天绿能	—	—	—	1	1
	605196	华通线缆	—	—	—	—	1
	603176	汇通集团	—	—	—	—	1
	600906	财达证券	—	—	—	—	1
深市 A 股	000158	常山北明	1	1	1	1	1
	000401	冀东水泥	1	1	1	1	1
	000413	东旭光电	1	1	1	1	1
	000600	建投能源	1	1	1	1	1
	000709	河钢股份	1	1	1	1	1
	000778	新兴铸管	1	1	1	1	1
	000848	承德露露	0	0	0	0	0
	000856	冀东装备	1	1	1	0	1
	000889	中嘉博创	1	1	1	1	1
	000923	河钢资源	1	1	1	1	1
	000937	冀中能源	1	1	1	1	1
	000958	东方能源	0	0	0	0	0
中小企业板	002049	紫光国微	1	1	1	0	1
	002108	沧州明珠	1	1	1	1	1
	002146	荣盛发展	1	1	1	1	1
	002282	博深股份	0	0	0	0	0
	002342	巨力索具	1	1	1	1	1
	002442	龙星化工	1	1	1	1	1
	002459	晶澳科技	1	1	1	1	1
	002494	华斯股份	1	1	1	1	1
	002603	以岭药业	1	1	1	1	1
	002691	冀凯股份	0	0	0	0	0
	002960	青鸟消防	—	—	1	1	1
	003031	中瓷电子	—	—	—	1	1

续表

所属板块	证券代码	证券名称	2017 年	2018 年	2019 年	2020 年	2021 年
创业板	300107	建新股份	1	1	1	1	1
	300137	先河环保	0	1	1	1	1
	300138	晨光生物	0	0	0	0	0
	300152	科融环境	0	0	0	0	0
	300255	常山药业	1	1	1	1	1
	300368	汇金股份	0	0	0	0	0
	300371	汇中股份	0	1	1	1	1
	300428	立中集团	1	1	1	1	1
	300446	乐凯新材	1	1	1	1	1
	300491	通合科技	1	1	1	1	1
	300765	新诺威	—	—	1	1	1
	300847	中船汉光	—	—	—	1	1
	300869	康泰医学	—	—	—	1	1
	300922	天秦装备	—	—	—	1	1
	300981	中红医疗	—	—	—	—	1
	300990	同飞股份	—	—	—	—	1

注：1＝披露了债权人权益保护信息，0＝未披露债权人权益保护信息。
资料来源：国泰安数据库和上市公司年报。

3. 公共关系和社会公益事业

在公共关系和社会公益事业方面，上市公司应重点说明报告期内公司在灾害救援和捐赠等方面所做的工作，并进一步指出其有关维系公共关系、践行社会公益事业的行为是否履行了相关审议程序。

（1）河北上市公司各板块公共关系和社会公益事业信息披露

2017~2021 年，河北各板块上市公司公共关系和社会公益事业信息披露数量及披露率存在差异。从披露数量方面，河北沪市 A 股上市公司披露公共关系和社会公益事业信息的公司数量最多，2021 年为 21 家；从披露率方面，2021 年，河北深市 A 股、中小企业板和创业板上市公司对公共关系和社会公益事业信息的披露率均达到 100%。河北中小企业板和创业板上市公司公共关系和社会公益事业信息披露率在 2019 年有所下降，自 2020 年起，披露率反弹上升（见表 19）。

表19 2017~2021年河北上市公司各板块公共关系
和社会公益事业信息披露数量及披露率情况

单位：家，%

所属板块	2017年		2018年		2019年		2020年		2021年	
	数量	披露率	数量	披露率	数量	披露率	数量	披露率	数量	披露率
沪市A股	12	54.55	14	63.64	14	63.64	18	78.26	21	80.77
深市A股	9	75.00	10	83.33	10	83.33	12	100.00	12	100.00
中小企业板	7	70.00	7	70.00	4	36.36	10	83.33	12	100.00
创业板	6	60.00	10	100.00	9	81.82	13	92.86	16	100.00

资料来源：国泰安数据库和上市公司年报。

（2）河北上市公司公共关系和社会公益事业信息披露

2017~2021年，河北上市公司公共关系和社会公益事业信息披露数量及披露率均处于波动上升趋势，河北上市公司维护公共关系和践行社会公益事业的意识不断增强。2021年河北上市公司中有61家披露了公共关系和社会公益事业信息，披露率为92.42%（见图9）。

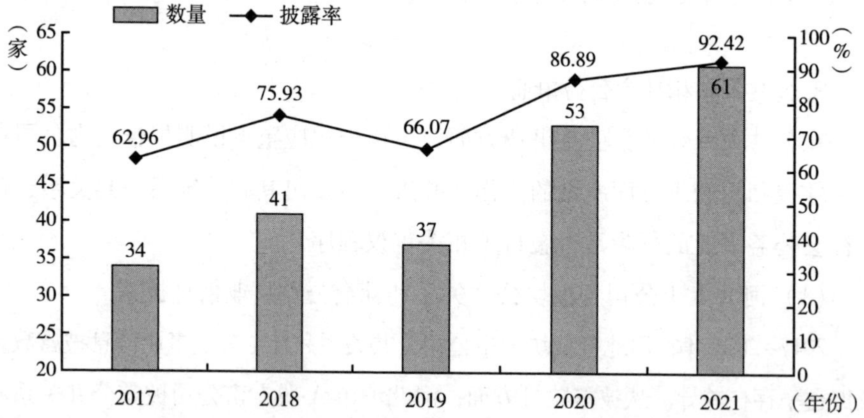

图9 2017~2021年河北上市公司公共关系和社会
公益事业信息披露数量及披露率情况

资料来源：国泰安数据库和上市公司年报。

表 20 对 2017～2021 年河北上市公司公共关系和社会公益事业信息披露情况进行了列示。

表 20 2017～2021 年河北上市公司公共关系和社会公益事业信息披露情况

所属板块	证券代码	证券名称	2017 年	2018 年	2019 年	2020 年	2021 年
沪市 A 股	600135	乐凯胶片	0	0	0	0	0
	600149	廊坊发展	0	0	0	0	0
	600230	沧州大化	0	0	0	0	0
	600340	华夏幸福	1	1	1	1	1
	600409	三友化工	1	1	1	1	1
	600480	凌云股份	1	1	1	1	1
	600482	中国动力	1	1	1	1	1
	600550	保变电气	1	1	1	1	1
	600559	老白干酒	1	1	1	1	1
	600722	金牛化工	0	0	0	0	0
	600803	新奥股份	0	1	1	1	1
	600812	华北制药	1	1	1	1	1
	600965	福成股份	0	0	0	1	1
	600997	开滦股份	1	1	1	1	1
	601000	唐山港	1	1	1	1	1
	601258	庞大集团	0	0	0	1	1
	601326	秦港股份	1	1	1	1	1
	601633	长城汽车	1	1	1	1	1
	603050	科林电气	0	0	0	1	1
	603156	养元饮品	1	1	1	1	1
	603385	惠达卫浴	0	0	0	1	1
	603938	三孚股份	0	0	0	0	0
	600956	新天绿能	—	—	—	1	1
	605196	华通线缆	—	—	—	—	1
	603176	汇通集团	—	—	—	—	1
	600906	财达证券	—	—	—	—	1

续表

所属板块	证券代码	证券名称	2017 年	2018 年	2019 年	2020 年	2021 年
深市 A 股	000158	常山北明	1	1	1	1	1
	000401	冀东水泥	1	1	1	1	1
	000413	东旭光电	1	1	1	1	1
	000600	建投能源	1	1	1	1	1
	000709	河钢股份	1	1	1	1	1
	000778	新兴铸管	1	1	1	1	1
	000848	承德露露	0	1	0	1	1
	000856	冀东装备	0	0	0	1	1
	000889	中嘉博创	1	1	1	1	1
	000923	河钢资源	1	1	1	1	1
	000937	冀中能源	1	1	1	1	1
	000958	东方能源	0	0	1	1	1
中小企业板	002049	紫光国微	0	0	0	0	1
	002108	沧州明珠	0	0	0	0	1
	002146	荣盛发展	1	1	1	1	1
	002282	博深股份	1	1	0	1	1
	002342	巨力索具	1	1	0	1	1
	002442	龙星化工	1	1	1	1	1
	002459	晶澳科技	1	1	1	1	1
	002494	华斯股份	1	0	0	1	1
	002603	以岭药业	1	1	1	1	1
	002691	冀凯股份	0	1	0	1	1
	002960	青鸟消防	—	—	0	0	1
	003031	中瓷电子	—	—	—	1	1
创业板	300107	建新股份	1	1	1	1	1
	300137	先河环保	1	1	1	1	1
	300138	晨光生物	1	1	1	1	1
	300152	科融环境	0	1	0	1	1
	300255	常山药业	1	1	0	1	1
	300368	汇金股份	0	1	1	1	1
	300371	汇中股份	0	1	1	1	1

续表

所属板块	证券代码	证券名称	2017 年	2018 年	2019 年	2020 年	2021 年
创业板	300428	立中集团	1	1	1	1	1
	300446	乐凯新材	0	1	1	1	1
	300491	通合科技	1	1	1	1	1
	300765	新诺威	—	—	1	0	1
	300847	中船汉光	—	—	—	1	1
	300869	康泰医学	—	—	—	1	1
	300922	天秦装备	—	—	—	1	1
	300981	中红医疗	—	—	—	—	1
	300990	同飞股份	—	—	—	—	1

注：1＝披露了公共关系和社会公益事业信息，0＝未披露公共关系和社会公益事业信息。
资料来源：国泰安数据库和上市公司年报。

4. 职工权益保护

在职工权益保护方面，上市公司应说明其用工制度是否符合《劳动法》以及《劳动合同法》等法律的要求；公司内部相关制度措施是否严格参照国家规定或相关部门指引；公司在职工权益保护方面所采取的具体措施，比如员工福利、员工培训等。

（1）河北上市公司各板块职工权益保护信息披露

2017～2021 年，河北上市公司各板块职工权益保护信息披露数量及披露率整体呈上升趋势，但存在差异。在披露数量方面，河北沪市 A 股上市公司职工权益保护信息披露数量最多，2021 年为 19 家；在披露率方面，河北深市 A 股上市公司对职工权益保护信息的披露率于 2020 年达到 100%，并延续至 2021 年；河北中小企业板上市公司对职工权益保护信息的披露率保持高水平稳定状态，5 年来，披露率保持在 90% 左右，变动幅度较小。2017～2021 年，河北创业板上市公司职工权益保护信息披露量和披露率的增幅最大，说明创业板上市公司职工权益保护意识在不断增强（见表 21）。

表 21 2017~2021 年河北上市公司各板块职工权益保护信息披露数量及披露率情况

单位：家，%

所属板块	2017 年		2018 年		2019 年		2020 年		2021 年	
	数量	披露率	数量	披露率	数量	披露率	数量	披露率	数量	披露率
沪市 A 股	14	63.64	15	68.18	15	68.18	16	69.57	19	73.08
深市 A 股	10	83.33	10	83.33	11	91.67	12	100.00	12	100.00
中小企业板	9	90.00	9	90.00	10	90.91	10	83.33	11	91.67
创业板	5	50.00	8	80.00	8	72.73	11	78.57	12	75.00

资料来源：国泰安数据库和上市公司年报。

（2）河北上市公司职工权益保护信息披露

2017~2021 年，河北上市公司职工权益保护信息披露数量及披露率均处于上升趋势，河北上市公司职工权益保护意识逐年增强。2021 年，河北上市公司中有 54 家披露了职工权益保护信息，披露率为 81.82%（见图 10）。

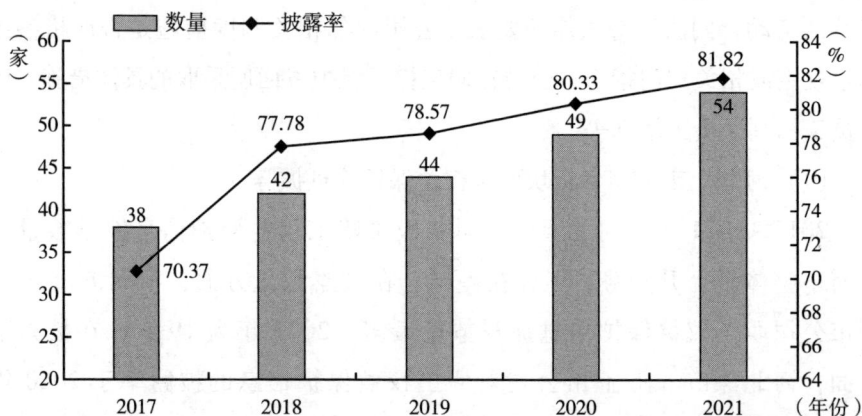

图 10 2017~2021 年河北上市公司职工权益保护信息披露数量及披露率情况

资料来源：国泰安数据库和上市公司年报。

表 22 对 2017~2021 年河北上市公司职工权益保护信息披露情况进行了列示。

表 22　2017～2021 年河北上市公司职工权益保护信息披露情况

所属板块	证券代码	证券名称	2017 年	2018 年	2019 年	2020 年	2021 年
沪市 A 股	600135	乐凯胶片	0	0	0	0	0
	600149	廊坊发展	0	0	0	0	0
	600230	沧州大化	0	0	0	0	0
	600340	华夏幸福	1	1	1	1	1
	600409	三友化工	1	1	1	1	1
	600480	凌云股份	1	1	1	1	1
	600482	中国动力	1	1	1	1	1
	600550	保变电气	1	1	1	1	1
	600559	老白干酒	1	1	1	1	1
	600722	金牛化工	1	1	1	1	1
	600803	新奥股份	0	1	1	1	1
	600812	华北制药	1	1	1	1	1
	600965	福成股份	1	1	1	1	1
	600997	开滦股份	1	1	1	1	1
	601000	唐山港	1	1	1	1	1
	601258	庞大集团	0	0	0	0	0
	601326	秦港股份	1	1	1	1	1
	601633	长城汽车	1	1	1	1	1
	603050	科林电气	0	0	0	0	0
	603156	养元饮品	0	0	0	0	0
	603385	惠达卫浴	1	1	1	1	1
	603938	三孚股份	0	0	0	0	0
	600956	新天绿能	—	—	—	1	1
	605196	华通线缆	—	—	—	—	1
	603176	汇通集团	—	—	—	—	1
	600906	财达证券	—	—	—	—	1
深市 A 股	000158	常山北明	1	1	1	1	1
	000401	冀东水泥	1	1	1	1	1
	000413	东旭光电	1	1	1	1	1
	000600	建投能源	1	1	1	1	1
	000709	河钢股份	1	1	1	1	1
	000778	新兴铸管	1	1	1	1	1
	000848	承德露露	0	0	0	1	1
	000856	冀东装备	1	1	1	1	1

续表

所属板块	证券代码	证券名称	2017 年	2018 年	2019 年	2020 年	2021 年
深市 A 股	000889	中嘉博创	1	1	1	1	1
	000923	河钢资源	1	1	1	1	1
	000937	冀中能源	1	1	1	1	1
	000958	东方能源	0	0	1	1	1
中小企业板	002049	紫光国微	1	1	1	1	1
	002108	沧州明珠	1	1	1	1	1
	002146	荣盛发展	1	1	1	1	1
	002282	博深股份	0	0	0	0	0
	002342	巨力索具	1	1	1	1	1
	002442	龙星化工	1	1	1	1	1
	002459	晶澳科技	1	1	1	1	1
	002494	华斯股份	1	1	1	0	1
	002603	以岭药业	1	1	1	1	1
	002691	冀凯股份	1	1	1	1	1
	002960	青鸟消防	—	—	1	1	1
	003031	中瓷电子	—	—	—	1	1
创业板	300107	建新股份	1	1	1	1	1
	300137	先河环保	0	1	1	1	1
	300138	晨光生物	1	1	1	0	1
	300152	科融环境	0	0	0	0	0
	300255	常山药业	1	1	1	1	1
	300368	汇金股份	0	0	0	0	0
	300371	汇中股份	0	1	1	1	1
	300428	立中集团	0	1	0	1	1
	300446	乐凯新材	1	1	1	1	1
	300491	通合科技	1	1	1	1	1
	300765	新诺威	—	—	1	1	1
	300847	中船汉光	—	—	—	1	1
	300869	康泰医学	—	—	—	1	1
	300922	天秦装备	—	—	—	1	1
	300981	中红医疗	—	—	—	—	0
	300990	同飞股份	—	—	—	—	0

注：1=披露了职工权益保护信息，0=未披露职工权益保护信息。

资料来源：国泰安数据库和上市公司年报。

5. 供应商权益保护

在供应商权益保护方面，上市公司应重点披露其在反商业贿赂方面的措施，以及对供应商提供的产品服务进行的质量检测和采取的安全控制举措。

（1）河北上市公司各板块供应商权益保护信息披露

2017~2021 年，河北上市公司各板块供应商权益保护信息披露数量及披露率整体呈上升趋势。在披露数量方面，河北沪市 A 股上市公司供应商权益保护信息披露数量最多，2021 年为 18 家；在披露率方面，河北深市 A 股上市公司对供应商权益保护信息的披露率一直保持较高水平，2021 年达到 83.33%。河北中小企业板上市公司供应商权益保护信息披露数量以及披露率处于稳步上升趋势，变化幅度较小。2017~2021 年，河北创业板上市公司供应商权益保护信息披露数量和披露率的增幅最大，说明创业板上市公司供应商权益保护意识显著增强（见表 23）。

表 23　2017~2021 年河北上市公司各板块供应商权益保护信息披露数量及披露率情况

单位：家，%

所属板块	2017 年		2018 年		2019 年		2020 年		2021 年	
	数量	披露率	数量	披露率	数量	披露率	数量	披露率	数量	披露率
沪市 A 股	11	50.00	12	54.55	11	50.00	15	65.22	18	69.23
深市 A 股	9	75.00	9	75.00	9	75.00	10	83.33	10	83.33
中小企业板	6	60.00	6	60.00	7	63.64	9	75.00	10	83.33
创业板	0	0.00	3	30.00	3	27.27	7	50.00	10	62.50

资料来源：国泰安数据库和上市公司年报。

（2）河北上市公司供应商权益保护信息披露

2017~2021 年，河北上市公司供应商权益保护信息披露数量处于上升趋势，披露率除 2019 年小幅下降之外，整体上维持了增长态势，河北上市公司供应商权益保护意识整体增强。2021 年，河北上市公司中有 48 家披露了供应商权益保护信息，披露率为 72.73%（见图 11）。

表 24 对 2017~2021 年河北上市公司供应商权益保护信息披露情况进行了列示。

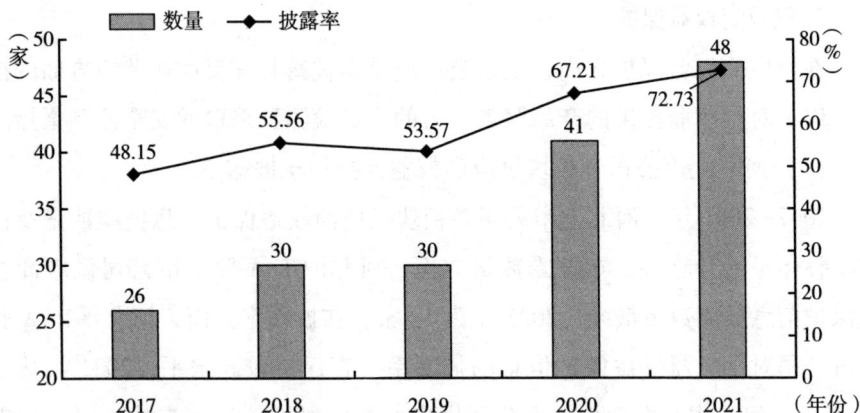

图 11 2017~2021 年河北上市公司供应商权益保护信息披露数量及披露率情况

资料来源：国泰安数据库和上市公司年报。

表 24 2017~2021 年河北上市公司供应商权益保护信息披露情况

所属板块	证券代码	证券名称	2017 年	2018 年	2019 年	2020 年	2021 年
沪市 A 股	600135	乐凯胶片	0	0	0	0	0
	600149	廊坊发展	0	0	0	0	0
	600230	沧州大化	0	0	0	0	0
	600340	华夏幸福	1	1	1	1	1
	600409	三友化工	1	1	1	1	1
	600480	凌云股份	1	1	1	1	1
	600482	中国动力	1	1	1	1	1
	600550	保变电气	0	0	0	0	0
	600559	老白干酒	1	1	1	1	1
	600722	金牛化工	0	0	0	0	0
	600803	新奥股份	0	1	0	1	1
	600812	华北制药	1	1	1	1	1
	600965	福成股份	1	1	1	1	1
	600997	开滦股份	1	1	1	1	1
	601000	唐山港	1	1	1	1	1
	601258	庞大集团	0	0	0	0	0
	601326	秦港股份	1	1	1	1	1
	601633	长城汽车	1	1	1	1	1
	603050	科林电气	0	0	0	0	0

所属板块	证券代码	证券名称	2017年	2018年	2019年	2020年	2021年
沪市A股	603156	养元饮品	0	0	0	1	1
	603385	惠达卫浴	0	0	0	1	1
	603938	三孚股份	0	0	0	0	0
	600956	新天绿能	—	—	—	1	1
	605196	华通线缆	—	—	—	—	1
	603176	汇通集团	—	—	—	—	1
	600906	财达证券	—	—	—	—	1
深市A股	000158	常山北明	1	1	1	1	1
	000401	冀东水泥	1	1	1	1	1
	000413	东旭光电	1	1	1	1	1
	000600	建投能源	0	0	0	0	0
	000709	河钢股份	1	1	1	1	1
	000778	新兴铸管	1	1	1	1	1
	000848	承德露露	0	0	0	0	0
	000856	冀东装备	1	1	1	1	1
	000889	中嘉博创	1	1	1	1	1
	000923	河钢资源	1	1	1	1	1
	000937	冀中能源	1	1	1	1	1
	000958	东方能源	0	0	0	1	1
中小企业板	002049	紫光国微	0	0	0	0	1
	002108	沧州明珠	1	1	1	1	1
	002146	荣盛发展	1	1	1	1	1
	002282	博深股份	0	0	0	0	0
	002342	巨力索具	1	1	1	1	1
	002442	龙星化工	1	1	1	1	1
	002459	晶澳科技	0	0	0	0	1
	002494	华斯股份	0	0	0	0	0
	002603	以岭药业	1	1	1	1	1
	002691	冀凯股份	1	1	1	1	1
	002960	青鸟消防	—	—	1	1	1
	003031	中瓷电子	—	—	—	1	1

续表

所属板块	证券代码	证券名称	2017年	2018年	2019年	2020年	2021年
创业板	300107	建新股份	0	0	0	1	1
	300137	先河环保	0	1	1	1	1
	300138	晨光生物	0	0	0	0	0
	300152	科融环境	0	0	0	0	0
	300255	常山药业	0	0	0	0	0
	300368	汇金股份	0	0	0	0	0
	300371	汇中股份	0	1	1	1	1
	300428	立中集团	0	0	0	1	1
	300446	乐凯新材	0	0	0	0	0
	300491	通合科技	0	1	1	0	1
	300765	新诺威	—	—	0	0	0
	300847	中船汉光	—	—	—	1	1
	300869	康泰医学	—	—	—	1	1
	300922	天秦装备	—	—	—	1	1
	300981	中红医疗	—	—	—	—	1
	300990	同飞股份	—	—	—	—	1

注：1=披露了供应商权益保护信息，0=未披露供应商权益保护信息。
资料来源：国泰安数据库和上市公司年报。

6.客户和消费者权益保护

在客户和消费者权益保护方面，上市公司应重点披露其对客户和消费者提供的商品和服务的安全性及售后服务等信息。

（1）河北上市公司各板块客户和消费者权益保护信息披露

2017~2021年，河北上市公司各板块客户和消费者权益保护信息披露数量及披露率均总体呈上升趋势。在披露数量方面，河北沪市A股上市公司客户和消费者权益保护信息披露数量最多，2021年为18家；在披露率方面，河北深市A股上市公司对客户和消费者权益保护信息的披露率一直保持较高水平，2020年达到91.67%，并延续至2021年。河北中小企业板上市公司客户和消费者权益保护信息披露数量及披露率处于上升趋势，变化幅度较小。2017~2021年，河北创业板上市公司客户和消费者权益保护信息披露数量和披露率的增幅最大，说明创业板上市公司客户和消费者权益保护意识不断增强（见表25）。

表 25　2017~2021 年河北上市公司各板块客户和消费者
权益保护信息披露数量及披露率情况

单位：家，%

所属板块	2017 年		2018 年		2019 年		2020 年		2021 年	
	数量	披露率	数量	披露率	数量	披露率	数量	披露率	数量	披露率
沪市 A 股	12	54.55	13	59.09	12	54.55	14	60.87	18	69.23
深市 A 股	9	75.00	9	75.00	10	83.33	11	91.67	11	91.67
中小企业板	7	70.00	7	70.00	7	63.64	10	83.33	11	91.67
创业板	2	20.00	5	50.00	6	54.55	8	57.14	12	75.00

资料来源：国泰安数据库和上市公司年报。

（2）河北上市公司客户和消费者权益保护信息披露

2017~2021 年，河北上市公司客户和消费者权益保护信息披露数量及披露率均总体处于上升趋势，河北上市公司客户和消费者权益保护意识总体增强。2021 年，河北上市公司中有 52 家披露了客户和消费者权益保护信息，披露率为 78.79%（见图 12）。

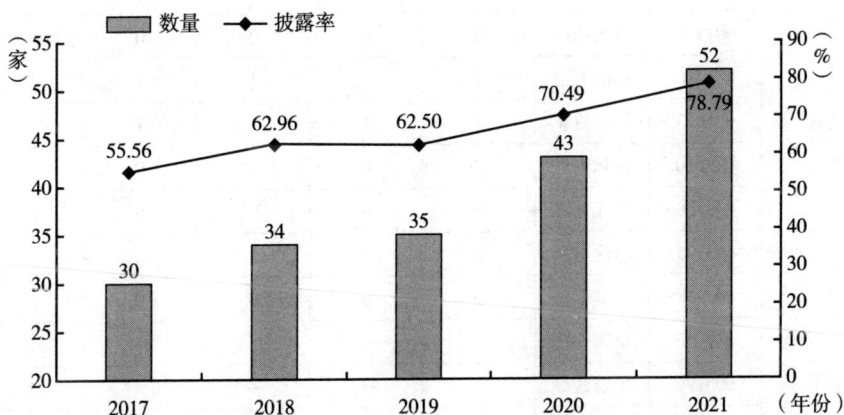

图 12　2017~2021 年河北上市公司客户和消费者权益保护信息披露数量及披露率情况

资料来源：国泰安数据库和上市公司年报。

表 26 对 2017~2021 年河北上市公司客户和消费者权益保护信息披露情况进行了列示。

表 26　2017~2021 年河北上市公司客户和消费者权益保护信息披露情况

所属板块	证券代码	证券名称	2017 年	2018 年	2019 年	2020 年	2021 年
沪市 A 股	600135	乐凯胶片	0	0	0	0	0
	600149	廊坊发展	0	0	0	0	0
	600230	沧州大化	0	0	0	0	0
	600340	华夏幸福	1	1	1	1	1
	600409	三友化工	1	1	1	1	1
	600480	凌云股份	1	1	1	1	1
	600482	中国动力	1	1	1	1	1
	600550	保变电气	0	0	0	0	1
	600559	老白干酒	1	1	1	1	1
	600722	金牛化工	0	0	0	0	0
	600803	新奥股份	1	1	0	1	1
	600812	华北制药	1	1	1	1	1
	600965	福成股份	1	1	1	1	1
	600997	开滦股份	1	1	1	1	1
	601000	唐山港	1	1	1	1	1
	601258	庞大集团	0	0	0	0	0
	601326	秦港股份	1	1	1	1	1
	601633	长城汽车	1	1	1	1	1
	603050	科林电气	0	0	0	0	0
	603156	养元饮品	0	0	0	0	0
	603385	惠达卫浴	0	1	1	1	1
	603938	三孚股份	0	0	0	0	0
	600956	新天绿能	—	—	—	1	1
	605196	华通线缆	—	—	—	—	1
	603176	汇通集团	—	—	—	—	1
	600906	财达证券	—	—	—	—	1

续表

所属板块	证券代码	证券名称	2017 年	2018 年	2019 年	2020 年	2021 年
深市 A 股	000158	常山北明	1	1	1	1	1
	000401	冀东水泥	1	1	1	1	1
	000413	东旭光电	1	1	1	1	1
	000600	建投能源	0	0	0	0	0
	000709	河钢股份	1	1	1	1	1
	000778	新兴铸管	1	1	1	1	1
	000848	承德露露	0	0	0	1	1
	000856	冀东装备	1	1	1	1	1
	000889	中嘉博创	1	1	1	1	1
	000923	河钢资源	1	1	1	1	1
	000937	冀中能源	1	1	1	1	1
	000958	东方能源	0	0	1	1	1
中小企业板	002049	紫光国微	0	0	0	0	1
	002108	沧州明珠	1	1	1	1	1
	002146	荣盛发展	1	1	1	1	1
	002282	博深股份	0	0	0	0	0
	002342	巨力索具	1	1	1	1	1
	002442	龙星化工	1	1	1	1	1
	002459	晶澳科技	0	0	0	1	1
	002494	华斯股份	1	1	0	1	1
	002603	以岭药业	1	1	1	1	1
	002691	冀凯股份	1	1	1	1	1
	002960	青鸟消防	—	—	1	1	1
	003031	中瓷电子	—	—	—	1	1
创业板	300107	建新股份	1	1	1	1	1
	300137	先河环保	0	1	1	1	1
	300138	晨光生物	0	0	1	0	1
	300152	科融环境	0	0	0	0	0
	300255	常山药业	1	1	1	1	1
	300368	汇金股份	0	0	0	0	0
	300371	汇中股份	0	1	1	1	1
	300428	立中集团	0	0	0	1	1
	300446	乐凯新材	0	0	0	0	0
	300491	通合科技	0	1	1	0	1
	300765	新诺威	—	—	0	0	0
	300847	中船汉光	—	—	—	1	1
	300869	康泰医学	—	—	—	1	1

续表

所属板块	证券代码	证券名称	2017 年	2018 年	2019 年	2020 年	2021 年
创业板	300922	天秦装备	—	—	—	1	1
	300981	中红医疗	—	—	—	—	1
	300990	同飞股份	—	—	—	—	1

注：1＝披露了客户和消费者权益保护信息，0＝未披露客户和消费者权益保护信息。
资料来源：国泰安数据库和上市公司年报。

7. 环境和可持续发展

在环境和可持续发展方面，上市公司应披露其在环保投资、降低能源消耗和污染物排放等方面采取的具体措施，并与行业标准进行比较，说明其参与环境保护、践行可持续发展理念的成果以及未来发展方向。

（1）河北上市公司各板块环境和可持续发展信息披露

2017~2021 年，河北上市公司各板块环境和可持续发展信息披露数量及披露率均总体呈上升趋势。在披露数量方面，河北沪市 A 股上市公司环境和可持续发展信息披露数量最多，2021 年为 24 家；在披露率方面，河北深市 A 股上市公司对环境和可持续发展信息的披露率一直保持较高水平，自 2018 年起，披露率一直保持 100%。5 年来，河北中小企业板上市公司对环境和可持续发展信息的披露率保持在 90% 及以上，变动幅度较小。2017~2021 年，河北创业板上市公司环境和可持续发展信息披露数量和披露率的增幅最大，说明创业板上市公司环境和可持续发展意识不断增强（见表 27）。

表 27　2017~2021 年河北上市公司各板块环境和可持续发展信息披露数量及披露率情况

单位：家，%

所属板块	2017 年		2018 年		2019 年		2020 年		2021 年	
	数量	披露率	数量	披露率	数量	披露率	数量	披露率	数量	披露率
沪市 A 股	17	77.27	20	90.91	20	90.91	21	91.30	24	92.31
深市 A 股	10	83.33	12	100.00	12	100.00	12	100.00	12	100.00
中小企业板	9	90.00	9	90.00	10	90.91	11	91.67	12	100.00
创业板	7	70.00	9	90.00	10	90.91	13	92.86	15	93.75

资料来源：国泰安数据库和上市公司年报。

（2）河北上市公司环境和可持续发展信息披露

2017~2021 年河北上市公司环境和可持续发展信息披露数量及披露率均处于上升趋势，河北上市公司环境和可持续发展意识逐年增强。2021 年河北上市公司中有 63 家披露了环境和可持续发展信息，披露率为 95.45%（见图 13）。

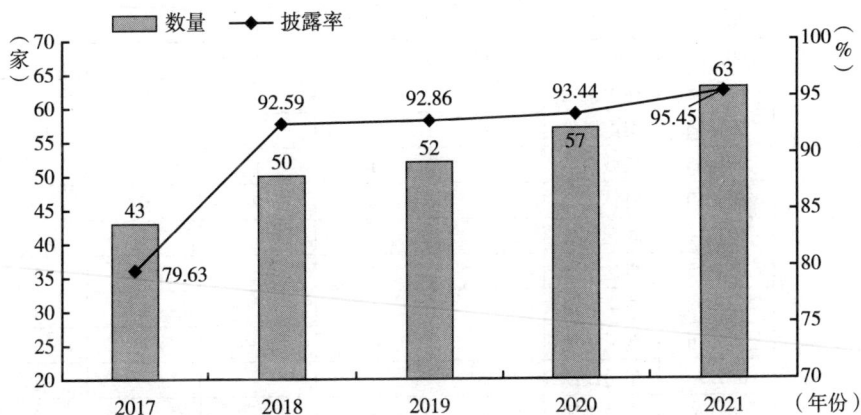

图 13　2017~2021 年河北上市公司环境和可持续发展信息披露数量及披露率情况

资料来源：国泰安数据库和上市公司年报。

表 28 对 2017~2021 年河北上市公司环境和可持续发展信息披露情况进行了列示。

表 28　2017~2021 年河北上市公司环境和可持续发展信息披露情况

所属板块	证券代码	证券名称	2017 年	2018 年	2019 年	2020 年	2021 年
沪市 A 股	600135	乐凯胶片	0	1	1	1	1
	600149	廊坊发展	0	1	1	1	1
	600230	沧州大化	1	1	1	1	1
	600340	华夏幸福	1	1	1	1	1
	600409	三友化工	1	1	1	1	1
	600480	凌云股份	1	1	1	1	1
	600482	中国动力	1	1	1	1	1
	600550	保变电气	1	1	1	1	1

续表

所属板块	证券代码	证券名称	2017 年	2018 年	2019 年	2020 年	2021 年
沪市 A 股	600559	老白干酒	1	1	1	1	1
	600722	金牛化工	1	1	1	1	1
	600803	新奥股份	1	1	1	1	1
	600812	华北制药	1	1	1	1	1
	600965	福成股份	1	1	1	1	1
	600997	开滦股份	1	1	1	1	1
	601000	唐山港	1	1	1	1	1
	601258	庞大集团	0	0	0	0	0
	601326	秦港股份	1	1	1	1	1
	601633	长城汽车	1	1	1	1	1
	603050	科林电气	0	0	0	0	0
	603156	养元饮品	1	1	1	1	1
	603385	惠达卫浴	1	1	1	1	1
	603938	三孚股份	0	1	1	1	1
	600956	新天绿能	—	—	—	1	1
	605196	华通线缆	—	—	—	—	1
	603176	汇通集团	—	—	—	—	1
	600906	财达证券	—	—	—	—	1
深市 A 股	000158	常山北明	1	1	1	1	1
	000401	冀东水泥	1	1	1	1	1
	000413	东旭光电	1	1	1	1	1
	000600	建投能源	1	1	1	1	1
	000709	河钢股份	1	1	1	1	1
	000778	新兴铸管	1	1	1	1	1
	000848	承德露露	0	1	1	1	1
	000856	冀东装备	0	1	1	1	1
	000889	中嘉博创	1	1	1	1	1
	000923	河钢资源	1	1	1	1	1
	000937	冀中能源	1	1	1	1	1
	000958	东方能源	1	1	1	1	1
中小企业板	002049	紫光国微	1	1	1	0	1
	002108	沧州明珠	1	1	1	1	1
	002146	荣盛发展	1	1	1	1	1
	002282	博深股份	1	1	1	1	1
	002342	巨力索具	1	1	1	1	1
	002442	龙星化工	1	1	1	1	1

所属板块	证券代码	证券名称	2017 年	2018 年	2019 年	2020 年	2021 年
中小企业板	002459	晶澳科技	0	0	0	1	1
	002494	华斯股份	1	1	1	1	1
	002603	以岭药业	1	1	1	1	1
	002691	冀凯股份	1	1	1	1	1
	002960	青鸟消防	—	—	1	1	1
	003031	中瓷电子	—	—	—	1	1
创业板	300107	建新股份	1	1	1	1	1
	300137	先河环保	1	1	1	1	1
	300138	晨光生物	1	1	1	1	1
	300152	科融环境	1	1	1	1	1
	300255	常山药业	1	1	1	1	1
	300368	汇金股份	0	0	0	0	0
	300371	汇中股份	0	0	0	0	0
	300428	立中集团	1	1	1	1	1
	300446	乐凯新材	0	0	1	1	1
	300491	通合科技	1	1	1	1	1
	300765	新诺威	—	—	1	1	1
	300847	中船汉光	—	—	—	1	1
	300869	康泰医学	—	—	—	1	1
	300922	天秦装备	—	—	—	1	1
	300981	中红医疗	—	—	—	—	1
	300990	同飞股份	—	—	—	—	1

注：1=披露了环境和可持续发展信息，0=未披露环境和可持续发展信息。

资料来源：国泰安数据库和上市公司年报。

8. 安全生产

在安全生产方面，上市公司应披露其保证安全生产的制度措施，若发生安全事故，应详细披露事故的原因、责任认定。

（1）河北上市公司各板块安全生产信息披露

2017~2021 年河北上市公司各板块安全生产信息披露公司数量及披露率虽总体呈上升趋势，但整体披露水平不高。河北沪市 A 股上市公司安全生产信息披露数量最多，2021 年为 18 家。河北深市 A 股、中小企业板和创业板上市公司的披露率均处于较低水平，创业板 2017 年披露率最低，为 20%，说明整体上河北上市公司安全生产信息披露不到位（见表 29）。

表 29　2017~2021 年河北上市公司各板块安全生产信息披露数量及披露率情况

单位：家，%

所属板块	2017 年		2018 年		2019 年		2020 年		2021 年	
	数量	披露率	数量	披露率	数量	披露率	数量	披露率	数量	披露率
沪市 A 股	12	54.55	10	45.45	10	45.45	17	73.91	18	69.23
深市 A 股	6	50.00	6	50.00	5	41.67	8	66.67	8	66.67
中小企业板	6	60.00	5	50.00	4	36.36	8	66.67	8	66.67
创业板	2	20.00	3	30.00	3	27.27	6	42.86	10	62.50

资料来源：国泰安数据库和上市公司年报。

（2）河北上市公司安全生产信息披露

2017~2021 年河北上市公司安全生产信息披露数量及披露率整体虽呈上升趋势，但披露水平并不高。2021 年河北上市公司中有 44 家披露了安全生产信息，披露率为 66.67%（见图 14）。

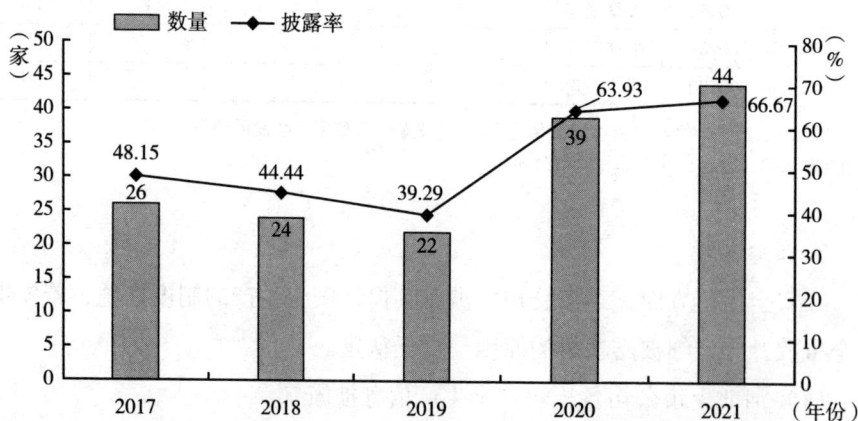

图 14　2017~2021 年河北上市公司安全生产信息披露数量及披露率情况

资料来源：国泰安数据库和上市公司年报。

表 30 对 2017～2021 年河北上市公司安全生产信息披露情况进行了列示。

表 30 2017～2021 年河北上市公司安全生产信息披露情况

所属板块	证券代码	证券名称	2017 年	2018 年	2019 年	2020 年	2021 年
沪市 A 股	600135	乐凯胶片	0	0	0	0	0
	600149	廊坊发展	0	0	0	0	0
	600230	沧州大化	0	0	0	0	0
	600340	华夏幸福	0	0	1	1	1
	600409	三友化工	1	1	1	1	1
	600480	凌云股份	1	1	1	1	1
	600482	中国动力	1	0	1	1	1
	600550	保变电气	1	1	1	1	1
	600559	老白干酒	0	0	0	1	1
	600722	金牛化工	1	1	0	1	1
	600803	新奥股份	1	0	0	1	1
	600812	华北制药	1	1	1	1	1
	600965	福成股份	0	0	0	0	0
	600997	开滦股份	1	1	1	1	1
	601000	唐山港	1	1	1	1	1
	601258	庞大集团	0	0	0	1	1
	601326	秦港股份	1	1	1	1	1
	601633	长城汽车	1	1	1	1	1
	603050	科林电气	0	0	0	0	0
	603156	养元饮品	0	0	0	1	1
	603385	惠达卫浴	1	1	1	1	1
	603938	三孚股份	0	0	0	0	0
	600956	新天绿能	—	—	—	1	1
	605196	华通线缆	—	—	—		1
	603176	汇通集团	—	—	—		0
	600906	财达证券	0	0	0	0	0

续表

所属板块	证券代码	证券名称	2017 年	2018 年	2019 年	2020 年	2021 年
深市 A 股	000158	常山北明	0	0	0	0	0
	000401	冀东水泥	1	1	1	1	1
	000413	东旭光电	0	0	0	1	1
	000600	建投能源	0	1	0	1	1
	000709	河钢股份	1	0	1	1	1
	000778	新兴铸管	1	1	1	1	1
	000848	承德露露	0	0	0	0	0
	000856	冀东装备	1	1	0	0	0
	000889	中嘉博创	0	0	0	1	1
	000923	河钢资源	1	1	1	1	1
	000937	冀中能源	1	1	1	1	1
	000958	东方能源	0	0	0	0	0
中小企业板	002049	紫光国微	1	1	1	1	1
	002108	沧州明珠	0	0	0	0	0
	002146	荣盛发展	1	0	0	0	0
	002282	博深股份	1	1	1	1	1
	002342	巨力索具	0	0	1	1	1
	002442	龙星化工	1	1	0	1	1
	002459	晶澳科技	1	1	1	1	1
	002494	华斯股份	0	0	0	0	0
	002603	以岭药业	—	—	0	1	1
	002691	冀凯股份	—	—	—	0	0
	002960	青鸟消防	1	1	0	1	1
	003031	中瓷电子	0	0	0	1	1
创业板	300107	建新股份	1	1	1	0	0
	300137	先河环保	0	0	0	0	0
	300138	晨光生物	1	1	0	0	0
	300152	科融环境	0	0	0	0	0
	300255	常山药业	0	0	0	1	1
	300368	汇金股份	0	0	0	0	0
	300371	汇中股份	0	1	1	1	1
	300428	立中集团	0	0	0	0	0
	300446	乐凯新材	—	—	1	1	1
	300491	通合科技	—	—	—	0	0

续表

所属板块	证券代码	证券名称	2017 年	2018 年	2019 年	2020 年	2021 年
	300765	新诺威	—	—	—	1	1
	300847	中船汉光	—	—	—	1	1
创业板	300869	康泰医学	—	—	—	—	1
	300922	天秦装备	—	—	—	—	1
	300981	中红医疗	—	—	—	—	1
	300990	同飞股份	—	—	—	—	1

注：1＝披露了安全生产信息，0＝未披露安全生产信息。
资料来源：国泰安数据库和上市公司年报。

三　河北上市公司信息披露方面存在的问题

（一）诚信意识缺失，内部监督形式化

根据 2017～2021 年河北上市公司信息披露违规的相关数据，整体上，河北上市公司出现信息披露违规的数量和比重都有所提升。2021 年河北上市公司中有 6 家公司有违规行为，违规率为 9.09%。进一步地，具体到信息披露违规行为的种类，能够发现，虚假记载和推迟披露的发生频率较高。此外，那些发生过信息披露违规的公司，具有一定的违规惯性，部分公司连续 3 年出现不同形式的信息披露违规。而频发的信息披露违规，体现了部分河北上市公司诚信意识的缺失以及内部监督的流于形式。

对于信息披露违规率较高的公司，相较于保持诚信，其信息披露义务人为了某种利益更可能选择隐瞒真实情况做出虚假记载，或者故意遗漏表明公司存在困境的信息，给投资者和监管部门营造一种一片向好的假象。此外，信息披露违规公司的高管，在其签署的信披文件中签署的书面确认意见均表示"公司决议的程序及内容合法合规"。在信息披露违规被揭发后，高管的郑重承诺变成了纸上空文，可见，违规公司内部监督是流于形式的。

（二）内部控制审计报告形式质量有待提升

根据 2017~2021 年河北上市公司内部控制信息披露的相关数据，内部控制评价报告的披露表现较好，2021 年披露率高达 96.97%。而内部控制审计报告的披露率较低，仅为 78.79%，只有 52 家上市公司披露了内部控制审计报告，14 家公司未披露。并且，未披露的 14 家公司集中在中小企业板和创业板。此外，部分河北上市公司已连续两年未披露内部控制审计报告。由此，相较于内部控制评价报告的披露表现，河北上市公司内部控制审计报告的形式质量还有待提升。

（三）安全责任意识薄弱，信息披露不到位

根据 2017~2021 年河北上市公司社会责任信息披露的相关数据，细分到各个模块，披露数量和披露率整体呈上升趋势，比如 2021 年股东权益保护信息披露率为 83.33%、公共关系和社会公益事业信息披露率达到 92.42%、环境和可持续发展信息披露率更是达到 95.45%。相比而言，安全生产信息的披露水平较低。安全生产的重要性不言而喻，它不仅关乎员工的安全红线，更决定公司生命的延续。虽然披露安全生产信息的公司总体呈增长态势，但直到 2021 年，也仅有 44 家河北上市公司披露了安全生产信息，披露率为 66.67%，三成多的上市公司未披露，说明河北上市公司安全责任意识比较薄弱，安全生产信息披露不到位。

四 河北上市公司信息披露对策建议

（一）完善治理结构，加强自律监管

前文通过对河北上市公司信息披露违规的深入分析，揭露出部分河北上市公司存在诚信意识缺失、内部监督形式化的问题。要杜绝此类问题，还需从根源出发，也就是以公司自身为出发点，即完善治理结构，加强自律监

管。完善的治理结构能够最大限度地发挥公司内部监督的有效性。一方面，要优化内部股权结构，建立有效的制衡机制，避免由一股独大而引发的"专权"现象；另一方面，频发的信息披露违规也暴露出公司监事会形同虚设，为发挥监事会的监事职能，可赋予监事对信息披露决策的审议权，并且要严格保障监事会的独立地位，推动公司实现真正的自律监管。

（二）强化内部控制审计报告的形式审查，提升形式质量

前文通过对河北上市公司内部控制信息的深入分析，揭露出部分河北上市公司内部控制审计报告在形式质量层面存在不足。内部控制审计与内部控制评价互为补充、互相促进，两者对公司高质量发展有重要意义。为有效提升河北上市公司内部控制审计报告的披露水平，建议强化内部控制审计报告的形式审查。一方面，公司应端正态度，明晰自身的披露责任，严格避免形式问题的发生；另一方面，作为第三方审计机构的会计师事务所，应明确自身的监督责任，同时要适时进行员工培训，跟进内部控制审计人员的持续教育，以提升内部控制审计信息披露质量。

（三）强化安全生产内容的信息披露

前文通过对河北上市公司安全生产信息披露的深入分析，揭露出部分河北上市公司存在安全责任意识薄弱、安全生产信息披露不到位的问题。安全生产是创造效益的前提，它不仅关乎公司的可持续发展，而且是社会稳定、和谐的关键。此外，安全生产问题所带来的严重后果更凸显了安全生产信息披露的重要性。一方面，公司应制定并披露预防安全事故所采取的措施，以及发生安全事故后的善后举措，保障好员工最基本的权益；另一方面，公司应严格按照制定的安全生产制度组织生产经营管理活动，确保员工以及产品安全，杜绝安全隐患。

B.6

河北上市公司投资者关系管理研究报告（2022）

卞 娜*

摘 要： 投资者关系管理对规范资本市场运作、实现外部对公司经营约束的激励机制、实现股东价值最大化和保护投资者利益，以及缓解监管机构压力等有重要的价值。本报告从投资者关系管理制度建设及资源配置情况、投资者关系管理沟通渠道建设情况、投资者关系管理活动情况、信息披露评级情况以及投资者关系管理获奖情况等五个维度对河北上市公司投资者关系管理进行研究。报告建议：不断提高信息披露质量，增强与资本市场多方互动交流；不断丰富投资者关系管理的方式及内容。报告为增强投资者信心，塑造良好声誉和形象，提高公司认知度，提升河北上市公司投资者关系管理水平提供有益参考。

关键词： 上市公司 投资者关系管理 河北

一 投资者关系管理的产生与发展

（一）投资者关系管理的演进

第二次世界大战后美国经济日趋繁荣，美国公众手中可供投资的资金越

---

* 卞娜，博士，河北地质大学管理学院副教授，硕士研究生导师，主要研究领域为公司治理。

来越多。为了赢得公众的投资，公共关系部门开始扮演沟通者的角色，向投资者进行公司营销。但此时沟通的重点只是放在大众传媒上，仅仅通过这些媒介进行单向的信息传递，缺乏专业的金融从业人员，缺少战略和管理活动。随着世界资本市场发展变化复杂，机构投资者也不断壮大，美国的资本市场日趋制度化，对投资者关系的需求日趋迫切。传统的单向信息传递并不能满足当时的发展需求，投资者关系管理活动被赋予新的含义，投资者关系管理从公共关系管理中独立出来。[①]

自投资者关系管理从公共关系管理中独立出来后，学界和业界对投资者关系的定义、实践等都在不断发展变化。1969 年，美国投资者关系协会（NIRI）对投资者关系进行了定义。他们认为，投资者关系是一种市场战略活动，公司通过向投资界高透明度地展现公司经营情况及发展前景，强化与投资者的全方位联系和沟通，并以此树立公司在资本市场上的良好形象。到了 1996 年，美国投资者关系协会在原先定义的基础上又赋予其营销的内涵。2003 年，美国投资者关系协会对投资者关系管理进行了新的定义：投资者关系管理是公司的一种重要战略行为，它以财经传播和营销为手段，利用各种信息传播的渠道向公司外界披露相关财务及非财务信息，并同时与外界实现"双向沟通"互动，以实现利益相关者价值最大化的目的。

经过数十年的理论研究与实践，投资者关系已经进入一个新的发展时期，无论是从功能上还是从内容上都得到了拓展，实现了从传统的投资者关系到新型投资者关系的飞跃（见表1），研究的内容也向多个领域渗透延伸。

表 1　新型投资者关系与传统投资者关系的对比

	传统投资者关系	新型投资者关系
战略	保证战略的实施以及与主要各方的沟通	参与制定战略
发展	基于经营与营销战略，从管理者的角度以销售为导向辅助各方对投资方案进行沟通	参与设计，沟通并帮助建立完整的以价值为核心的投资理论

① 卞娜：《自主性治理维度及其对公司绩效的影响研究：基于中国上市公司投资者关系的研究视角》，博士学位论文，南开大学，2012。

续表

	传统投资者关系	新型投资者关系
股票市场	对股票市场保持全面的关注	掌握股票市场价值及每日市场行情,随时观测因买卖不平衡导致的波动以及可能出现的潜在情况
股东分析	通过任何可用的数据库和资源掌握股权结构、股东和持股数量	追踪投资者,同时通过分析多个投资实体的规模、商业模式特征和资产负债表等评价并吸引投资者
接近分析师	知道分析师的价值,并经常进行实质性的接触	谨慎接触任何分析师,确保沟通事实基本正确,降低风险
反馈	认为反馈是工作的重要组成部分。成功源于资本市场上可能或不可能存在的伙伴关系	已与银行家、分析师和投资组合经理等建立伙伴关系。这些关系受价值评估影响
CEO	支持CEO,帮助高级管理人员实现公司战略,并向他们提供市场的信息	向CEO提供重要的具有战略意义的建议。从战略角度为股东提供最好的选择,并帮助董事会量化决策
管理事件	从分析师的角度来看,其无所作为,缺乏主动出击经验或信息	促进公司发展,与分析师一起进行规划,避免他人干预。尽可能地通过保守的指导、全面的定位吸引新的投资者
小盘股	缺少投资者关系。一些中小盘股将投资者关系视为事后的职能。当法律法规不要求的时候,几乎没有相关行为,如SEC披露要求和年会	明确任何公司都应该进行投资者关系管理。采用电话会议及其他有成本效益的策略,以实现公司绩效倍增,即公司因此而产生的收益远远高于实施成本
私营公司	大多数私营企业没有正式的IR方案,因为他们不公开交易股权或债务,并且没有必要向公司外部的任何人报告	明确业界的声音是无价的,分析师是获得认可的最佳渠道。帮助定义和区分以促进各种活动,如分销、促销、融资,从而获得竞争优势

资料来源:Thomas M. Ryan, Chad A. Jacobs., "Using Investor Relations to Maximize Equity Evaluation," 2005。

(二)投资者关系管理的内涵

投资者关系实践在早期主要停留在财政规范以及合规性层面。在实践中,投资者关系的基本组成主要包括向潜在投资者及其咨询师发布信息,如召开新闻发布会、分析师会和年度报告会等。然而,投资者不再仅仅将视线放在资产负债表等财务信息上，越来越多的投资者开始关注一些非财务信息，如公司的社会责任等。因而，公司也做了相应的调整，投资者关系信息披露的范围以财务报表为基础，向非财务信息方向进行了拓展。随着各种市场竞争的加剧，投资者关系也日渐成熟，并逐步发展成为一门艺术与科学。投资者关系的本质、方法以及职能也发生了重大的变化，以适应投资者的需要。[1]

2022 年 4 月 11 日，中国证券监督管理委员会发布《上市公司投资者关系管理工作指引》，自 5 月 15 日起施行。该指引进一步明确投资者关系管理的定义、适用范围和原则，从内容、方式和目的等维度对投资者关系管理进行界定。与此同时，该指引进一步增加和丰富投资者关系管理的内容及方式，为适应互联网、新媒体等发展趋势，新增了网站、新媒体平台、投资者教育基地等新兴渠道。

二 河北上市公司投资者关系管理制度建设及资源配置情况

（一）董事会秘书负责制

2017~2021 年，实施董事会秘书负责制的公司分别为 26 家、27 家、28 家、29 家和 32 家，呈逐年上升趋势（见表 2、图 1）。董事会秘书全面负责公司投资者关系管理工作，在全面深入了解公司运作和管理、经营状况、发展战略等的情况下，负责策划、安排和组织各类投资者关系管理活动，如：对公司高级管理人员及相关人员就投资者关系管理进行全面和系统的培训；具体策划、安排、组织和参加各类投资者关系活动；制订公司投资者关系管理工作办法和实施细则，报公司董事会或股东大会批准，并负责具体落实和

---

[1] 卞娜：《自主性治理维度及其对公司绩效的影响研究：基于中国上市公司投资者关系的研究视角》，博士学位论文，南开大学，2012。

实施；持续关注新闻媒体及互联网上有关公司的各类信息并及时反馈给公司董事会及管理层；建立并维护与证券监督管理部门、证券交易所、行业协会、媒体以及其他上市公司和相关机构之间良好的公共关系；筹备股东大会、董事会，准备会议所需的各项资料；在指定的网站及时披露和更新公司信息等。

表2 2017~2021年河北上市公司董事会秘书负责制实施情况

所属板块	证券代码	证券名称	2017年	2018年	2019年	2020年	2021年
沪市A股	600135	乐凯胶片	1	1	1	1	1
	600149	廊坊发展	0	0	0	0	0
	600230	沧州大化	0	0	0	0	0
	600340	华夏幸福	0	0	0	0	0
	600409	三友化工	0	0	0	0	0
	600480	凌云股份	0	0	0	0	0
	600482	中国动力	0	0	0	0	0
	600550	保变电气	0	0	0	0	0
	600559	老白干酒	1	1	1	1	1
	600722	金牛化工	0	0	0	0	0
	600803	新奥股份	0	0	0	0	0
	600812	华北制药	0	0	0	0	0
	600906	财达证券	—	—	—	—	0
	600956	新天绿能	—	—	—	—	0
	600965	福成股份	1	1	1	1	1
	600997	开滦股份	1	1	1	1	1
	601000	唐山港	0	0	0	0	0
	601258	庞大集团	0	0	0	0	0
	601326	秦港股份	0	0	0	0	0
	601633	长城汽车	1	1	1	1	1
	603050	科林电气	1	1	1	1	1
	603156	养元饮品	0	0	0	0	0
	603176	汇通集团	—	—	—	—	0
	603385	惠达卫浴	1	1	1	1	1
	603938	三孚股份	1	1	1	1	1
	605196	华通线缆	—	—	—	—	1

所属板块	证券代码	证券名称	2017 年	2018 年	2019 年	2020 年	2021 年
深市 A 股	000158	常山北明	0	0	0	0	0
	000401	冀东水泥	1	1	1	1	1
	000413	东旭光电	0	1	1	1	1
	000600	建投能源	0	0	0	0	0
	000709	河钢股份	1	1	1	1	1
	000778	新兴铸管	0	0	0	0	0
	000848	承德露露	0	0	0	0	0
	000856	冀东装备	0	0	0	0	0
	000889	中嘉博创	1	1	1	1	1
	000923	河钢资源	1	1	1	1	1
	000937	冀中能源	0	0	0	0	1
	000958	东方能源	1	1	0	0	0
中小企业板	002049	紫光国微	1	1	1	1	1
	002108	沧州明珠	1	1	1	1	1
	002146	荣盛发展	0	0	0	0	0
	002282	博深股份	1	1	1	1	1
	002342	巨力索具	0	0	0	0	0
	002442	龙星化工	1	1	1	1	1
	002459	晶澳科技	1	1	1	1	1
	002494	华斯股份	1	1	1	1	1
	002603	以岭药业	0	0	0	0	0
	002691	冀凯股份	0	0	0	0	0
	002960	青鸟消防	—	—	1	1	1
	003031	中瓷电子	—	—	—	—	0
创业板	300107	建新股份	1	1	1	1	1
	300137	先河环保	1	1	1	1	1
	300138	晨光生物	0	0	0	0	0
	300152	科融环境	0	0	0	0	0
	300255	常山药业	1	1	1	1	1
	300368	汇金股份	1	1	1	1	1
	300371	汇中股份	1	1	1	1	1
	300428	立中集团	0	0	0	0	0
	300446	乐凯新材	1	1	1	1	1
	300491	通合科技	1	1	1	1	1

续表

所属板块	证券代码	证券名称	2017 年	2018 年	2019 年	2020 年	2021 年
创业板	300765	新诺威	—	—	1	1	1
	300847	中船汉光	—	—	—	0	0
	300869	康泰医学	—	—	—	0	0
	300922	天秦装备	—	—	—	1	1
	300981	中红医疗	—	—	—	—	0
	300990	同飞股份	—	—	—	—	1

注：1＝是，0＝否。

资料来源：上市公司年报、深交所、上交所。

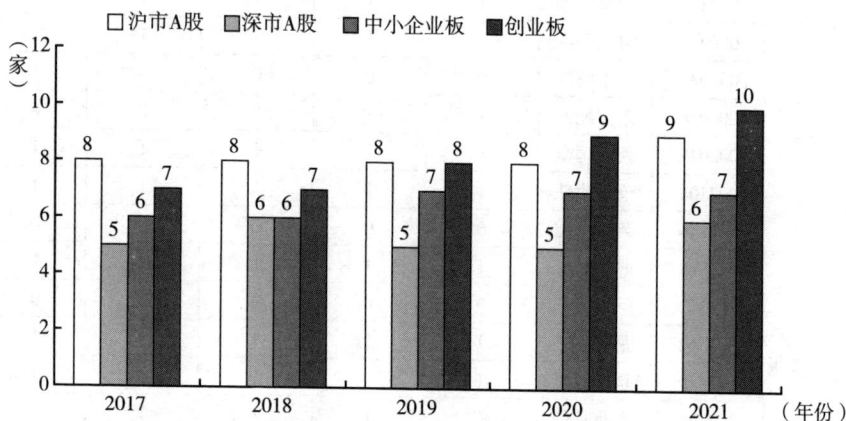

图 1 2017~2021 年河北上市公司董事会秘书负责制实施情况

资料来源：上市公司年报、深交所、上交所。

（二）投资者关系工作（IR）专职部门设置情况

对于大部分公司而言，投资者关系工作由董事会办公室或证券办公室负责，董事会秘书负责投资者关系工作。随着公司对投资者关系的日益重视，越来越多的公司开始视情况指定或设立投资者关系工作专职部门，负责公司投资者关系工作。2017~2021 年，设立 IR 专岗或专职部门的河北上市公司数量分别为 11 家、12 家、13 家、15 家和 16 家，呈逐年小幅增加态势（见表 3、图 2）。设立 IR 专岗或专职部门的公司所占比例从 2017 年到 2021 年分别为 20.37%、21.81%、22.81%、24.59% 和 25.39%，即仅有 1/5 左右的公司设立了 IR 专岗或专职部门。

表 3　2017～2021 年河北上市公司设立 IR 专岗或专职部门情况

所属板块	证券代码	证券名称	2017 年	2018 年	2019 年	2020 年	2021 年
沪市 A 股	600135	乐凯胶片	1	1	1	1	1
	600149	廊坊发展	0	0	0	0	0
	600230	沧州大化	0	0	0	0	0
	600340	华夏幸福	0	0	0	0	0
	600409	三友化工	0	0	0	0	0
	600480	凌云股份	0	0	0	0	0
	600482	中国动力	0	0	0	0	0
	600550	保变电气	0	0	0	0	0
	600559	老白干酒	1	1	1	1	1
	600722	金牛化工	0	0	0	0	0
	600803	新奥股份	0	0	0	0	0
	600812	华北制药	0	0	0	0	0
	600906	财达证券	—	—	—	—	0
	600956	新天绿能	—	—	—	0	1
	600965	福成股份	0	0	0	1	1
	600997	开滦股份	0	0	0	1	1
	601000	唐山港	0	0	0	0	0
	601258	庞大集团	0	0	0	0	0
	601326	秦港股份	0	0	0	0	0
	601633	长城汽车	0	0	0	0	0
	603050	科林电气	0	0	0	0	0
	603156	养元饮品	—	0	0	0	0
	603176	汇通集团	—	—	—	—	0
	603385	惠达卫浴	0	0	0	0	0
	603938	三孚股份	1	1	1	1	1
	605196	华通线缆	—	—	—	—	0

续表

所属板块	证券代码	证券名称	2017 年	2018 年	2019 年	2020 年	2021 年
深市 A 股	000158	常山北明	0	0	0	0	0
	000401	冀东水泥	0	0	0	0	0
	000413	东旭光电	0	1	1	1	1
	000600	建投能源	0	0	0	0	0
	000709	河钢股份	1	1	1	1	1
	000778	新兴铸管	0	0	0	0	0
	000848	承德露露	0	0	0	0	0
	000856	冀东装备	0	0	0	0	0
	000889	中嘉博创	1	1	1	1	1
	000923	河钢资源	1	1	1	1	1
	000937	冀中能源	0	0	0	0	0
	000958	东方能源	0	0	0	0	0
中小企业板	002049	紫光国微	0	0	0	0	0
	002108	沧州明珠	1	1	1	1	1
	002146	荣盛发展	0	0	0	0	0
	002282	博深股份	0	0	0	0	0
	002342	巨力索具	0	0	0	0	0
	002442	龙星化工	0	0	0	0	0
	002459	晶澳科技	0	0	0	0	0
	002494	华斯股份	1	1	1	1	1
	002603	以岭药业	0	0	0	0	0
	002691	冀凯股份	0	0	0	0	0
	002960	青鸟消防	—	—	1	1	1
	003031	中瓷电子	—	—	—	—	0
创业板	300107	建新股份	0	0	0	0	0
	300137	先河环保	1	1	1	1	1
	300138	晨光生物	0	0	0	0	0
	300152	科融环境	0	0	0	0	0
	300255	常山药业	0	0	0	0	0
	300368	汇金股份	1	1	1	1	1
	300371	汇中股份	0	0	0	0	0
	300428	立中集团	0	0	0	0	0
	300446	乐凯新材	1	1	1	1	1
	300491	通合科技	0	0	0	0	0

所属板块	证券代码	证券名称	2017 年	2018 年	2019 年	2020 年	2021 年
创业板	300765	新诺威	—	—	0	0	0
	300847	中船汉光	—	—	—	0	0
	300869	康泰医学	—	—	—	0	0
	300922	天秦装备	—	—	—	0	0
	300981	中红医疗	—	—	—	—	0
	300990	同飞股份	—	—	—	—	0

注：1＝是，0＝否。
资料来源：上市公司年报、深交所、上交所。

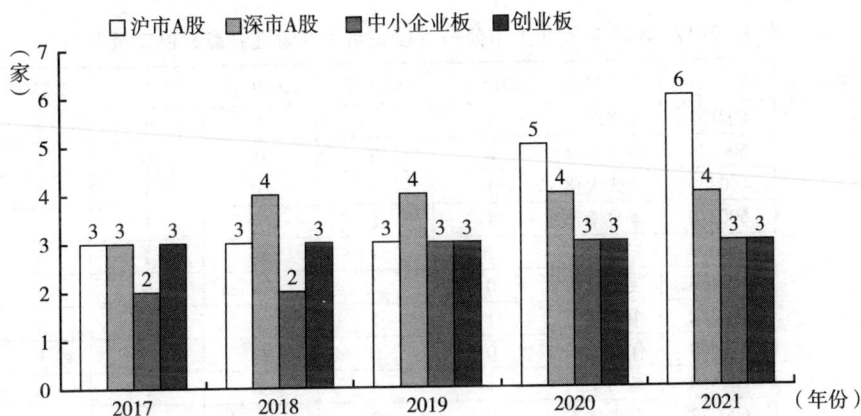

图 2　2017~2021 年河北上市公司设立 IR 专岗或专职部门情况

资料来源：上市公司年报、深交所、上交所。

（三）《投资者关系管理制度》制定情况

2017~2021 年，制定《投资者关系管理制度》的公司分别为 28 家、28 家、30 家、31 家和 38 家，越来越多的上市公司制定投资者关系管理工作专项制度，占比超过 50%（见表 4 和图 3）。根据这些公司的投资者关系管理工作专项制度，公司与投资者沟通的内容主要包括公司的发展战略，公司经营、管理、财务及运营过程中的信息，企业文化，公司外部环境及其他信息，以及对公司有重要意义或投资者关心的其他信息等内容。其中有 23 家公司在制度中明确将公司董事长视为投资者关系管理事务的第一负责人，全面负责公司投资者关系管理工作，主持参加公司重大投资者关系活动，包括股东大会、业绩发布会、新闻发布会及路演推介等；董事会秘书为公司投资者关系管理实施负责人或日常负责人，负责投资者关系管理工作的全面统筹协调与安排。11家公司在制度中明确将公司董事会办公室作为投资者关系管理职能部门，由董事会秘书领导，负责公司投资者关系管理事务。14家公司在制度中明确将证券部作为投资者关系管理职能部门，承办投资者关系的日常管理工作，负责投资者关系管理事务的组织、协调。

表4 2017～2021年河北上市公司《投资者关系管理制度》制定情况

所属板块	证券代码	证券名称	2017年	2018年	2019年	2020年	2021年
	600135	乐凯胶片	1	1	1	1	1
	600149	廊坊发展	0	0	0	0	0
	600230	沧州大化	1	1	1	1	1
	600340	华夏幸福	1	1	1	1	1
	600409	三友化工	1	1	1	1	1
	600480	凌云股份	0	0	0	0	0
	600482	中国动力	1	1	1	1	1
	600550	保变电气	0	0	0	0	0
	600559	老白干酒	1	1	1	1	1
	600722	金牛化工	0	0	0	0	0
	600803	新奥股份	0	0	0	0	0
	600812	华北制药	1	1	1	1	1
沪市A股	600906	财达证券	—	—	—	—	1
	600956	新天绿能	—	—	—	0	0
	600965	福成股份	0	0	0	0	0
	600997	开滦股份	1	1	1	1	1
	601000	唐山港	0	0	0	0	0
	601258	庞大集团	0	0	0	0	0
	601326	秦港股份	0	0	0	0	0
	601633	长城汽车	1	1	1	1	1
	603050	科林电气	0	0	0	0	0
	603156	养元饮品	—	—	—	—	1
	603176	汇通集团	—	—	—	—	0
	603385	惠达卫浴	1	1	1	1	1
	603938	三孚股份	1	1	1	1	1
	605196	华通线缆	—	—	—	—	0

续表

所属板块	证券代码	证券名称	2017 年	2018 年	2019 年	2020 年	2021 年
深市 A 股	000158	常山北明	1	1	1	1	1
	000401	冀东水泥	1	1	1	1	1
	000413	东旭光电	0	0	0	0	1
	000600	建投能源	0	0	0	0	0
	000709	河钢股份	1	1	1	1	1
	000778	新兴铸管	1	1	1	1	1
	000848	承德露露	1	1	1	1	1
	000856	冀东装备	0	0	0	0	0
	000889	中嘉博创	0	0	0	0	0
	000923	河钢资源	0	0	0	0	0
	000937	冀中能源	0	0	0	0	0
	000958	东方能源	0	0	0	0	0
中小企业板	002049	紫光国微	0	0	0	0	0
	002108	沧州明珠	1	1	1	1	1
	002146	荣盛发展	1	1	1	1	1
	002282	博深股份	0	0	0	0	0
	002342	巨力索具	1	1	1	1	1
	002442	龙星化工	1	1	1	1	1
	002459	晶澳科技	0	0	0	0	0
	002494	华斯股份	1	1	1	1	1
	002603	以岭药业	1	1	1	1	1
	002691	冀凯股份	0	0	0	0	0
	002960	青鸟消防	—	—	1	1	1
	003031	中瓷电子	—	—	—	—	0
创业板	300107	建新股份	1	1	1	1	1
	300137	先河环保	1	1	1	1	1
	300138	晨光生物	1	1	1	1	1
	300152	科融环境	0	0	0	0	0
	300255	常山药业	0	0	0	0	0
	300368	汇金股份	1	1	1	1	1
	300371	汇中股份	0	0	1	1	1
	300428	立中集团	0	0	0	0	0
	300446	乐凯新材	1	1	1	1	1
	300491	通合科技	1	1	1	1	1

所属板块	证券代码	证券名称	2017 年	2018 年	2019 年	2020 年	2021 年
创业板	300765	新诺威	—	—	0	0	0
	300847	中船汉光	—	—	—	0	0
	300869	康泰医学	—	—	—	0	1
	300922	天秦装备	—	—	—	0	1
	300981	中红医疗	—	—	—	—	0
	300990	同飞股份	—	—	—	—	0

注：1=是，0=否。
资料来源：根据深交所、上交所官网披露信息整理。

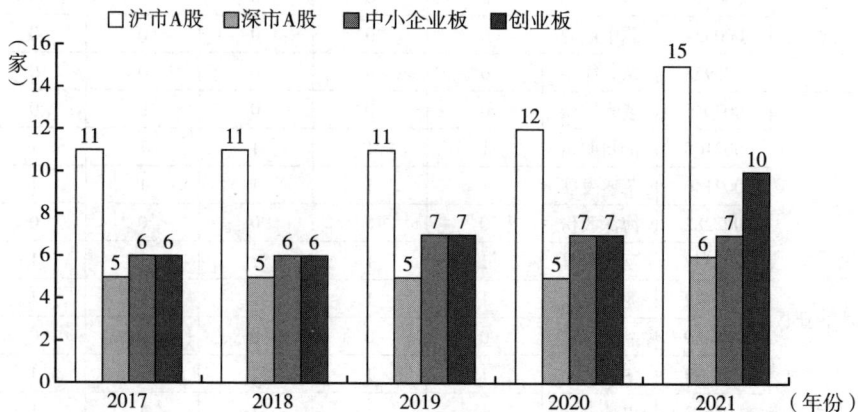

图 3　2017~2021 年河北上市公司《投资者关系管理制度》制定情况
资料来源：上市公司年报、深交所、上交所。

在已制定投资者关系管理工作专项制度的 38 家公司中，有 12 家公司所实施的投资者关系管理工作专项制度制定或修订于 2010 年之前（包含 2010 年），8 家公司所实施的投资者关系管理工作专项制度制定于 2010~2015 年（包含 2015 年），其余 18 家公司所实施的投资者关系管理工作专项制度均制定于 2015 年后（见表 5）。虽然有部分公司根据实践情况对《投资者关系管理制度》进行过修订，但仍有部分公司所实施的制度订立时间过于久远，有必要针对投资者关系管理工作面临的新挑战进行投资者关系管理工作专项制度的修订。

表5　河北上市公司《投资者关系管理制度》制定及修订时间

所属板块	证券代码	证券名称	制定时间（年）	修订时间（年）
沪市A股	600135	乐凯胶片	2016	—
	600149	廊坊发展	—	—
	600230	沧州大化	2013	—
	600340	华夏幸福	2012	—
	600409	三友化工	2013	—
	600480	凌云股份	2021	—
	600482	中国动力	2016	2021
	600550	保变电气	—	—
	600559	老白干酒	2016	—
	600722	金牛化工	—	—
	600803	新奥股份	2020	—
	600812	华北制药	2003	2005
	600906	财达证券	2021	—
	600956	新天绿能	—	—
	600965	福成股份	—	—
	600997	开滦股份	2005	—
	601000	唐山港	—	—
	601258	庞大集团	—	—
	601326	秦港股份	—	—
	601633	长城汽车	2012	—
	603050	科林电气	2021	—
	603156	养元饮品	—	—
	603176	汇通集团	—	—
	603385	惠达卫浴	2017	—
	603938	三孚股份	2017	—
	605196	华通线缆	—	—
深市A股	000158	常山北明	2003	—
	000401	冀东水泥	2004	—
	000413	东旭光电	2021	—
	000600	建投能源	—	—
	000709	河钢股份	2010	—
	000778	新兴铸管	2004	—
	000848	承德露露	2004	—
	000856	冀东装备	—	—

续表

所属板块	证券代码	证券名称	制定时间(年)	修订时间(年)
深市 A 股	000889	中嘉博创	—	—
	000923	河钢资源	—	—
	000937	冀中能源	—	—
	000958	东方能源	—	—
中小企业板	002049	紫光国微	—	
	002108	沧州明珠	2007	
	002146	荣盛发展	2007	—
	002282	博深股份	—	
	002342	巨力索具	2010	
	002442	龙星化工	2010	
	002459	晶澳科技	—	
	002494	华斯股份	2011	2016
	002603	以岭药业	2016	2021
	002691	冀凯股份	—	
	002960	青鸟消防	2019	—
	003031	中瓷电子	—	—
创业板	300107	建新股份	2010	
	300137	先河环保	2012	—
	300138	晨光生物	2011	
	300152	科融环境	—	
	300255	常山药业	—	
	300368	汇金股份	2014	
	300371	汇中股份	2019	
	300428	立中集团	2021	
	300446	乐凯新材	2016	
	300491	通合科技	2016	2021
	300765	新诺威	—	—
	300847	中船汉光	—	—
	300869	康泰医学	2021	—
	300922	天秦装备	2021	—
	300981	中红医疗	—	—
	300990	同飞股份	—	—

资料来源：深交所、上交所。

三 河北上市公司投资者关系管理沟通渠道建设情况

随着互联网、新媒体等的发展，投资者关系管理在保留电话、传真等传统沟通渠道的基础上，开始进行互联网渠道建设。伴随着现代通信技术的发展，传统媒体逐步演变为网络论坛、自媒体、网络媒体等更有效的信息媒介，信息媒介趋于多元化。[①]

2017~2021 年，设立投资者电话的公司逐年增加，分别为 16 家、21 家、23 家、32 家和 35 家（见表6、图4），而实现互联网多渠道建设的公司则分别为 50 家、53 家、55 家、59 家和 66 家（见表7、图5），90%以上的上市公司通过互联网渠道实现与投资者的沟通。特别是 2021 年，所有的河北省上市公司都实现了互联网沟通渠道建设。相比于投资者电话渠道，互联网渠道更受公司和投资者，特别是中小投资者的欢迎。

表 6   2017~2021 年河北上市公司设置投资者电话设立情况

所属板块	证券代码	证券名称	2017 年	2018 年	2019 年	2020 年	2021 年
沪市 A 股	600135	乐凯胶片	0	0	0	0	0
	600149	廊坊发展	1	1	1	1	1
	600230	沧州大化	0	0	0	0	0
	600340	华夏幸福	1	1	1	1	0
	600409	三友化工	0	0	0	0	0
	600480	凌云股份	1	1	1	1	1
	600482	中国动力	0	0	0	0	0
	600550	保变电气	0	0	0	0	0
	600559	老白干酒	1	1	1	1	1
	600722	金牛化工	0	0	0	0	0
	600803	新奥股份	0	0	0	0	0
	600812	华北制药	0	0	0	1	0
	600906	财达证券	—	—	—	—	0

[①] 徐巍、陈冬华：《自媒体披露的信息作用——来自新浪微博的实证证据》，《金融研究》2016 年第 3 期，第 157~173 页。

所属板块	证券代码	证券名称	2017 年	2018 年	2019 年	2020 年	2021 年
沪市 A 股	600956	新天绿能	—	—	—	0	0
	600965	福成股份	0	0	0	0	0
	600997	开滦股份	0	0	0	0	0
	601000	唐山港	0	0	0	0	0
	601258	庞大集团	0	0	0	0	0
	601326	秦港股份	0	0	0	1	1
	601633	长城汽车	0	0	0	0	0
	603050	科林电气	0	0	0	1	1
	603156	养元饮品	—	0	0	1	0
	603176	汇通集团	—	—	—	—	0
	603385	惠达卫浴	0	0	0	0	0
	603938	三孚股份	0	1	1	1	1
	605196	华通线缆	—	—	—	—	0
深市 A 股	000158	常山北明	0	0	0	0	0
	000401	冀东水泥	0	0	0	1	1
	000413	东旭光电	1	1	1	1	1
	000600	建投能源	0	0	0	0	0
	000709	河钢股份	0	0	0	0	0
	000778	新兴铸管	0	0	0	0	0
	000848	承德露露	1	1	1	1	1
	000856	冀东装备	1	1	1	1	1
	000889	中嘉博创	0	1	1	1	1
	000923	河钢资源	1	1	1	1	1
	000937	冀中能源	0	0	0	0	1
	000958	东方能源	0	0	0	0	0
中小企业板	002049	紫光国微	0	0	0	0	0
	002108	沧州明珠	0	0	0	1	1
	002146	荣盛发展	1	1	1	1	1
	002282	博深股份	0	0	0	0	0
	002342	巨力索具	0	0	0	0	0
	002442	龙星化工	0	0	0	0	0
	002459	晶澳科技	0	0	0	0	1
	002494	华斯股份	0	0	0	0	0
	002603	以岭药业	1	1	1	1	1

所属板块	证券代码	证券名称	2017 年	2018 年	2019 年	2020 年	2021 年
中小企业板	002691	冀凯股份	0	0	0	0	0
	002960	青鸟消防	—	—	1	1	1
	003031	中瓷电子	—	—	—	—	1
创业板	300107	建新股份	1	1	1	1	1
	300137	先河环保	0	1	1	1	1
	300138	晨光生物	1	1	1	1	1
	300152	科融环境	0	1	1	1	1
	300255	常山药业	1	1	1	1	1
	300368	汇金股份	1	1	1	1	1
	300371	汇中股份	0	0	0	0	0
	300428	立中集团	0	1	1	1	1
	300446	乐凯新材	1	1	1	1	1
	300491	通合科技	1	1	1	1	1
	300765	新诺威	—	—	1	1	1
	300847	中船汉光	—	—	—	1	1
	300869	康泰医学	—	—	—	1	1
	300922	天秦装备	—	—	—	0	1
	300981	中红医疗	—	—	—	—	1
	300990	同飞股份	—	—	—	—	1

注：1=是，0=否。

资料来源：上市公司年报、深交所、上交所。

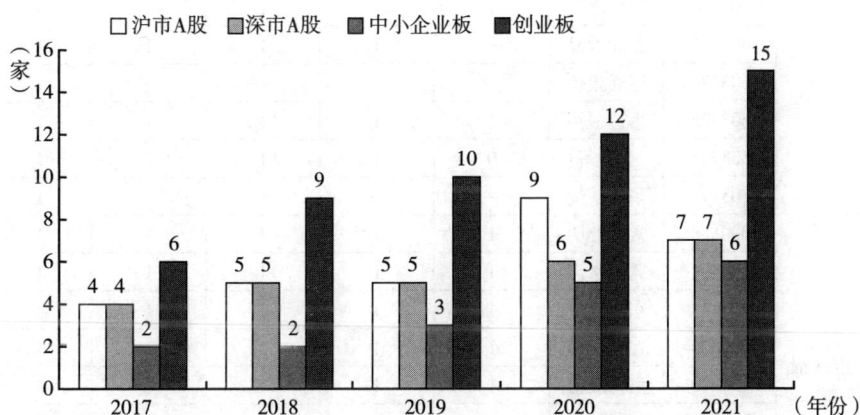

图 4　2017~2021 年河北上市公司投资者电话设立情况

资料来源：上市公司年报、深交所、上交所。

表 7 2017～2021 年河北上市公司互联网多渠道建设情况

所属板块	证券代码	证券名称	2017 年	2018 年	2019 年	2020 年	2021 年
沪市 A 股	600135	乐凯胶片	1	1	1	1	1
	600149	廊坊发展	1	1	1	1	1
	600230	沧州大化	1	1	1	1	1
	600340	华夏幸福	1	1	1	1	1
	600409	三友化工	1	1	1	1	1
	600480	凌云股份	1	1	1	1	1
	600482	中国动力	1	1	1	1	1
	600550	保变电气	1	1	1	1	1
	600559	老白干酒	1	1	1	1	1
	600722	金牛化工	1	1	1	1	1
	600803	新奥股份	1	1	1	1	1
	600812	华北制药	1	1	1	1	1
	600906	财达证券	—	—	—	—	1
	600956	新天绿能	—	—	—	1	1
	600965	福成股份	1	1	1	1	1
	600997	开滦股份	1	1	1	1	1
	601000	唐山港	1	1	1	1	1
	601258	庞大集团	1	1	1	1	1
	601326	秦港股份	0	1	1	1	1
	601633	长城汽车	1	1	1	1	1
	603050	科林电气	1	1	1	1	1
	603156	养元饮品	—	1	1	1	1
	603176	汇通集团	—	—	—	—	1
	603385	惠达卫浴	1	1	1	1	1
	603938	三孚股份	0	1	1	1	1
	605196	华通线缆	—	—	—	—	1
深市 A 股	000158	常山北明	1	1	1	1	1
	000401	冀东水泥	1	1	1	1	1
	000413	东旭光电	1	1	1	1	1
	000600	建投能源	1	1	1	1	1
	000709	河钢股份	1	1	1	1	1
	000778	新兴铸管	1	1	1	1	1
	000848	承德露露	1	1	1	1	1
	000856	冀东装备	1	1	1	1	1

所属板块	证券代码	证券名称	2017 年	2018 年	2019 年	2020 年	2021 年
深市 A 股	000889	中嘉博创	1	1	1	1	1
	000923	河钢资源	1	1	1	1	1
	000937	冀中能源	1	1	1	1	1
	000958	东方能源	1	1	1	1	1
中小企业板	002049	紫光国微	1	1	1	1	1
	002108	沧州明珠	1	1	1	1	1
	002146	荣盛发展	1	1	1	1	1
	002282	博深股份	1	1	1	1	1
	002342	巨力索具	1	1	1	1	1
	002442	龙星化工	1	1	1	1	1
	002459	晶澳科技	1	1	1	1	1
	002494	华斯股份	1	1	1	1	1
	002603	以岭药业	1	1	1	1	1
	002691	冀凯股份	1	1	1	1	1
	002960	青鸟消防	—	—	1	1	1
	003031	中瓷电子	—	—	—	—	1
创业板	300107	建新股份	1	1	1	1	1
	300137	先河环保	1	1	1	1	1
	300138	晨光生物	1	1	1	1	1
	300152	科融环境	1	0	0	0	1
	300255	常山药业	1	1	1	1	1
	300368	汇金股份	1	1	1	1	1
	300371	汇中股份	1	1	1	1	1
	300428	立中集团	0	1	1	1	1
	300446	乐凯新材	1	1	1	1	1
	300491	通合科技	1	1	1	1	1
	300765	新诺威	—	—	1	1	1
	300847	中船汉光	—	—	—	1	1
	300869	康泰医学	—	—	—	1	1
	300922	天秦装备	—	—	—	1	1
	300981	中红医疗	—	—	—	—	1
	300990	同飞股份	—	—	—	—	1

注：1=是，0=否。

资料来源：上市公司年报、深交所、上交所。

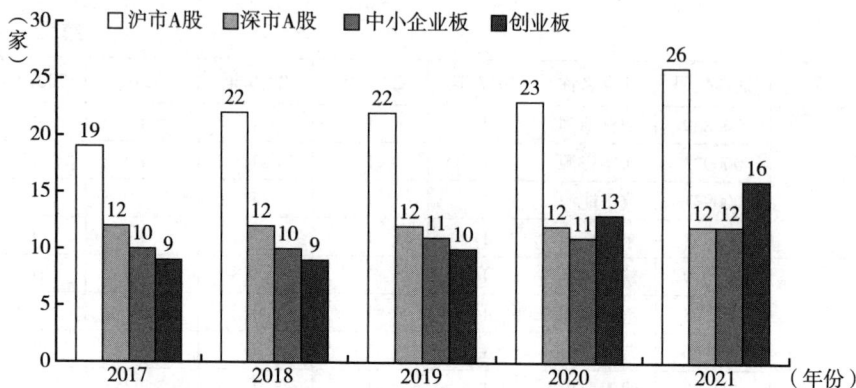

图5　2017～2021年河北上市公司互联网多渠道建设情况

资料来源：上市公司年报、深交所、上交所。

根据年报分析，互动易平台、全景网等是主要的互联网沟通平台，公司主要通过这些平台实现与投资者，特别是中小投资者的沟通，如业绩发布等内容。此外，一些公司还在公司网站上开设投资者关系专栏，通过公司网站实现与投资者的沟通。但对于机构和分析师这类利益相关者，大部分公司则倾向于通过电话、实地调研等方式进行沟通。

大部分公司倾向于采用较为传统的沟通渠道，而采用新增网站、新媒体平台、投资者教育基地等新兴渠道的公司较少。2022年4月11日，中国证券监督管理委员会发布《上市公司投资者关系管理工作指引》，该指引于5月15日起施行，为适应互联网、新媒体等发展趋势，进一步增加和丰富投资者关系管理的方式，新增网站、新媒体平台、投资者教育基地等新兴渠道将成为今后公司投资者关系管理渠道建设的重点方向。

四　河北上市公司投资者关系活动情况

上市公司开展投资者关系活动主要有线上和线下两种渠道。

（一）2017～2021年河北上市公司主要线下活动情况

线下渠道的投资者关系活动主要是指上市公司与投资者和其他市场参

与者进行面对面的沟通与交流的活动，包括组织投资者到公司进行现场参观、召开业绩说明会、一对一分析师会议、一对多分析师会议、新闻发布会等多种形式，线下投资者关系活动被投资关系从业者认为是重要的工作内容。①

2017~2021 年，接待调研的公司分别为 18 家、18 家、18 家、21 家和 22 家，总体呈上升趋势（见表8、图6）。通过分析上市公司披露的接待调研信息等发现，上市公司与机构投资者、分析者等沟通主要采用电话沟通或者接待调研的方式，与中小投资者沟通更倾向于通过全景网、互动易平台、上证 e 互动平台等互联网平台实现。

表8　2017~2021 年河北上市公司投资者调研接待情况

所属板块	证券代码	证券名称	2017 年	2018 年	2019 年	2020 年	2021 年
沪市 A 股	600135	乐凯胶片	0	0	0	0	0
	600149	廊坊发展	0	0	0	0	0
	600230	沧州大化	0	0	0	0	0
	600340	华夏幸福	1	1	1	1	0
	600409	三友化工	0	0	0	0	0
	600480	凌云股份	0	0	0	1	1
	600482	中国动力	0	0	0	0	0
	600550	保变电气	0	0	0	0	0
	600559	老白干酒	0	0	0	1	1
	600722	金牛化工	0	0	0	0	0
	600803	新奥股份	0	0	0	0	0
	600812	华北制药	0	0	0	0	0
	600906	财达证券	—	—	—	—	0
	600956	新天绿能	—	—	—	1	0
	600965	福成股份	0	0	0	0	0
	600997	开滦股份	0	1	0	0	0
	601000	唐山港	0	0	0	0	0

① 冯彦杰、陈敏、尤奔：《线下投资者关系活动与上市公司股票市场表现——基于深交所互动易平台信息的研究》，《上海金融》2019 年第 5 期，第 46~54 页。

续表

所属板块	证券代码	证券名称	2017年	2018年	2019年	2020年	2021年
沪市A股	601258	庞大集团	0	0	0	0	0
	601326	秦港股份	0	0	0	0	0
	601633	长城汽车	0	0	0	1	1
	603050	科林电气	0	0	0	0	0
	603156	养元饮品	—	0	0	0	1
	603176	汇通集团	—	—	—	—	0
	603385	惠达卫浴	0	0	0	1	0
	603938	三孚股份	0	0	0	0	0
	605196	华通线缆	—	—	—	—	1
深市A股	000158	常山北明	0	0	0	0	0
	000401	冀东水泥	0	0	0	1	1
	000413	东旭光电	0	0	0	0	0
	000600	建投能源	1	1	1	1	0
	000687	华讯方舟	0	1	1	0	0
	000709	河钢股份	1	1	1	0	0
	000778	新兴铸管	0	0	0	0	1
	000848	承德露露	0	1	1	0	1
	000856	冀东装备	0	0	0	1	0
	000889	中嘉博创	0	1	1	0	0
	000923	河钢资源	0	1	1	1	1
	000937	冀中能源	1	0	0	1	1
	000958	东方能源	1	0	0	0	0
中小企业板	002049	紫光国微	1	1	1	1	1
	002108	沧州明珠	1	1	1	1	1
	002146	荣盛发展	1	1	1	1	1
	002282	博深股份	0	1	1	1	1
	002342	巨力索具	1	0	0	0	0
	002442	龙星化工	0	0	0	0	0
	002459	晶澳科技	1	0	0	1	0
	002494	华斯股份	0	0	0	0	0
	002603	以岭药业	1	0	0	1	0
	002691	冀凯股份	0	0	0	0	0
	002960	青鸟消防	—	—	0	0	1
	003031	中瓷电子	—	—	—	—	1

所属板块	证券代码	证券名称	2017 年	2018 年	2019 年	2020 年	2021 年
创业板	300107	建新股份	0	0	0	0	0
	300137	先河环保	1	1	1	1	1
	300138	晨光生物	1	1	1	0	0
	300152	科融环境	0	1	1	1	1
	300255	常山药业	0	1	1	0	0
	300368	汇金股份	1	1	1	0	0
	300371	汇中股份	1	1	1	1	1
	300428	四通新材	1	0	0	1	1
	300446	乐凯新材	1	0	0	0	0
	300491	通合科技	1	0	0	0	0
	300765	新诺威	—	—	1	0	1
	300847	中船汉光	—	—	—	0	0
	300869	康泰医学	—	—	—	0	0
	300922	天秦装备	—	—	—	0	0
	300981	中红医疗	—	—	—	—	0
	300990	同飞股份	—	—	—	—	1

注：1＝是，0＝否。

资料来源：上市公司年报、深交所、上交所。

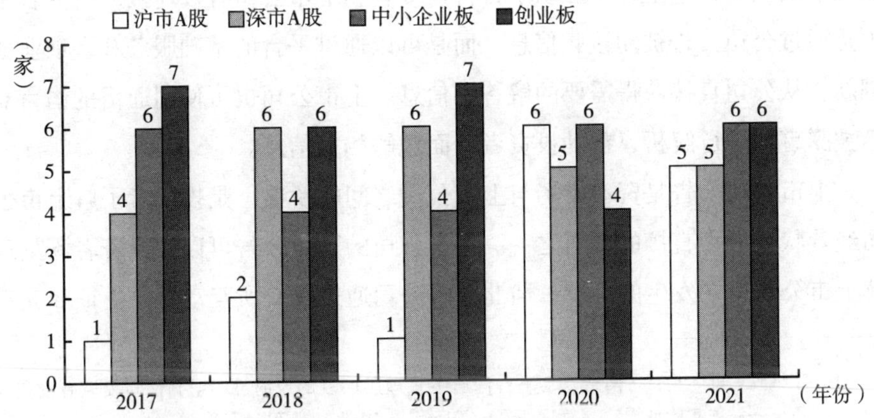

图 6　2017～2021 年河北上市公司投资者调研接待情况

资料来源：上市公司年报、深交所、上交所。

（二）2017~2021年河北上市公司主要线上活动情况

网络互动平台被认为是建立良好的投资者关系、降低上市公司和中小投资者之间的信息不对称程度的有效方式，具有迅捷性、互动性优势的网络互动平台的出现，使得投资者获取信息以及和上市公司沟通更加便利。① 相较于其他新媒体的信息披露手段，网络互动平台有显著的优势。首先，网络互动平台不仅仅是投资者之间沟通交流的渠道，也不仅仅是上市公司完善信息披露的手段，其中蕴含着丰富的互动元素，有助于提高投资者关系管理的水平。其次，网络互动平台的主要参与者是个人投资者，相比于其他形式的投资者，更能真实发挥市场参与者对上市公司的监督作用。最后，交易所对网络互动平台负有监管职责，因此互动信息的准确性高于其他新媒体渠道。②

随着信息技术的应用和市场成熟度的提高，投资者与上市公司之间的信息沟通模式经历了"单向式信息披露—传统式信息沟通—互动式信息沟通"的转变过程，新型沟通媒介的应用，使投资者和上市公司的信息交流更为主动、及时和深入。③ 2013年7月5日，上证e互动平台（sns.sseinfo.com）正式上线试运行。上证e互动平台将投资者和上市公司有效连接，投资者不再是通过公司公告被动接收信息，而是可以通过平台的基础服务和多项业务创新，从公司直接获得需要的解答和信息。上市公司也可使用通俗的语言对已披露事项进行解析，帮助投资者全面理解相关信息。

上市公司公告是资本市场与上市公司之间的桥梁，是投资者了解上市公司经营状况最为直接的渠道之一。上市公司的及时公告可以让投资者深刻理解上市公司正在发生的事情。河北上市公司通过深交所互动易、上证e互动

---

① 张继勋、韩冬梅：《网络互动平台沟通中管理层回复的及时性、明确性与投资者投资决策——一项实验证据》，《管理评论》2015年第10期，第70~83页。
② 阚沂伟、徐晟、李铭洋：《投资者互动有助于企业履行社会责任吗？——来自交易所网络互动平台的证据》，《武汉金融》2022年第2期，第27~38页。
③ 赵杨、赵泽明：《互动式信息披露：文献回顾与研究展望》，《科学决策》2018年第11期，第74~94页。

平台积极主动进行公告发布，帮助投资者更为清晰地了解上市公司基本面信息。2017~2021 年，河北上市公司平均发布公告数量分别为 133 条、136条、138 条、129 条和 128 条（见表 9）。2021 年发布量最多的公司为冀东水泥（000401），总计发布 369 条公告；发布量最少的为汇通集团（603176），仅为 14 条。发布数量不低于均值 128 条的公司有 28 家，占 2021 年所有发布公告的上市公司的比重为 42%（见表 10）。从内容看，上市公司公告内容主要涉及各重大事项、财务报告、融资公告、风险提示、资产重组、信息变更以及持股变动等内容。

表 9　2017~2021 年河北上市公司发布公告数量描述性统计

单位：家，条

年份	所属板块	公司数	最小值	最大值	均值
2017	沪市 A 股	21	55	490	137
	深市 A 股	12	45	326	140
	中小企业板	10	69	221	132
	创业板	10	74	250	126
	汇总	53	45	490	133
2018	沪市 A 股	22	58	417	123
	深市 A 股	12	77	270	152
	中小企业板	10	82	208	117
	创业板	10	86	260	163
	汇总	54	58	417	136
2019	沪市 A 股	22	51	366	128
	深市 A 股	12	56	217	147
	中小企业板	10	45	259	128
	创业板	10	76	269	161
	汇总	54	45	366	138
2020	沪市 A 股	23	48	295	125
	深市 A 股	12	80	213	130
	中小企业板	11	60	260	138
	创业板	14	30	295	127
	汇总	60	30	295	129

续表

年份	所属板块	公司数	最小值	最大值	均值
2021	沪市A股	26	14	349	116
	深市A股	12	61	369	140
	中小企业板	12	55	220	123
	创业板	16	64	233	144
	汇总	66	14	369	128

资料来源：深交所互动易平台、上证 e 互动平台。

表10 2017~2021 年河北上市公司发布公告数量

单位：条

所属板块	证券代码	证券名称	2017 年	2018 年	2019 年	2020 年	2021 年
沪市A股	600135	乐凯胶片	76	117	146	129	123
	600149	廊坊发展	85	58	51	49	49
	600230	沧州大化	93	59	63	95	99
	600340	华夏幸福	490	417	366	287	126
	600409	三友化工	131	101	106	80	69
	600480	凌云股份	172	101	122	120	123
	600482	中国动力	163	192	291	158	171
	600550	保变电气	172	111	97	141	101
	600559	老白干酒	121	71	54	73	78
	600722	金牛化工	60	71	81	75	89
	600803	新奥股份	232	263	303	222	206
	600812	华北制药	101	98	80	195	100
	600906	财达证券	—	—	—	—	89
	600956	新天绿能	—	—	—	141	170
	600965	福成股份	97	60	85	79	74
	600997	开滦股份	140	101	101	81	81
	601000	唐山港	92	60	71	48	111
	601258	庞大集团	106	159	153	139	128
	601326	秦港股份	55	106	90	77	102
	601633	长城汽车	112	113	222	295	349

续表

所属板块	证券代码	证券名称	2017 年	2018 年	2019 年	2020 年	2021 年
沪市 A 股	603050	科林电气	99	130	103	107	64
	603156	养元饮品	—	97	95	64	65
	603176	汇通集团	—	—	—	—	14
	603385	惠达卫浴	94	138	69	122	154
	603938	三孚股份	115	78	90	106	134
	605196	华通线缆	—	—	—	—	144
深市 A 股	000158	常山北明	143	147	123	97	104
	000401	冀东水泥	171	243	217	160	369
	000413	东旭光电	326	255	192	213	103
	000600	建投能源	131	77	168	108	106
	000709	河钢股份	82	112	132	171	177
	000778	新兴铸管	111	116	172	103	139
	000848	承德露露	45	85	56	81	61
	000856	冀东装备	110	107	92	80	111
	000889	中嘉博创	171	270	187	168	156
	000923	河钢资源	156	166	104	124	114
	000937	冀中能源	93	105	126	125	126
	000958	东方能源	145	136	189	128	112
中小企业板	002049	紫光国微	121	126	174	172	149
	002108	沧州明珠	125	104	97	69	115
	002146	荣盛发展	221	208	169	182	189
	002282	博深股份	214	134	171	199	114
	002342	巨力索具	96	82	97	80	81
	002442	龙星化工	130	84	55	65	102
	002459	晶澳科技	120	120	259	260	220
	002494	华斯股份	88	93	59	60	55
	002603	以岭药业	137	122	149	146	136
	002691	冀凯股份	69	100	45	107	68
	002960	青鸟消防	—	—	—	179	137
	003031	中瓷电子	—	—	—	—	110

续表

所属板块	证券代码	证券名称	2017 年	2018 年	2019 年	2020 年	2021 年
创业板	300107	建新股份	96	102	121	101	64
	300137	先河环保	88	97	76	73	82
	300138	晨光生物	123	155	258	235	211
	300152	科融环境	250	252	222	115	138
	300255	常山药业	132	108	99	86	78
	300368	汇金股份	193	259	269	187	194
	300371	汇中股份	74	119	134	110	129
	300428	立中集团	96	193	208	295	233
	300446	乐凯新材	80	86	87	144	132
	300491	通合科技	132	260	131	102	211
	300765	新诺威	—	—	—	149	186
	300847	中船汉光	—	—	—	78	121
	300869	康泰医学	—	—	—	73	140
	300922	天秦装备	—	—	—	30	142
	300981	中红医疗	—	—	—		140
	300990	同飞股份	—	—	—		103

资料来源：深交所互动易平台、上证 e 互动平台。

上证 e 互动是上海证券交易所（简称"上交所"）为投资者与上市公司等上海证券市场各参与主体提供的一项网上互动交流服务，旨在促使投资者与上市公司等用户对象之间的信息沟通更为便捷、集中。上证 e 互动平台包括"问答""观点""访谈"等多个栏目，其中"问答"栏目由投资者和上市公司同时参与沟通交流，公开展示了所有提问及回答内容，互动性最强。2011年，深圳证券交易所（简称"深交所"）为加强公司与投资者互动推出互动易，为中小投资者提供分析公司、互动沟通、行权投票的一站式服务，已成为投资者与上市公司在线沟通的权威平台。

本报告分别从上证 e 互动平台和互动易平台"问答"栏目获取互动式信息沟通数据，重点对河北上市公司 2021 年的投资者互动问答情况进行研究，投资者提问获得答复的比例越高，互动式信息沟通质量相应越高。

有 38 家公司回复率达到 100%，48 家公司回复率在 90% 以上（见表 11）。总体看，河北省上市公司 2021 年在互动平台上对投资者提问的回复情况较好。对互动平台中上市公司董秘对投资者提问的回复内容和时间进行分析后发现，不同公司在回复内容和时间上存在明显的差异。首先，回复的及时性差异较大。有些公司董秘能及时回复投资者的提问，而有些公司则在几天甚至更长时间后才回复投资者的提问，甚至还有不回复的情况。其次，回复的质量差异较大。有些公司的董秘对投资者提问的回复比较明确，而有些公司的董秘对投资者提问的回复则比较模糊，甚至所答非所问。

表 11　2021 年河北上市公司投资者问答互动情况

单位：条，%

所属板块	证券代码	证券名称	提问数	回复数	回复率
沪市 A 股	600135	乐凯胶片	48	48	100
	600149	廊坊发展	19	3	16
	600230	沧州大化	146	106	73
	600340	华夏幸福	316	312	99
	600409	三友化工	117	100	85
	600480	凌云股份	85	80	94
	600482	中国动力	64	53	83
	600550	保变电气	61	60	98
	600559	老白干酒	375	346	92
	600722	金牛化工	52	52	100
	600803	新奥股份	40	40	100
	600812	华北制药	53	53	100
	600906	财达证券	13	13	100
	600956	新天绿能	100	100	100
	600965	福成股份	260	260	100
	600997	开滦股份	50	42	84
	601000	唐山港	40	39	98
	601258	庞大集团	68	36	53
	601326	秦港股份	12	12	100
	601633	长城汽车	196	169	86
	603050	科林电气	193	156	81

所属板块	证券代码	证券名称	提问数	回复数	回复率
沪市A股	603156	养元饮品	141	141	100
	603176	汇通集团	0	0	—
	603385	惠达卫浴	110	110	100
	603938	三孚股份	35	35	100
	605196	华通线缆	33	33	100
深市A股	000158	常山北明	373	190	51
	000401	冀东水泥	314	314	100
	000413	东旭光电	459	336	73
	000600	建投能源	94	94	100
	000709	河钢股份	352	151	43
	000778	新兴铸管	114	114	100
	000848	承德露露	533	533	100
	000856	冀东装备	28	28	100
	000889	中嘉博创	170	170	100
	000923	河钢资源	307	302	98
	000937	冀中能源	287	287	100
	000958	东方能源	120	75	63
中小企业板	002049	紫光国微	365	365	100
	002108	沧州明珠	345	345	100
	002146	荣盛发展	461	426	92
	002282	博深股份	20	20	100
	002342	巨力索具	122	122	100
	002442	龙星化工	146	146	100
	002459	晶澳科技	116	116	100
	002494	华斯股份	21	21	100
	002603	以岭药业	497	497	100
	002691	冀凯股份	30	30	100
	002960	青鸟消防	140	140	100
	003031	中瓷电子	306	306	100
创业板	300107	建新股份	87	79	91
	300137	先河环保	169	167	99
	300138	晨光生物	306	305	100
	300152	科融环境	112	82	73
	300255	常山药业	142	98	69

续表

所属板块	证券代码	证券名称	提问数	回复数	回复率
创业板	300368	汇金股份	64	62	97
	300371	汇中股份	185	185	100
	300428	立中集团	157	104	66
	300446	乐凯新材	258	258	100
	300491	通合科技	145	145	100
	300765	新诺威	263	263	100
	300847	中船汉光	40	40	100
	300869	康泰医学	84	48	57
	300922	天秦装备	82	82	100
	300981	中红医疗	409	342	84
	300990	同飞股份	133	133	100

资料来源：深交所互动易平台、上证 e 互动平台。

网络互动平台有利于帮助公司实现与投资者之间的有效沟通，通过向投资者传递相关信息，建立良好的投资者关系。而公司回复投资者提问的质量，即公司回复的及时性和明确性会影响公司与投资者间的关系质量。公司不仅要积极加入互动平台，还要投入足够的时间、精力经营好互动平台上的交流工作，尽可能及时、明确地回复投资者提出的问题。只有如此，才可能形成使投资者满意的投资者关系，使投资者对公司形成良好的印象，进而促使投资者对公司进行投资。[1] 调动投资者参与网络互动的积极性，有利于充分发挥网络互动平台的监督作用和治理效应。对于监管部门而言，则应加强对企业信息环境的治理，保证投资者能够高效地获取信息、处理信息，进而与上市公司管理层进行更有针对性的互动。

（三）"线下+线上"双重模式

随着互联网媒体的兴起，业绩说明会、新闻发布会等常见的线下投资者

---

[1] 张继勋、韩冬梅：《网络互动平台沟通中管理层回复的及时性、明确性与投资者投资决策——一项实验证据》，《管理评论》2015 年第 10 期，第 70~83 页。

关系活动逐渐采用"线下+线上"双重模式，将线上活动与线下活动相结合，以满足更多投资者的需求。

2017~2021年，河北辖区上市公司高管每年都会共同通过全景路演平台，就公司治理、发展战略、经营状况、可持续发展等投资者所关心的问题，与全国各地的投资者进行"一对多"形式的沟通与交流（见表12、表13）。

表12　2017~2021年河北省辖区集体路演情况

时间	内容
2017年5月16日	河北辖区上市公司2017年度投资者网上集体接待日
2018年5月15日	河北辖区上市公司2018年度投资者网上集体接待日
2019年5月15日	河北辖区上市公司2019年度投资者网上集体接待日
2020年6月12日	2020年河北辖区上市公司投资者网上集体接待日
2021年5月24日	河北辖区上市公司、精选层挂牌公司2021年度网上集体业绩说明会

资料来源：全景路演平台。

表13　2017~2021年河北上市公司集体参加路演情况

单位：家

数量	2017年	2018年	2019年	2020年	2021年
参加数量	51	54	55	55	62
非当年上市公司数量	51	54	55	56	62

资料来源：全景路演平台、深交所互动易平台、上证e互动平台。

除了上述共同参加辖区路演进行投资者关系活动外，河北各上市公司还会通过全景路演平台、上证路演平台等，自行进行路演，与投资者进行"一对多"形式的沟通与交流，路演的内容以上一年业绩及现金分红网上说明会为主。2017~2021年，进行上一年业绩发布的公司数量分别为20家、23家、24家、25家和36家，逐年递增，特别是2021年增长明显。占非当年上市公司数量的比例分别为39%、43%、44%、45%和58%，逐年递增，且2021的增加幅度较大（见表14）。特别是2021年，许多公司还增加了当年半年度或季度的业绩说明会，如"老白干酒2021年半年度业绩说明会"（2021年9月17

日）、"老白干酒2021年第三季度业绩说明会"（2021年11月9日）、"新兴铸管2021年半年度网上业绩说明会"（2021年9月9日）等。

表14　2017~2021河北上市公司业绩发布会路演情况

单位：家，%

数量及发布率	2017年	2018年	2019年	2020年	2021年
召开业绩发布会公司数量	20	23	24	25	36
非当年上市公司数量	51	54	55	56	62
发布率	39	43	44	45	58

资料来源：全景路演平台、深交所互动易平台、上证e互动平台。

对于当年上市公司而言，路演内容主要为首次公开发行A股网上投资者交流会、新股发行摇号抽签仪式、新股发行上市仪式等。此外，公司的一些重大事项或参与的重要活动也会进行路演说明，如"龙星化工关于终止重大资产重组事项投资者说明会"（2017年11月13日）、"冀东水泥重大资产重组媒体说明会"（2018年1月12日）、"东方能源重大资产重组说明会暨投资者交流会"（2019年7月23日）、"天业通联重大资产重组媒体说明会"（2019年3月12日）、"晨光生物可转债发行网上路演"（2020年6月16日）、"晨光生物可转债发行摇号抽签仪式"（2020年6月18日）、"深交所第298期走进上市公司——以岭药业（002603）线上活动"（2021年7月16日）等。

五　信息披露评级

上海证券交易所自2016年起于每年7月1日至第二年的6月30日对上市公司信息披露质量进行评分，采用的是基准分加核定增减分的方式，评价基准分为80分。按照规定的评价标准和附件规定的计分标准，对上市公司信息披露工作的各项内容开展评价，在基准分基础上予以加分或者减分，得出上市公司最终评价得分。评价工作主要关注信息披露的合规性和有效性、分行业信息披露的落实情况、信息披露相关制度建设和资源配置、董秘日常履职情况、投资者关系管理等方面，并据此设置了若干相对客观的标准进行量化考评，按照得分从高到低划分为 A、B、C、D 四个等级。2022 年 1 月 7 日，为优化上市公司自律监管规则体系，进一步完善上市公司信息披露工作评价机制，上海证券交易所对《上海证券交易所上市公司信息披露工作评价办法（2017 年修订）》进行了修订，并更名为《上海证券交易所上市公司自律监管指引第 9 号——信息披露工作评价》。根据该指引，上海证券交易所对沪市主板公司 2021 年度的信息披露工作开展情况进行量化考评，评价工作在信息披露合规性和有效性、分行业信息披露的落实情况、履行社会责任、信息披露相关制度建设和资源配置、董秘日常履职情况、投资者关系管理等方面，设置了若干客观标准和条款。深交所自 2001 年起开始实施信息披露考核制度，结合资本市场发展及监管形势变化不断完善，建立起一套以上市公司为核心，覆盖公司实际控制人、控股股东、董监高和信披工作人员的全方位考核机制。考核采用加减分模式，在统一考核基准分基础上进行加分或减分，并结合负面清单指标，确定上市公司考核评级。上市公司信息披露考核基础分 100 分，考核评级从高到低划分为 A、B、C、D 四个等级，评级为 A 的数量占考核总数量的比例不超过 25%。2020 年 9 月，深交所结合市场形势新变化和信息披露考核实践情况，修订发布《深圳证券交易所上市公司信息披露工作考核办法（2020 年修订）》，对信息披露考核方式、内容和结果用途等方面进行优化完善，进一步提高考核评价机制的透明度和实效性。信息披露工作评价是对上市公司信息披露质量和公司治理水平的综合评价，集中反映了上市公司在信息披露、公司治理、投资者关系管理等方面的工作开展情况，以及上市公司控股股东、实际控制人、董事、监事、高级管理人员的履职情况。

2017~2021 年河北上市公司信息披露水平评级见表 15、图 7。

表 15　2017~2021 年河北上市公司信息披露水平评级

所属板块	证券代码	证券名称	2017 年	2018 年	2019 年	2020 年	2021 年
沪市 A 股	600135	乐凯胶片	A	A	B	B	B
	600149	廊坊发展	B	B	B	B	B
	600230	沧州大化	B	C	B	B	B

所属板块	证券代码	证券名称	2017 年	2018 年	2019 年	2020 年	2021 年
沪市 A 股	600340	华夏幸福	B	B	A	C	D
	600409	三友化工	A	A	A	A	B
	600480	凌云股份	B	A	B	B	B
	600482	中国动力	C	B	A	A	A
	600550	保变电气	B	B	B	B	B
	600559	老白干酒	A	A	A	A	B
	600722	金牛化工	B	B	B	C	B
	600803	新奥股份	C	B	B	A	B
	600812	华北制药	B	B	B	C	C
	600906	财达证券	—	—	—	—	B
	600956	新天绿能	—	—	—	B	A
	600965	福成股份	B	B	C	C	D
	600997	开滦股份	A	B	B	B	B
	601000	唐山港	B	B	B	A	B
	601258	庞大集团	C	D	C	B	C
	601326	秦港股份	B	B	B	B	B
	601633	长城汽车	B	B	A	B	A
	603050	科林电气	B	A	B	B	B
	603156	养元饮品	—	A	B	B	B
	603176	汇通集团	—	—	—	—	B
	603385	惠达卫浴	B	B	B	B	B
	603938	三孚股份	B	A	B	B	A
	605196	华通线缆	—	—	—	—	B
深市 A 股	000158	常山北明	B	B	B	B	B
	000401	冀东水泥	A	A	A	A	A
	000413	东旭光电	B	B	D	D	D
	000600	建投能源	B	B	B	B	B
	000709	河钢股份	A	B	A	A	B
	000778	新兴铸管	B	B	A	A	A
	000848	承德露露	B	B	B	C	B
	000856	冀东装备	B	B	B	B	B
	000889	中嘉博创	B	B	B	B	C
	000923	河钢资源	B	B	B	A	A
	000937	冀中能源	A	B	B	C	C
	000958	东方能源	B	B	B	B	B

续表

所属板块	证券代码	证券名称	2017 年	2018 年	2019 年	2020 年	2021 年
中小企业板	002049	紫光国微	A	B	A	A	A
	002108	沧州明珠	A	A	A	B	B
	002146	荣盛发展	A	A	A	A	B
	002282	博深股份	B	B	B	B	B
	002342	巨力索具	C	B	C	C	B
	002442	龙星化工	C	B	B	B	B
	002459	晶澳科技	B	C	B	B	B
	002494	华斯股份	B	C	B	B	B
	002603	以岭药业	B	B	B	A	B
	002691	冀凯股份	B	C	C	B	B
	002960	青鸟消防	—	—	B	A	A
	003031	中瓷电子	—	—	—	—	A
创业板	300107	建新股份	A	B	A	B	B
	300137	先河环保	B	A	A	A	B
	300138	晨光生物	A	B	B	B	B
	300152	科融环境	C	D	D	D	D
	300255	常山药业	C	C	C	C	B
	300368	汇金股份	B	B	B	B	B
	300371	汇中股份	B	A	B	B	B
	300428	立中集团	B	B	A	B	A
	300446	乐凯新材	A	B	B	B	B
	300491	通合科技	B	B	A	B	B
	300765	新诺威	—	—	B	A	A
	300847	中船汉光	—	—	—	B	A
	300869	康泰医学	—	—	—	B	C
	300922	天秦装备	—	—	—	B	A
	300981	中红医疗	—	—	—	—	B
	300990	同飞股份	—	—	—	—	B

资料来源：深交所、上交所。

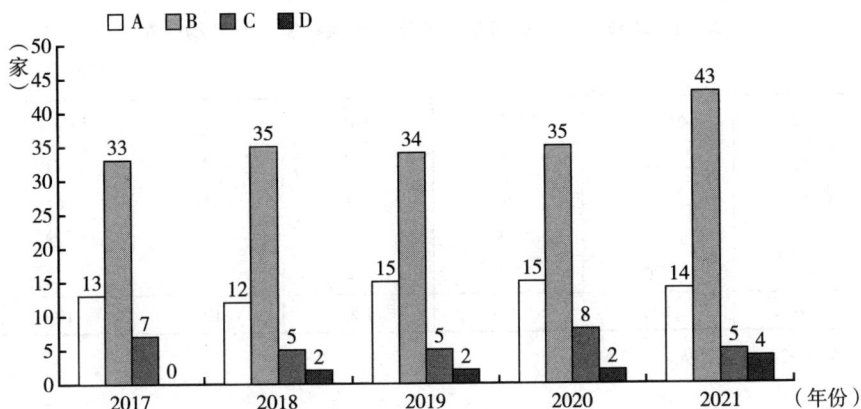

图7　2017～2021年河北上市公司信息披露水平评级

资料来源：深交所、上交所。

2017～2021年，考核结果为A的公司占比分别为25%、22%、27%、25%和21%，考核结果为B的公司占比分别为62%、65%、61%、58%和65%，考核结果为A或B的公司占比分别为87%、87%、88%、83%和86%，考核结果为C或D的公司占比分别为13%、13%、13%、16%和14%（见表16）。从评价结果来看，2017～2021年比例结构大致相当，河北上市公司总体信息披露质量情况良好。从整体评价结果看，河北上市公司整体信息披露和规范运作水平持续提升，冀东水泥（000401）连续5年评级为A，起到良好的示范带头作用。同时有一部分上市公司不断提高信息披露水平，中国动力（600482）、新兴铸管（000778）、紫光国微（002049）等上市公司连续3年评级为A。评价为C类的公司为整体情况合格，但在信息披露有效性、规范运作等方面存在一定的不足。此外，也有少部分公司信息披露工作较不规范，存在审计报告、内部控制报告被出具无法表示意见或否定意见，信息披露严重违规被上交所公开谴责，存在大额资金占用、违规担保行为等情形，根据规则评级为D。

表16 2017～2021年河北上市公司信息披露水平评级分布

单位：%

评级	2017年	2018年	2019	2020年	2021年
A	25	22	27	25	21
B	62	65	61	58	65
C	13	9	9	13	8
D	0	4	4	3	6
总和	100	100	100	100	100

资料来源：深交所、上交所。

六 投资者关系管理获奖情况

2019年底，全景网首次与专业的学术科研机构——南开大学中国公司治理研究院投资者关系管理研究团队合作，秉承独立、客观、公正的原则，采用专业的"投资者关系互动沟通"量化评价体系，重磅打造全国性IR大奖。

"全景投资者关系金奖（2019）"从整个资本市场所有上市公司中层层甄选产生，共有170家公司和61名个人获奖。奖项分为七大类，分别是：最佳IR董事长奖（22位）/最佳IR新秀董事长奖（4位）、杰出IR企业奖（50家）、杰出董秘奖（35位）、优秀IR团队奖（30个）、机构友好沟通奖（34个）、中小投资者关系互动奖（90个）、最佳新媒体运营奖（55个）。河北仅有新奥股份（600803）和以岭药业（002603）两家公司获奖，其中新奥股份（600803）获得"最佳IR董事长奖"，以岭药业（002603）获"中小投资者关系互动奖"和"杰出董秘奖"。

"全景投资者关系金奖（2020）"共有288家上市公司、87位上市公司董事长和董秘，以及7个上市公司协会获奖。"全景投资者关系金奖（2020）"获奖榜单中，河北共有4家公司上榜。晶澳科技（002459）获"优秀IR团队奖"，以岭药业（002603）获"中小投资者关系互动奖"和

"杰出董秘奖"，承德露露（000848）获"中小投资者关系互动奖"，长城汽车（601633）获"最佳IR董事长奖"和"杰出董秘奖"。

"全景投资者关系金奖（2021）"获奖榜单中，共有538家上市公司、182名个人，以及5个上市公司协会上榜。河北省共有6家公司上榜，其中新奥股份（600803）获得了"机构友好沟通奖"、"最佳IR董事长"、"业绩说明会创新奖"和"业绩说明会勤勉奖"4个奖项，晶澳科技（002459）获"机构友好沟通奖"，惠达卫浴（603385）获"中小投资者关系互动奖""最佳媒体运营奖"，紫光国微（002049）获"杰出IR企业奖"、"优秀IR团队奖"和"机构友好沟通奖"，青鸟消防（002960）获"优秀IR团队奖"和"机构友好沟通奖"，长城汽车（601633）获"杰出IR企业奖"和"最佳IR董事长奖"。

2019~2021年，河北上市公司获奖的公司数量分别为2家、4家和6家，获奖公司的数量逐年增加。所获奖项总数量分别为3项、6项、14项，数量明显提升。

七　河北上市公司投资者关系管理对策建议

（一）不断提高信息披露质量，增强与资本市场多方互动交流

随着资本市场监管日益完善，信息披露工作对上市公司资本运作将起到越来越重要的作用，上市公司应以提升透明度为目标，不断优化规则体系，力求真实、准确、完整、及时、公平披露信息；以投资者需求为导向，优化披露内容，增强信息披露的针对性和有效性。上市公司应充分披露投资者做出价值判断和投资决策所必需的信息，并做到简明清晰、通俗易懂，只有不断提高信息披露的合规性和有效性、切实提升信息披露透明度和规范运作水平，才能有效帮助金融机构和投资者正确评价公司并获得重要金融实体的支持。

（二）不断增加和丰富投资者关系管理的方式及内容

2022年4月11日，中国证券监督管理委员会发布《上市公司投资者关系管理工作指引》，该指引自5月15日起施行。该指引进一步明确投资者关系管理的定义、适用范围和原则，从内容、方式和目的等维度对投资者关系管理进行界定。公司应根据该指引要求与时俱进，在充分利用电话、传真等投资者关系管理传统沟通渠道的基础上，新增网站、新媒体平台、投资者教育基地等新兴渠道，实现线上与线下有效结合，不断丰富投资者关系管理的方式和互动渠道，减少信息差。在内容上，上市公司可增加公司的环境、社会和公司治理等信息，不断提升公司与市场沟通的高效性与便捷性，以实现相关利益者价值最大化并如期获得投资者的广泛认同，规范资本市场运作、实现外部对公司经营约束的激励机制、实现股东价值最大化和保护投资者利益。

专 题 篇
Special Reports

B.7

河北上市公司"她"力量
研究报告（2022）

许 龙*

摘　要： 随着越来越多的女性进入企业并担任不同角色，她们在公司治理中产生的影响也逐渐受到学界关注。女性往往具有厌恶风险、谨慎、善于沟通和表达、细致以及责任感强烈等性格特质，其对企业行为、企业绩效、企业战略以及企业社会履责等方面产生积极或消极影响。本报告基于高层梯队理论、性别角色理论、女性关怀理论及人力资本差异理论等，从女性董事、女性监事、女性CEO及女性董秘四个角度分析河北上市公司中女性高管在公司治理中发挥的作用。研究发现，相对于全国平均水平，河北上市公司中"她"力量普遍存在参与度低、企业间参与分布不平衡、CEO任职比例低等问题。本报告据此提出优化高管性别比例、完善晋升体系等建议，以期帮助河北上市公司平衡高管性别差异，更好地进行公司治理。

---

* 许龙，博士，河北经贸大学工商管理学院副教授，硕士研究生导师，主要研究领域为公司治理。

关键词： 上市公司 "她"力量 河北

随着国际社会对女性研究越来越多，从董事会、监事会性别构成到女性CEO再到女性董秘，女性参与公司治理方面的研究成为热点。从挪威、西班牙等欧洲国家率先引进女性董事，到欧盟国家明确立法对上市公司中女性董事占比做出要求，女性在公司治理中的重要作用正在逐步展现。上市公司中女性力量的存在对企业行为、企业绩效、企业战略和企业社会履责都有重要的影响。鉴于此，本报告依据《中华人民共和国公司法》（简称《公司法》）中有关上市公司高级管理人员及相关职位的规定，结合 2017~2021 年河北上市公司年报和国泰安数据库中的数据，从女性董事、女性监事、女性 CEO 及女性董秘四个角度分析河北上市公司女性高管情况，然后进一步分析其中存在的问题并提出对策建议。

一 上市公司"她"力量研究理论发展

20 世纪 70 年代，随着世界妇女解放运动兴起，女性开始进入企业与社会组织。2003 年，挪威在人类历史上首次对女性参与高层治理做了立法规定，女性参与公司治理这一话题开始引起管理学界诸多学者的关注。随后，2006 年，挪威立法规定董事会中女性成员占比不得低于 40%。自此，全球范围内从事相关领域研究的学者开始探讨女性对公司的影响。之后，学界基于高层梯队理论、性别角色理论、女性关怀理论及人力资本差异理论等从公司组织、企业内部管理以及女性高管内在特质入手探究其在公司治理中的作用。在公司组织层面，学界探究了企业规模[1]、公司风险[2]、行业种类、成

---

[1] A. J. Hillman, A. A. Cannella Jr., "Organizational Predictors of Women on Corporate Boards," *Academy of Management Journal* 50 (2007): 941–952.

[2] R. B. Adams, D. Ferreira, "Women in the Boardroom and Their Impact on Governance and Performance," *Journal of Financial Economics* 94 (2009): 291–309.

立年限①、股权性质②等对女性参与公司治理的影响；在企业内部管理层面，主要研究了女性高管比例③、薪酬差距、职位等对团队管理的影响；在女性高管内在特质层面，研究主要集中于其对企业经营决策、企业绩效、企业战略、企业社会履责的影响，如领导风格、不过度自信、厌恶风险等性格特质以及从业背景、任职时间、学历等个人经历。而后，学界开始研究其具体作用机制，并从外部环境、高管认知、女性生理和心理角度④等中介、调节等作用入手进一步探究。综上，目前学界对于女性参与公司治理的研究较为丰富，下面将根据女性高管角色划分介绍其具体作用。

美国明晟公司（MSCI）发布的报告显示，中国女性在董事会中的占比逐年上升，2021 年增至 13.8%，由女性担任 CEO、CFO 的占比均超国际平均水平。现有文献关于女性对企业发展的作用往往以不同高层管理岗位女性占比为切入点，研究较多的为女性董事、女性监事、女性 CEO 和女性董秘，对企业产生的作用主要表现在企业行为、企业绩效、企业战略和企业社会履责四个方面。

（一）女性董事

随着社会的发展与进步，女性在公司治理中的作用不容忽视。虽然2006 年挪威已立法对董事会中的女性成员占比提出了明确的要求，然而从整体来看，全球范围内的上市公司董事会中女性董事占比仍处在较低水平。2014 年美国世界五百强企业董事会中女性董事占比为 17%，同年中国上市公司中女性董事的占比为 16.39%。⑤ 2018 年美国加利福尼亚州通过了要求

---

① F. A. Gul, B. Srinidhi, A. C. Ng, "Does Board Gender Diversity Improve the Informativeness of Stock Prices?" *Journal of Accounting and Economics* 51 (2011): 314-338.

② C. Bettinelli, "Boards of Directors in Family Firms: An Exploratory Study of Structure and Group Process," *Family Business Review* 24 (2011): 151-169.

③ 康宛竹：《中国上市公司女性高层任职状况调查研究》，《妇女研究论丛》2007 年第 4 期，第 23~29 页。

④ 李世刚：《女性高管、过度投资与企业价值——来自中国资本市场的经验证据》，《经济管理》2013 年第 7 期，第 74~84 页。

⑤ 周煊、孟庆丽、刘晓辉：《女性董事对企业社会责任履行的影响——以慈善捐赠为例》，《北京工商大学学报》（社会科学版）2016 年第 4 期，第 72~80 页。

设立在加利福尼亚州的上市公司董事会中至少有一名女性成员的法案，引起了诸多学者对女性董事在公司治理中作用的讨论。现有研究主要基于代理理论、社会分类理论、性别角色理论、高阶理论、女性主义关怀伦理理论和社会角色理论等分析其对企业绩效、企业行为、企业社会履责等产生的影响。

第一，关于女性董事与企业绩效之间的关系，国内外尚未形成一致结论，二者关系可分为三类，正相关、负相关和不相关。多元化有利于保持董事会的平衡并加强其独立性，董事会独立性的提高降低了代理成本，提高了公司治理效率，进而有助于提高公司价值，因此女性董事参与对企业绩效有显著的正向作用；[1] 虽然性别多元化的董事会可能会给企业带来一定的优势，但女性董事的处事风格、风险规避倾向及感性偏向，使多元化的董事会与同质化董事会相比，可能会导致企业出现内部冲突、阻碍创新及决策失误等问题从而对企业绩效产生负向影响[2]。另外，通过对特定对象访谈后发现，众多公司聘用女性董事，可能是仅仅出于某种特定需求（如性别多元化或维护公众形象），而非基于女性董事的个人特质或能力。此类任用实质上只是个形式，她们的任用有可能只是名义上的任用，[3] 女性董事难以发挥其作用，不会对企业绩效产生明显影响。第二，有学者针对女性董事与企业行为之间的关联，在企业投资行为、企业创新投入[4]等方面进行了探讨。研究表明，心理学和社会文化的差异会使得女性在财务决策中更加谨慎。一方面，由于女性性格较为保守且寿命预期时间更长，冒险行为会导致女性损失更大；另一方面，社会文化对男性和女性的期望存在差异，男性被认为应该承担更多的风险。故而女性董事在面临企业投资行为时往往会更倾向于规避

① 张娜：《女性董事对企业绩效影响的实证研究——来自中国 973 家上市公司的证据》，《妇女研究论丛》2013 年第 4 期，第 38~48 页。

② 苏美玲、符蓉、陈辉：《女性董事与企业绩效：综述与展望》，《金融发展研究》2017 年第 7 期，第 27~33 页。

③ D. Brady et al. , "Sector, Size, Stability, and Scandal: Explaining the Presence of Female Executives in Fortune 500 Firms," *Gender in Management: An International Journal* 26 (2011): 84-105.

④ 严若森、朱婉晨：《女性董事、董事会权力集中度与企业创新投入》，《证券市场导报》2018 年第 6 期，第 15~25 页。

风险，减少投资。[1] 由自我性别感知理论可知，女性在生理特征上较之于男性体内含有更高浓度的单胺氧化酶，能够显著地激发人体的风险规避意识，从而提高女性对于风险承担的规避程度。因此在董事会决策过程中，相较于男性董事所体现的冒险、激进与大胆的决策风格，女性董事往往更为保守与稳健，故而基于风险偏好的角度，女性董事在企业创新投入与创新战略决策过程中往往趋向于规避风险从而减少企业的创新投入[2]。第三，相较于男性而言，女性更具有"公共型"特征，即更乐于承担非个人责任的公共性责任，[3] 该特征在公司治理中可体现为女性董事更加愿意承担对他人的责任及义务，更加富有同情心，在董事会参与决策过程中更容易体现出倾向于公共性群体的利益特征，因此性别多元化的提高有利于企业社会责任的履行。[4]

（二）女性监事

监事会于 1602 年起源于荷兰东印度公司，当时主要由公司的股东大会委托公司主要股东负责监督公司运作。之后，在"三权分立"思想的影响下，公司监督体制得到发展。1870 年德国《股份法》首次提出并制定监事会制度。我国监事会法律制定主要借鉴德国的做法。我国《公司法》规定，监事会是公司的监察机关，成员由股东委员会及公司职工民主选举的监事组成，主要职能为全面监督企业的经营管理。监事会是独立的监督机构，对股东负责，并监督企业董事、经理层等其他高级管理人员依法履职。监事会由于拥有公司重大决策事项的知情权、调查权、提案权、报告权、提名和提议罢免权等，在上市公司经营中发挥着巨大的作用。

---

[1] 祝继高、叶康涛、严冬：《女性董事的风险规避与企业投资行为研究——基于金融危机的视角》，《财贸经济》2012 年第 4 期，第 50~58 页。

[2] 李井林、阳镇：《董事会性别多元化、企业社会责任与企业技术创新——基于中国上市公司的实证研究》，《科学学与科学技术管理》2019 年第 5 期，第 34~51 页。

[3] N. Fondas, "Feminization Unveiled: Management Qualities in Contemporary Writings," *The Academy of Management Review* 22 (1997): 257-282.

[4] 王欣、阳镇：《董事会性别多元化、企业社会责任与风险承担》，《中国社会科学院研究生院学报》2019 年第 2 期，第 33~47 页。

监事会对公司治理起到完善作用，而监事会的性别多元化有助于保持监事会平衡并加强其独立性。现有监事会特质对企业影响研究主要从监事会成员（人数、性别、年龄、知识和职业）、薪酬激励（持股比重、报酬领取成员占比等）、监事会会议召开次数以及外部监事数量、独立监事的设置情况等视角切入。基于性别角度，实证研究发现女性在监事会中发挥着积极的作用。基于社会构建理论、社会角色理论与社会认同理论，日常生活中，人们有时会在潜意识中表现出性别特质，如女性相对于男性往往更加谨慎。基于实证研究发现，女性更可能加入监督性委员会，倾向于要求更多的审计工作和管理层工作。现有研究主要分析了监事会女性占比、女性数量对企业绩效和企业信息披露质量的影响。首先，研究发现女性监事有润滑剂作用，可以开阔监事的思想，促进顺畅的沟通，对公司业务进行有效的监督。且女性监事通常比男性监事更加勤勉、更遵守规章制度，从而更有助于关注公司合规经营问题。当女性成员人数大于或等于3人时，对公司业绩有明显的提升作用。其次，根据高管特质理论，监事会中男性占比过高容易导致监事会在监督方面缺乏稳健性。相比于男性，女性在开会前往往准备得更认真，并且更加严肃谨慎地对待自己的工作，同时会要求其他成员尽职尽责，因此女性占比较高的监事会更有机会及时察觉到公司存在的问题与风险，避免损失。监事会中女性占比平衡对公司业绩①、信息披露质量②均有正向影响。

（三）女性 CEO

CEO 是企业中负责日常经营管理的最高级管理人员，主要负责公司战略制定和执行，对企业发展影响深远。随着女性在社会经济发展中发挥的作用日益凸显，女性 CEO 对企业决策的影响受到国内外学者的广泛关注。对于女性担任 CEO，一方面，性别偏见促使人们产生女性难以担任 CEO 的角

① 熊巍等：《监事会特征的优化能否稳健提升企业经营效率？——来自沪深两市上市公司的证据》，《调研世界》2022年第3期，第42~54页。
② 赵西卜、徐爱莉：《产权性质、监事会特征与信息披露质量——来自深交所的经验数据》，《兰州学刊》2013年第11期，第85~93页。

色性别偏差；另一方面，由于"玻璃天花板"的存在，女性在职位晋升的过程中面临更为严苛、多维的评价标准，更不易主动离职。随着越来越多的女性成为企业 CEO，其性别差异会对企业行为、企业战略、会计信息质量等产生影响。相较于男性而言，女性往往更厌恶风险，更加注重伦理道德。为此，她们更倾向于采取稳健和诚信的原则进行公司治理，从而减少自身违规、盈余管理等寻租行为，对公司治理产生正向影响。例如，女性 CEO 与企业捐赠呈正相关关系；[①] 在国有控股公司中，由女性担任 CEO 的公司的过度投资程度显著低于由男性担任 CEO 的公司；[②] 女性比男性更为谨慎、更加倾向于规避风险，她们在进行投资决策时往往会更加谨慎，更害怕承担投资过度带来的破产风险和离职风险，因此，会更加倾向于避免公司过度投资行为；[③] 对于继任方式，异性继任者比同性继任者更容易导致企业发生战略变革。在继任者为异性的情况下，相较于"女继男模式"，"男继女模式"对企业战略变革的影响更大。CEO 性别对公司治理有一定的影响。

（四）女性董秘

我国于 1994 年由境外上市 H 股引入董秘制度，1996 年延伸到境内上市 B 股，1997 年延伸到 A 股上市公司，2005 年全国人大修订的《公司法》以法律的形式明确了董秘的高管职位。《公司法》设立专门章节增补了董秘相关规定，根本目的是通过设立董秘改善公司治理结构，实现披露、协调及监管联络的治理职能。所以，在我国资本市场上，实行董秘制度已经成为公司完善治理结构的重要举措。统计发现 2009 年创业板开通后，"80 后"董秘成批出现，女性比例大增。截至 2011 年 3 月 11 日，在 183 家创业板公司的董秘中，女性董秘为 46 位，约占 25%。对沪深 A 股上市公司进行统计后发

① 曾春影、茅宁：《女性 CEO 与企业捐赠——基于利他视角的实证研究》，《经济管理》2018 年第 1 期，第 123~139 页。
② 许晓芳、沃健、方略：《CEO 性别、产权性质与公司过度投资行为》，《财经论丛》2018 年第 4 期，第 66~74 页。
③ 祝继高、叶康涛、严冬：《女性董事的风险规避与企业投资行为研究——基于金融危机的视角》，《财贸经济》2012 年第 4 期，第 50~58 页。

现，女性董秘比例总体呈上升趋势，1999~2013 年的女性董秘平均比例达18.24%。自此，对女性董秘的研究开始成为热点。

现有研究主要集中于女性董秘的个人特征、职业背景、兼任情况等对企业信息披露质量、企业绩效等的影响。① 从性别角度考虑，首先，女性董秘由于善于与投资者沟通，更有效地传递信息，有助于提升信息披露质量。② 就董秘职能而言，其主要负责公司信息发布和投资者关系管理，通过发布财务报告、举办新闻发布会、举行电话会议和机构投资者进行沟通等管理活动在信息传递中发挥着重要的作用。澳大利亚的语言学家和心理学家亚伦·皮斯和芭芭拉·皮斯认为女性在语言的流畅度、叙述文的长度、造句、语法、阅读能力和词汇积累等方面比男性要强，且女性的表述能力和听觉也优于男性。所以，女性在沟通方面更具优势。其次，女性所特有的责任感强烈、敏锐、细致、保守等性格特质也有助于提升信息披露质量。例如，女性的责任感可能更有利于董秘主动承担信息披露责任，女性的敏锐、细致使董秘在面临复杂的公司治理环境时做好充足的准备，女性的保守和独立更有可能使董秘在董事会做出违反法律、法规和公司规章制度等行为时敢于提出异议并如实记录会议情况，从而使得公司更加合法、及时、真实及完整地披露信息。实证研究发现，女性董秘占比、薪酬和持股水平与信息披露质量正相关，而任职时间、学历水平等变量则没有显著影响。③

二 河北上市公司"她"力量现状

基于上市公司高管职位及年报和国泰安数据库中的数据，本报告主要分析了河北上市公司女性董事、女性监事、女性 CEO 及女性董秘的数量、占

---

① 高丽、李季：《董秘、董秘团队与资本市场公司价值——基于倾向性得分匹配的检验》，《金融理论与实践》2019 年第 2 期，第 61~70 页。

② 林长泉、毛新述、刘凯璇：《董秘性别与信息披露质量——来自沪深 A 股市场的经验证据》，《金融研究》2016 年第 9 期，第 193~206 页。

③ 康立、肖云峰：《董事会秘书社会资本、信息披露与融资约束》，《投资研究》2020 年第 8 期，第 107~123 页。

比及其他具体情况，并对河北上市公司与全国上市公司、河北上市公司不同板块及河北省全部上市公司进行了对比和列示，分析其差异，为平衡河北上市公司性别差异提出有效的对策建议。

（一）女性董事

董事会是公司治理结构的重要组成部分，具有监督和控制企业日常生产经营活动、监督管理层认真履行职责的职能，在企业经营管理中发挥着重要作用。董事会多元化是指董事会成员个体的观点、特征及经验等方面的不同组合，董事会的多元化有利于提高公司治理水平。[①] 女性参与公司治理是董事会多元化的一个体现，即性别多元化。2010 年，欧盟理事会要求会员国必须注重就业的性别平等，同时要求在 2020 年达到大部分企业中的女性董事人数占董事会席位 40%的目标。基于此，本报告主要对女性董事数、女性董事占比以及是否存在两名及以上女性董事三个指标进行分析。

1. 女性董事数

（1）河北上市公司和全国上市公司女性董事数

2017~2021 年，全国上市公司女性董事数平均值总体呈上升趋势，河北上市公司女性董事数平均值在 2018 年上升最为明显，上升幅度为 14.17%。2018 年河北上市公司女性董事数平均值超过全国上市公司女性董事数平均值，并在之后的 3 年内仍保持领先状态（见图 1）。

（2）河北上市公司各板块女性董事数

沪市 A 股女性董事数平均值在 2017~2020 年呈上升状态，2020 年上升幅度最大，为 15.44%，但在 2021 年发生了下降。深市 A 股女性董事数平均值与其他三个板块相比，始终处在较低水平，除 2019 年以外，在 2018~2021 年维持在 0.92 人的稳定状态。总体而言，除 2017 年与 2019 年中小企业板与创业板中女性董事数平均值保持一致以外，中小企业板女性董事数平

---

① 王研：《财务困境下女性参与治理对公司绩效的影响——基于上市民营企业的研究》，硕士学位论文，东北财经大学，2016。

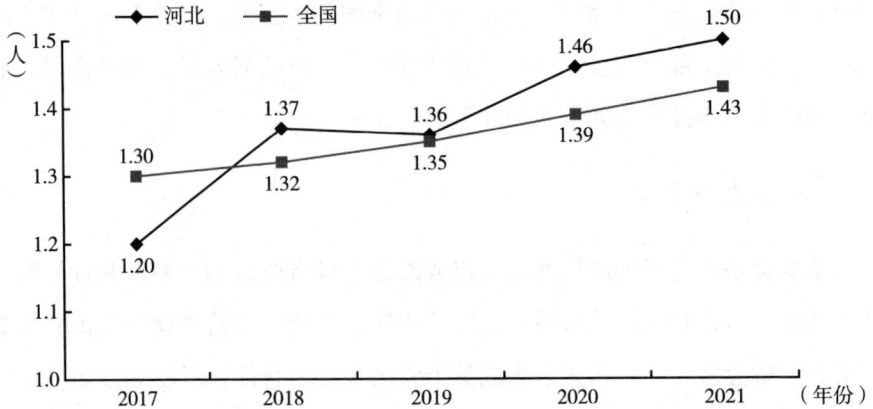

图1 2017~2021年河北上市公司和全国上市公司女性董事数平均值变化趋势

资料来源：国泰安数据库和上市公司年报。

均值始终大于其他板块的女性董事数平均值，并于2021年达到最高，为1.92人。创业板女性董事数平均值在2017~2021年最大的波动幅度为3.82%，始终处在一个较为平稳的状态（见图2）。

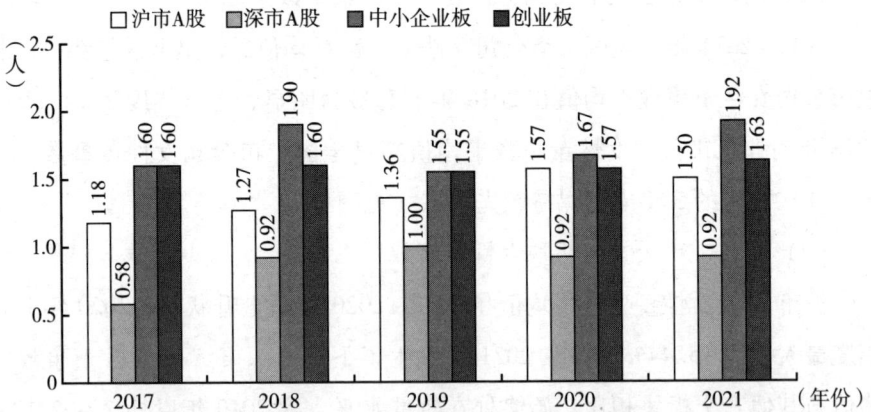

图2 2017~2021年河北上市公司各板块女性董事数平均值对比

资料来源：国泰安数据库和上市公司年报。

（3）河北上市公司女性董事数

表1对2017~2021年河北上市公司女性董事数的具体情况进行了列示。

表1　2017~2021年河北上市公司女性董事数

单位：人

所属板块	股票代码	公司简称	2017年	2018年	2019年	2020年	2021年
沪市A股	600135	乐凯胶片	1	1	1	0	0
	600149	廊坊发展	5	5	6	6	6
	600230	沧州大化	1	1	1	1	1
	600340	华夏幸福	0	0	0	0	0
	600409	三友化工	0	0	0	1	1
	600480	凌云股份	0	0	0	1	1
	600482	中国动力	0	0	0	1	1
	600550	保变电气	1	1	1	1	2
	600559	老白干酒	0	0	0	1	1
	600722	金牛化工	3	3	3	3	3
	600803	新奥股份	0	0	0	1	1
	600812	华北制药	2	2	2	2	2
	600906	财达证券	—	—	—	—	1
	600956	新天绿能	—	—	—	0	0
	600965	福成股份	0	0	1	1	0
	600997	开滦股份	1	1	1	1	1
	601000	唐山港	5	5	3	3	3
	601258	庞大集团	0	0	1	2	2
	601326	秦港股份	1	2	2	2	2
	601633	长城汽车	2	2	2	3	3
	603050	科林电气	1	1	1	1	1
	603156	养元饮品	2	2	3	3	3
	603176	汇通集团	—	—	—	—	0
	603385	惠达卫浴	0	1	1	1	1
	603938	三孚股份	1	1	1	1	1
	605196	华通线缆	—	—	—	—	2
深市A股	000158	常山北明	1	1	1	1	2
	000401	冀东水泥	2	2	2	2	2
	000413	东旭光电	1	1	2	0	0
	000600	建投能源	0	0	0	1	1
	000709	河钢股份	0	0	1	1	1
	000778	新兴铸管	1	1	1	1	1
	000848	承德露露	0	1	1	1	1

续表

所属板块	股票代码	公司简称	2017 年	2018 年	2019 年	2020 年	2021 年
深市 A 股	000856	冀东装备	0	1	1	1	1
	000889	中嘉博创	2	2	2	2	0
	000923	河钢资源	0	1	0	0	1
	000937	冀中能源	0	1	1	1	1
	000958	东方能源	0	0	0	0	0
中小企业板	002049	紫光国微	0	0	1	1	1
	002108	沧州明珠	1	1	0	0	0
	002146	荣盛发展	2	2	2	2	2
	002282	博深股份	1	3	2	2	2
	002342	巨力索具	1	2	2	2	4
	002442	龙星化工	3	2	2	2	3
	002459	晶澳科技	2	3	2	2	2
	002494	华斯股份	3	3	3	3	3
	002603	以岭药业	1	1	1	2	2
	002691	冀凯股份	2	2	2	2	2
	002960	青鸟消防	—	—	0	0	0
	003031	中瓷电子	—	—	—	2	2
创业板	300107	建新股份	3	3	3	3	3
	300137	先河环保	0	1	1	1	1
	300138	晨光生物	3	3	3	3	3
	300152	科融环境	1	0	0	0	0
	300255	常山药业	0	0	1	1	2
	300368	汇金股份	2	1	0	0	1
	300371	汇中股份	1	2	3	3	3
	300428	立中集团	1	1	1	0	0
	300446	乐凯新材	3	3	3	2	1
	300491	通合科技	2	2	1	1	1
	300765	新诺威	—	—	1	0	0
	300847	中船汉光	—	—	—	2	2
	300869	康泰医学	—	—	—	3	2
	300922	天秦装备	—	—	—	3	3
	300981	中红医疗	—	—	—	—	1
	300990	同飞股份	—	—	—	—	3

资料来源：国泰安数据库和上市公司年报。

2. 女性董事占比

（1）河北上市公司和全国上市公司女性董事占比

2017~2021年，总体来看，全国上市公司女性董事占比平均值呈现上升趋势，每年全国上市公司女性董事占比平均值均略高于河北上市公司女性董事占比平均值。两者的差距在2017年最大，相差1.58个百分点；在2020年达到最小，为0.1个百分点。2018年河北上市公司女性董事占比平均值变动幅度最大，上升了1.53个百分点（见图3）。

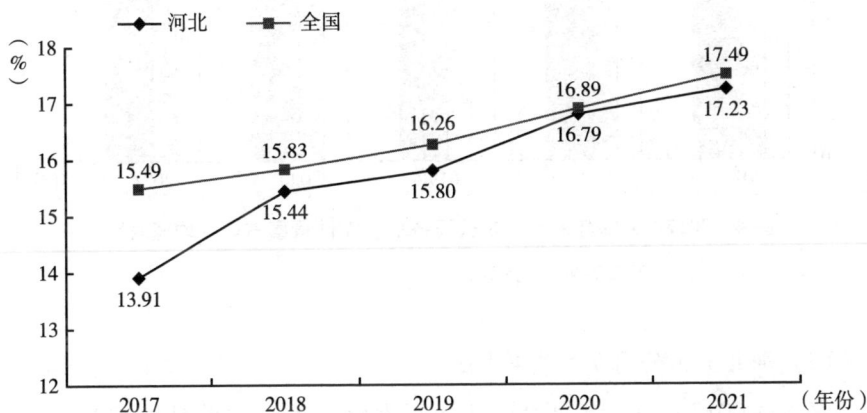

图3 2017~2022年河北上市公司和全国上市公司女性董事占比平均值变化趋势

资料来源：国泰安数据库和上市公司年报。

（2）河北上市公司各板块女性董事占比

沪市A股中女性董事占比平均值在2017~2020年呈现逐步上升趋势，其中2020年上升幅度最大，由2019年的14.25%上升至16.37%，增长了2.12个百分点。2020~2021年由16.37%下降至15.94%，下降了0.43个百分点。深市A股与其他三个板块相比，女性董事占比平均值一直处在较低水平。中小企业板女性董事占比平均值整体来看始终处在较高水平，在2018年达到最高，为22.92%。其中，2019年下降幅度最大，下降了3.44个百分点，2021年上升幅度最大，上升了2.71个百点分。创业板女性董事占比平均值变动较为平稳，呈逐步上升趋势，创业板女性董事占比平均值在

2021 年达到最高值，为 20.39%，另外于 2019 年达到当年各板块女性董事占比平均值的最高值，为 19.62%（见图 4）。

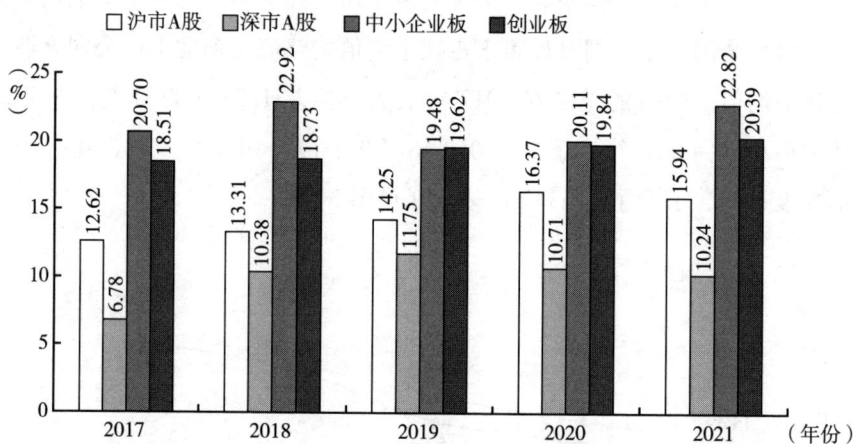

图 4　2017～2021 年河北上市公司各板块女性董事占比平均值对比

资料来源：国泰安数据库和上市公司年报。

（3）河北上市公司女性董事占比

表 2 对 2017～2021 年河北上市公司女性董事占比的具体情况进行了列示。

表 2　2017～2021 年河北上市公司女性董事占比

单位：%

所属板块	股票代码	股票简称	2017 年	2018 年	2019 年	2020 年	2021 年
沪市 A 股	600135	乐凯胶片	11.11	11.11	11.11	0.00	0.00
	600149	廊坊发展	45.45	45.45	54.55	54.55	54.55
	600230	沧州大化	11.11	11.11	11.11	14.29	14.29
	600340	华夏幸福	0.00	0.00	0.00	0.00	0.00
	600409	三友化工	0.00	0.00	0.00	6.67	7.69
	600480	凌云股份	0.00	0.00	0.00	11.11	16.67
	600482	中国动力	0.00	0.00	0.00	9.09	9.09
	600550	保变电气	11.11	11.11	11.11	12.50	22.22
	600559	老白干酒	0.00	0.00	0.00	11.11	11.11

续表

所属板块	股票代码	股票简称	2017 年	2018 年	2019 年	2020 年	2021 年
沪市 A 股	600722	金牛化工	42.86	42.86	33.33	33.33	33.33
	600803	新奥股份	0.00	0.00	0.00	8.33	8.33
	600812	华北制药	22.22	18.18	18.18	20.00	22.22
	600906	财达证券	—	—	—	—	9.09
	600956	新天绿能	—	—	—	0.00	0.00
	600965	福成股份	0.00	0.00	14.29	14.29	0.00
	600997	开滦股份	11.11	11.11	11.11	11.11	11.11
	601000	唐山港	33.33	33.33	20.00	20.00	20.00
	601258	庞大集团	0.00	0.00	7.14	14.29	14.29
	601326	秦港股份	10.00	18.18	20.00	20.00	22.22
	601633	长城汽车	28.57	28.57	28.57	42.86	42.86
	603050	科林电气	14.29	14.29	14.29	14.29	14.29
	603156	养元饮品	22.22	22.22	33.33	33.33	33.33
	603176	汇通集团	—	—	—	—	0.00
	603385	惠达卫浴	0.00	11.11	11.11	11.11	11.11
	603938	三孚股份	14.29	14.29	14.29	14.29	14.29
	605196	华通线缆	—	—	—	—	22.22
深市 A 股	000158	常山北明	9.09	9.09	9.09	9.09	18.18
	000401	冀东水泥	22.22	22.22	25.00	28.57	22.22
	000413	东旭光电	16.67	14.29	28.57	0.00	0.00
	000600	建投能源	0.00	0.00	0.00	11.11	11.11
	000709	河钢股份	0.00	0.00	9.09	9.09	9.09
	000778	新兴铸管	11.11	11.11	12.50	12.50	14.29
	000848	承德露露	0.00	11.11	11.11	12.50	11.11
	000856	冀东装备	0.00	14.29	14.29	14.29	16.67
	000889	中嘉博创	22.22	22.22	22.22	22.22	0.00
	000923	河钢资源	0.00	11.11	0.00		11.11
	000937	冀中能源	0.00	9.09	9.09	9.09	9.09
	000958	东方能源	0.00	0.00	0.00	0.00	0.00

续表

所属板块	股票代码	股票简称	2017 年	2018 年	2019 年	2020 年	2021 年
	002049	紫光国微	0.00	0.00	14.29	14.29	14.29
	002108	沧州明珠	11.11	11.11	0.00	0.00	0.00%
	002146	荣盛发展	25.00	22.22	22.22	22.22	22.22
	002282	博深股份	11.11	25.00	22.22	22.22	22.22
	002342	巨力索具	14.29	28.57	28.57	28.57	50.00
中小企业板	002442	龙星化工	42.86	28.57	28.57	22.22	33.33
	002459	晶澳科技	25.00	37.50	22.22	22.22	22.22
	002494	华斯股份	42.86	42.86	42.86	42.86	42.86
	002603	以岭药业	12.50	11.11	11.11	22.22	22.22
	002691	冀凯股份	22.22	22.22	22.22	22.22	22.22
	002960	青鸟消防	—	—	0.00	0.00	0.00
	003031	中瓷电子	—	—	—	22.22	22.22
	300107	建新股份	33.33	33.33	33.33	33.33	33.33
	300137	先河环保	0.00	11.11	11.11	11.11	11.11
	300138	晨光生物	37.50	42.86	50.00	50.00	50.00
	300152	科融环境	14.29	0.00	0.00	0.00	0.00
	300255	常山药业	0.00	0.00	20.00	20.00	33.33
	300368	汇金股份	22.22	11.11	0.00	0.00	11.11
	300371	汇中股份	11.11	22.22	33.33	33.33	33.33
创业板	300428	立中集团	11.11	11.11	11.11	0.00	0.00
	300446	乐凯新材	33.33	33.33	33.33	28.57	11.11
	300491	通合科技	22.22	22.22	12.50	12.50	14.29
	300765	新诺威	—	—	11.11	0.00	0.00
	300847	中船汉光	—	—	—	22.22	22.22
	300869	康泰医学	—	—	—	33.33	28.57
	300922	天秦装备	—	—	—	33.33	33.33
	300981	中红医疗	—	—	—	—	11.11
	300990	同飞股份	—	—	—	—	33.33

资料来源：国泰安数据库和上市公司年报。

3. 是否存在两名及以上女性董事

（1）河北上市公司和全国上市公司是否存在两名及以上女性董事情况

2017～2021 年全国上市公司中存在两名及以上女性董事公司占比逐年上

升，河北上市公司中存在两名及以上女性董事公司占比呈现波动上升的趋势，经历了两个变动幅度较大的阶段：2018 年，增长了 5.56 个百分点；2020 年，增长了 5.12 个百分点。整体而言，2017～2021 年全国上市公司与河北上市公司中存在两名及以上女性董事公司占比之间的差距明显缩小（见图 5）。

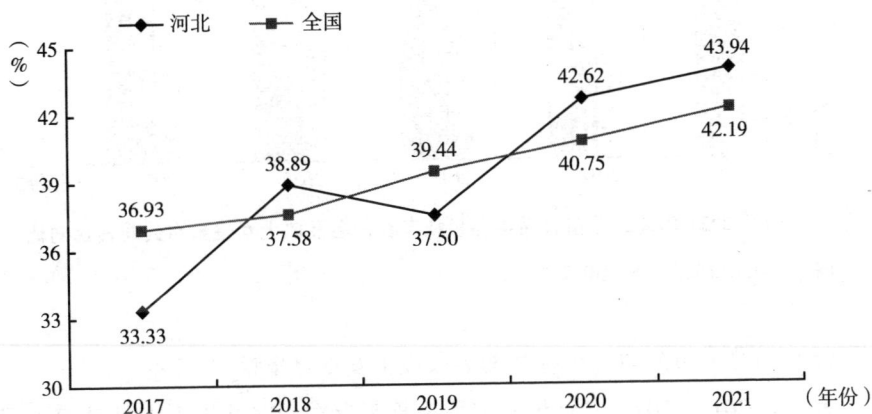

图 5　2017～2021 年河北上市公司和全国上市公司中存在两名及以上女性董事公司占比变化趋势

资料来源：国泰安数据库和上市公司年报。

（2）河北上市公司各板块是否存在两名及以上女性董事情况

沪市 A 股河北上市公司中存在两名及以上女性董事公司占比总体呈上升趋势，2018～2019 年占比同为 31.82%。深市 A 股河北上市公司中存在两名及以上女性董事公司占比与其他板块相比始终处于较低的水平，2019 年略有上升，其他年份均稳定在 16.67% 的水平。中小企业板河北上市公司中存在两名及以上女性董事公司占比总体高于当年其他三个板块，尤其在 2020 年、2021 年，占比达到 75%，远超其他三个板块，其中 2018 年上升幅度最大，增长了 20 个百分点。除了 2019 年，2017～2021 年内其余年份创业板河北上市公司中存在两名以上女性董事公司占比均保持 50% 的稳定水平，2019 年由 50% 下降至 36.36%，下降了 13.64 个百分点，2020 年恢复到 50% 的水平（见图 6）。

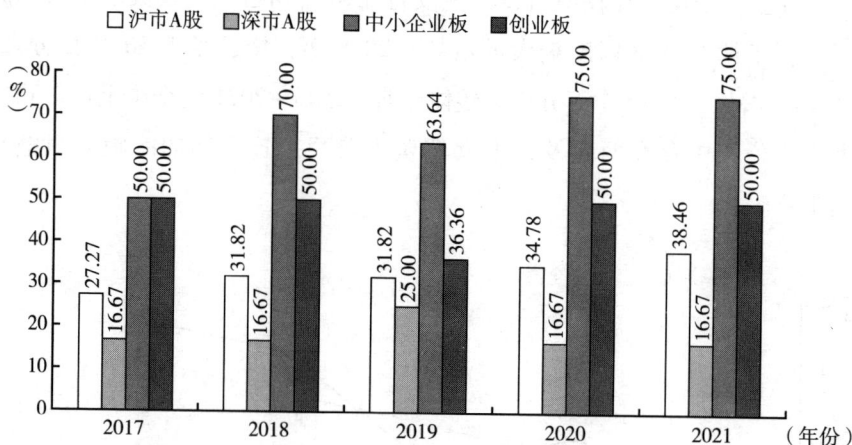

图6　2017~2021年河北上市公司中各板块存在两名及以上女性董事公司占比对比

资料来源：国泰安数据库和上市公司年报。

（3）河北上市公司是否存在两名及以上女性董事情况

表3对2017~2021年河北上市公司是否存在两名及以上女性董事的具体情况进行了列示。

表3　2017~2021年河北上市公司是否存在两名及以上女性董事

所属板块	股票代码	股票简称	2017年	2018年	2019年	2020年	2021年
沪市A股	600135	乐凯胶片	0	0	0	0	0
	600149	廊坊发展	1	1	1	1	1
	600230	沧州大化	0	0	0	0	0
	600340	华夏幸福	0	0	0	0	0
	600409	三友化工	0	0	0	0	0
	600480	凌云股份	0	0	0	0	0
	600482	中国动力	0	0	0	0	0
	600550	保变电气	0	0	0	0	1
	600559	老白干酒	0	0	0	0	0
	600722	金牛化工	1	1	1	1	1

所属板块	股票代码	股票简称	2017 年	2018 年	2019 年	2020 年	2021 年
沪市 A 股	600803	新奥股份	0	0	0	0	0
	600812	华北制药	1	1	1	1	1
	600906	财达证券	—	—	—	—	0
	600956	新天绿能	—	—	—	0	0
	600965	福成股份	0	0	0	0	0
	600997	开滦股份	0	0	0	0	0
	601000	唐山港	1	1	1	1	1
	601258	庞大集团	0	0	0	1	1
	601326	秦港股份	0	1	1	1	1
	601633	长城汽车	1	1	1	1	1
	603050	科林电气	0	0	0	0	0
	603156	养元饮品	1	1	1	1	1
	603176	汇通集团	—	—	—	—	0
	603385	惠达卫浴	0	0	0	0	0
	603938	三孚股份	0	0	0	0	0
	605196	华通线缆	—	—	—	—	1
深市 A 股	000158	常山北明	0	0	0	0	1
	000401	冀东水泥	1	1	1	1	1
	000413	东旭光电	0	0	1	0	0
	000600	建投能源	0	0	0	0	0
	000709	河钢股份	0	0	0	0	0
	000778	新兴铸管	0	0	0	0	0
	000848	承德露露	0	0	0	0	0
	000856	冀东装备	0	0	0	0	0
	000889	中嘉博创	1	1	1	1	0
	000923	河钢资源	0	0	0	0	0
	000937	冀中能源	0	0	0	0	0
	000958	东方能源	0	0	0	0	0
中小企业板	002049	紫光国微	0	0	0	0	0
	002108	沧州明珠	0	0	0	0	0
	002146	荣盛发展	1	1	1	1	1
	002282	博深股份	0	1	1	1	1
	002342	巨力索具	0	1	1	1	1
	002442	龙星化工	1	1	1	1	1

续表

所属板块	股票代码	股票简称	2017 年	2018 年	2019 年	2020 年	2021 年
中小企业板	002459	晶澳科技	1	1	1	1	1
	002494	华斯股份	1	1	1	1	1
	002603	以岭药业	0	0	0	1	1
	002691	冀凯股份	1	1	1	1	1
	002960	青鸟消防	—	—	0	0	0
	003031	中瓷电子	—	—	—	1	1
创业板	300107	建新股份	1	1	1	1	1
	300137	先河环保	0	0	0	0	0
	300138	晨光生物	1	1	1	1	1
	300152	科融环境	0	0	0	0	0
	300255	常山药业	0	0	0	0	1
	300368	汇金股份	1	0	0	0	0
	300371	汇中股份	0	1	1	1	1
	300428	立中集团	0	0	0	0	0
	300446	乐凯新材	1	1	1	1	1
	300491	通合科技	1	1	0	0	0
	300765	新诺威	—	—	0	0	0
	300847	中船汉光	—	—	—	1	1
	300869	康泰医学	—	—	—	1	1
	300922	天秦装备	—	—	—	1	1
	300981	中红医疗	—	—	—	—	0
	300990	同飞股份	—	—	—	—	1

注：1=存在，0=不存在。
资料来源：国泰安数据库和上市公司年报。

（二）女性监事

我国《公司法》规定，监事会由股东大会和公司职工选举。监事会也称公司监察委员会，主要是对公司的业务活动进行监督和检查的法定机构，与董事会并列设置，对董事和行政管理系统行使监督权。监事会由于拥有公司重大决策事项的知情权、调查权、提案权、报告权、提名和提议罢免权等，在上市公司经营中发挥着巨大的作用。监事会的性别多元化有助于保持监事会平衡并加强其独立性。基于此，本报告主要对女性监事数及女性监事占比两个指标进行分析。

1.女性监事数

（1）河北上市公司和全国上市公司女性监事数

2017～2021年全国上市公司女性监事数平均值呈缓慢上涨趋势，河北上市公司女性监事数平均值在2018年及2019年下降至最低，在2020年略微上升后在2021年再次下降。2018年河北上市公司女性监事数平均值变动幅度最大，下降幅度为8.4%。整体而言，2017～2021年全国上市公司女性监事数平均值均高于河北上市公司女性监事数平均值，且均未超过两人。其中2021年二者差距最大，为0.29人（见图7）。

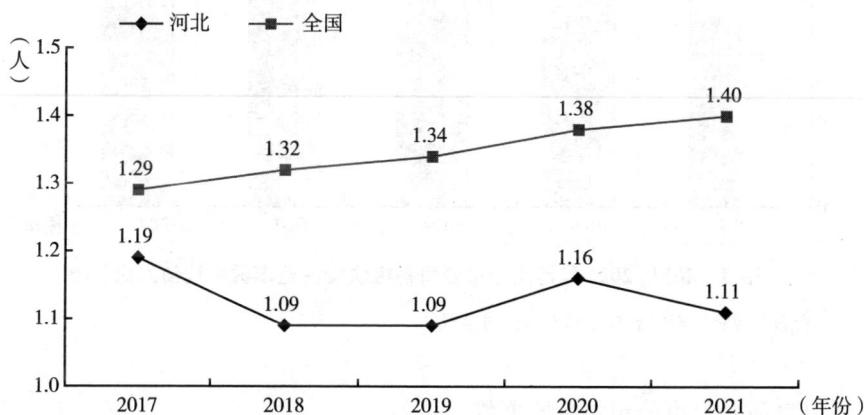

图7 2017～2021年河北上市公司和全国上市公司女性监事数平均值变化趋势

资料来源：国泰安数据库和上市公司年报。

（2）河北上市公司各板块女性监事数

2017～2021年沪市A股河北上市公司女性监事数平均值处在一个较高的水平，但呈逐年递减趋势，2019年下降幅度最明显，为12.41%。深市A股河北上市公司女性监事数平均值在2019年上升幅度较大，在2021年达到5年内最高值，为1.08人。中小企业板女性监事数平均值在2017～2018年维持在0.90人的水平上，2019～2020年逐年上涨，2020年上涨幅度最大，为37.61%，并在2020年达到当年四个板块中的最高值1.5人，2021年出现下降。除2017年外，2018～2021年创业板河北上市公司女性监事数平均值始终处在较低的水平，2017年与2020年女性监事数平均值大于或等于1人，其余3年均不足1人。整体而言，2017～2021年河北上市公司沪市A股、深市A股、中小企业板以及创业板女性监事数平均值均未超过2人，在0.8～1.5人区间浮动（见图8）。

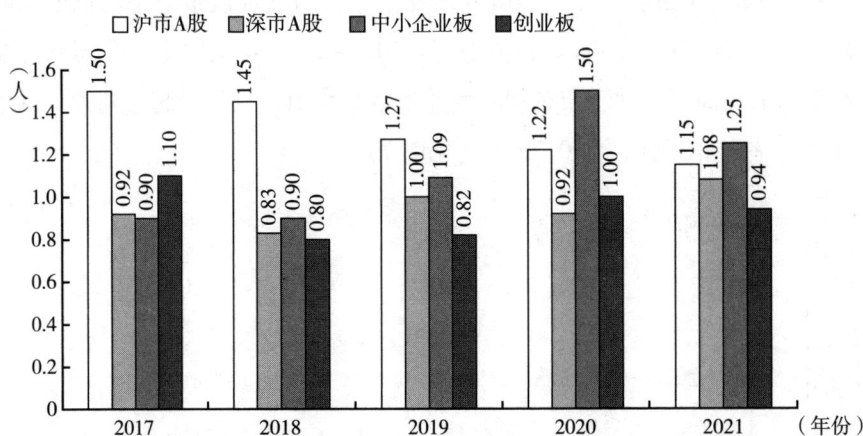

图8 2017～2021年河北上市公司各板块女性监事数平均值对比

资料来源：国泰安数据库和上市公司年报。

（3）河北上市公司女性监事数

表4对2017～2021年河北上市公司女性监事数平均值的具体情况进行了列示。

表4 2017～2021年河北上市公司女性监事数平均值

单位：人

所属板块	股票代码	股票简称	2017年	2018年	2019年	2020年	2021年
沪市A股	600135	乐凯胶片	1	2	1	1	1
	600149	廊坊发展	3	2	2	2	3
	600230	沧州大化	0	0	0	0	0
	600340	华夏幸福	3	2	2	2	2

续表

所属板块	股票代码	股票简称	2017 年	2018 年	2019 年	2020 年	2021 年
沪市 A 股	600409	三友化工	1	1	1	1	1
	600480	凌云股份	2	1	1	1	1
	600482	中国动力	1	1	1	1	0
	600550	保变电气	2	1	1	1	1
	600559	老白干酒	1	1	1	1	1
	600722	金牛化工	2	1	0	1	1
	600803	新奥股份	2	2	2	2	2
	600812	华北制药	2	2	1	0	0
	600906	财达证券	—	—	—	—	1
	600956	新天绿能	—	—	—	1	1
	600965	福成股份	1	1	1	1	0
	600997	开滦股份	1	1	1	1	1
	601000	唐山港	3	4	3	3	4
	601258	庞大集团	2	3	2	3	1
	601326	秦港股份	1	2	2	2	2
	601633	长城汽车	2	2	3	2	3
	603050	科林电气	2	2	2	2	1
	603156	养元饮品	1	1	1	0	0
	603176	汇通集团	—	—	—	—	2
	603385	惠达卫浴	0	0	0	0	0
	603938	三孚股份	0	0	0	0	0
	605196	华通线缆	—	—	—	—	1
深市 A 股	000158	常山北明	0	0	0	0	0
	000401	冀东水泥	0	0	0	0	1
	000413	东旭光电	2	2	2	2	1
	000600	建投能源	1	1	1	1	1
	000709	河钢股份	0	0	0	0	1
	000778	新兴铸管	3	2	3	3	3
	000848	承德露露	0	0	0	0	0
	000856	冀东装备	0	0	0	0	0
	000889	中嘉博创	4	4	5	4	5
	000923	河钢资源	0	0	0	0	0
	000937	冀中能源	1	1	1	1	1
	000958	东方能源	0	0	0	0	0

续表

所属板块	股票代码	股票简称	2017 年	2018 年	2019 年	2020 年	2021 年
中小企业板	002049	紫光国微	0	0	0	0	0
	002108	沧州明珠	1	0	2	2	2
	002146	荣盛发展	1	1	1	1	1
	002282	博深股份	1	0	0	0	0
	002342	巨力索具	1	1	1	1	1
	002442	龙星化工	1	2	1	2	1
	002459	晶澳科技	1	2	3	2	2
	002494	华斯股份	2	2	2	3	1
	002603	以岭药业	1	1	1	1	1
	002691	冀凯股份	0	0	0	2	2
	002960	青鸟消防	—	—	1	1	1
	003031	中瓷电子	—	—	—	3	3
创业板	300107	建新股份	1	1	1	1	1
	300137	先河环保	2	1	1	1	1
	300138	晨光生物	0	0	0	0	0
	300152	科融环境	0	0	0	0	0
	300255	常山药业	2	1	1	1	1
	300368	汇金股份	1	1	1	0	0
	300371	汇中股份	2	2	2	2	2
	300428	立中集团	3	2	2	2	2
	300446	乐凯新材	0	0	0	0	0
	300491	通合科技	0	0	0	0	0
	300765	新诺威	—	—	1	2	1
	300847	中船汉光	—	—	—	0	0
	300869	康泰医学	—	—	—	2	2
	300922	天秦装备	—	—	—	3	2
	300981	中红医疗	—	—	—	—	2
	300990	同飞股份	—	—	—	—	1

资料来源：国泰安数据库和上市公司年报。

2. 女性监事占比

（1）河北上市公司和全国上市公司女性监事占比情况

2017~2021 年全国上市公司女性监事占比平均值逐年缓慢上涨，河北上市公司女性监事占比平均值呈现波动趋势，河北上市公司女性监事占比平均值始终小于当年全国上市公司女性监事占比平均值，二者比例平均值均未超过50%。2020年河北上市公司女性监事占比平均值变动幅度最大，由2019年的30.17%增加至33.21%，增加了3.04个百分点（见图9）。

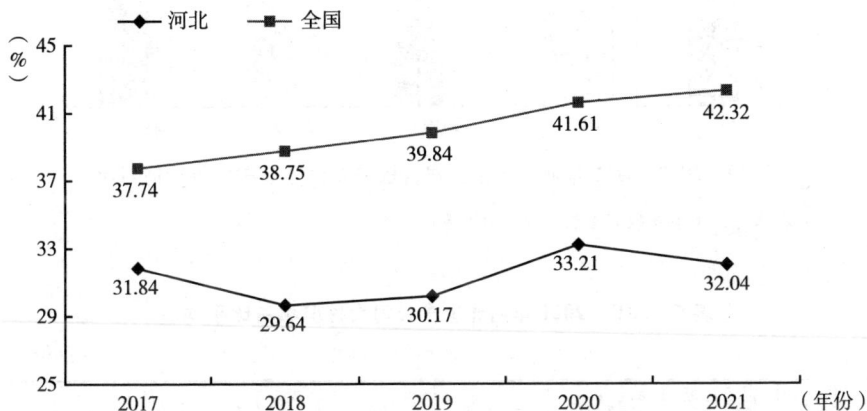

图9　2017~2021年河北上市公司和全国上市公司女性监事占比平均值变化趋势

资料来源：国泰安数据库和上市公司年报。

（2）河北上市公司各板块女性监事占比

沪市A股河北上市公司女性监事占比平均值在2017~2019年逐年下降，2020年上升后于2021年再次下降，2019年变动幅度最大，下降了5.36个百分点。2017~2021年深市A股河北上市公司女性监事占比平均值与其他三个板块相比始终处在较低水平，2021年增加较为明显，上涨了7.64个百分点。中小企业板河北上市公司女性监事占比平均值在2020年达到5年内的最高值，远超其他板块，达到47.78%，其中2019年变动幅度最大，上涨了10.91个百分点（见图10）。

（3）河北上市公司女性监事占比

表5对2017~2021年河北上市公司女性监事占比平均值的具体情况进行了列示。

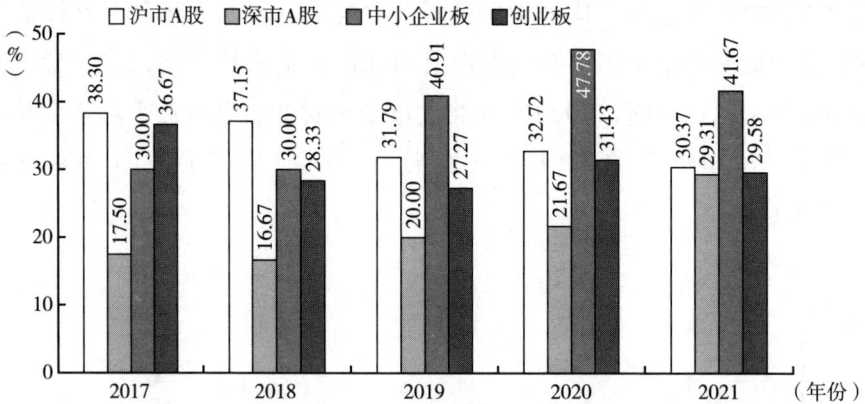

图 10 2017～2021 年河北上市公司各板块女性监事占比平均值对比

资料来源：国泰安数据库和上市公司年报。

表 5 2017～2021 年河北上市公司女性监事占比平均值

单位：%

所属板块	股票代码	股票简称	2017 年	2018 年	2019 年	2020 年	2021 年
沪市 A 股	600135	乐凯胶片	33.33	66.67	33.33	33.33	33.33
	600149	廊坊发展	100.00	66.67	66.67	66.67	100.00
	600230	沧州大化	0.00	0.00	0.00	0.00	0.00
	600340	华夏幸福	100.00	66.67	66.67	66.67	66.67
	600409	三友化工	14.29	14.29	14.29	14.29	16.67
	600480	凌云股份	40.00	20.00	20.00	25.00	20.00
	600482	中国动力	20.00	20.00	20.00	20.00	20.00
	600550	保变电气	50.00	20.00	25.00	25.00	20.00
	600559	老白干酒	20.00	20.00	20.00	20.00	20.00
	600722	金牛化工	40.00	33.33	0.00	33.33	33.33
	600803	新奥股份	66.67	66.67	66.67	66.67	66.67
	600812	华北制药	40.00	40.00	20.00	0.00	0.00
	600906	财达证券	—	—	—	—	20.00
	600956	新天绿能	—	—	—	33.33	33.33
	600965	福成股份	20.00	20.00	20.00	25.00	0.00
	600997	开滦股份	20.00	20.00	20.00	20.00	16.67
	601000	唐山港	25.00	36.36	25.00	30.00	36.36
	601258	庞大集团	66.67	100.00	66.67	100.00	33.33

续表

所属板块	股票代码	股票简称	2017 年	2018 年	2019 年	2020 年	2021 年
沪市 A 股	601326	秦港股份	20.00	40.00	40.00	40.00	40.00
	601633	长城汽车	66.67	66.67	75.00	66.67	100.00
	603050	科林电气	66.67	66.67	66.67	66.67	33.33
	603156	养元饮品	33.33	33.33	33.33	0.00	0.00
	603176	汇通集团	—	—	—	—	66.67
	603385	惠达卫浴	0.00	0.00	0.00	0.00	0.00
	603938	三孚股份	0.00	0.00	0.00	0.00	0.00
	605196	华通线缆	—	—	—	—	33.33
深市 A 股	000158	常山北明	0.00	0.00	0.00	0.00	0.00
	000401	冀东水泥	0.00	0.00	0.00	0.00	33.33
	000413	东旭光电	40.00	40.00	40.00	40.00	20.00
	000600	建投能源	20.00	20.00	20.00	20.00	20.00
	000709	河钢股份	0.00	0.00	0.00	0.00	33.33
	000778	新兴铸管	50.00	40.00	60.00	100.00	100.00
	000848	承德露露	0.00	0.00	0.00	0.00	0.00
	000856	冀东装备	0.00	0.00	0.00	0.00	0.00
	000889	中嘉博创	80.00	80.00	100.00	80.00	125.00
	000923	河钢资源	0.00	0.00	0.00	0.00	0.00
	000937	冀中能源	20.00	20.00	20.00	20.00	20.00
	000958	东方能源	0.00	0.00	0.00	0.00	0.00
中小企业板	002049	紫光国微	0.00	0.00	0.00	0.00	0.00
	002108	沧州明珠	33.33	0.00	100.00	66.67	66.67
	002146	荣盛发展	33.33	33.33	33.33	33.33	33.33
	002282	博深股份	33.33	0.00	0.00	0.00	0.00
	002342	巨力索具	33.33	33.33	50.00	33.33	33.33
	002442	龙星化工	33.33	66.67	33.33	40.00	33.33
	002459	晶澳科技	33.33	66.67	100.00	66.67	66.67
	002494	华斯股份	66.67	66.67	66.67	100.00	33.33
	002603	以岭药业	33.33	33.33	33.33	33.33	33.33
	002691	冀凯股份	0.00	0.00	0.00	66.67	66.67
	002960	青鸟消防	—	—	33.33	33.33	33.33
	003031	中瓷电子	—	—	—	100.00	100.00
创业板	300107	建新股份	33.33	33.33	33.33	33.33	33.33
	300137	先河环保	66.67	33.33	33.33	33.33	33.33
	300138	晨光生物	0.00	0.00	0.00	0.00	0.00
	300152	科融环境	0.00	0.00	0.00	0.00	0.00
	300255	常山药业	66.67	50.00	33.33	33.33	33.33

续表

所属板块	股票代码	股票简称	2017 年	2018 年	2019 年	2020 年	2021 年
创业板	300368	汇金股份	33.33	33.33	33.33	0.00	0.00
	300371	汇中股份	66.67	66.67	66.67	66.67	66.67
	300428	立中集团	100.00	66.67	66.67	66.67	66.67
	300446	乐凯新材	0.00	0.00	0.00	0.00	0.00
	300491	通合科技	0.00	0.00	0.00	0.00	0.00
	300765	新诺威	—	—	33.33	66.67	33.33
	300847	中船汉光	—	—	—	0.00	0.00
	300869	康泰医学	—	—	—	40.00	40.00
	300922	天秦装备	—	—	—	100.00	66.67
	300981	中红医疗	—	—	—	—	66.67
	300990	同飞股份	—	—	—	—	33.33

资料来源：国泰安数据库和上市公司年报。

（三）女性 CEO

CEO 是企业中负责日常经营管理的最高级管理人员，主要负责公司战略制定和执行，对企业发展影响深远。女性 CEO 往往由于谨慎、责任感强、有较高的道德敏感性、较强的风险规避意识、富有同理心等性格特质，产生不同的领导作风及战略决策，对企业行为、企业绩效及企业社会履责有不同的影响。基于此，本报告主要对女性 CEO 占比及 CEO 性别两个指标进行分析。

1. 女性 CEO 占比

（1）河北上市公司和全国上市公司女性 CEO 占比

2017～2021 年，河北上市公司女性 CEO 占比在 2020 年出现了小幅度上升，2017～2019 年稳定在 7.55%，2020 年上升至 8.77%，2021 年又下降至 7.94%。全国上市公司女性 CEO 占比呈现稳步上升趋势，峰值为 8.65%。总体来看，除 2021 年外，全国上市公司女性 CEO 占比均低于河北上市公司女性 CEO 占比。其中，2020 年差距最小，为 0.42 个百分点；2017 年差距最大，为 1.54 个百分点（见图 11）。

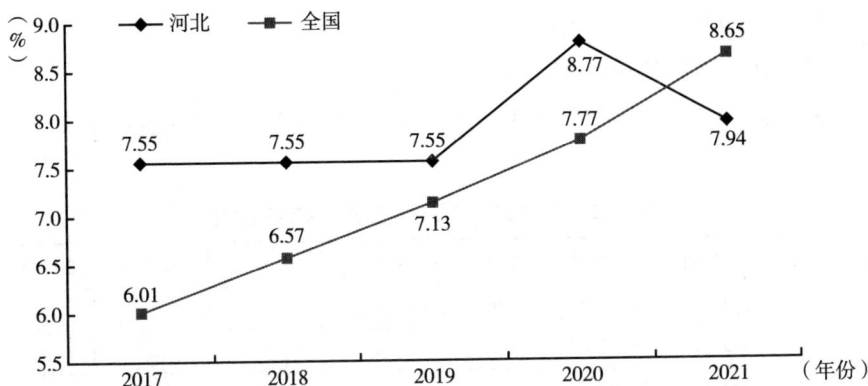

图 11　2017~2021 年河北上市公司和全国上市公司女性 CEO 占比变化趋势

资料来源：国泰安数据库和上市公司年报。

（2）河北上市公司各板块女性 CEO 占比

2017~2021 年，河北上市公司各板块女性 CEO 占比有较大的差异。其中，深市 A 股 5 年均没有女性 CEO 任职，创业板在 2017~2019 年没有女性 CEO 任职，但在 2020~2021 年出现了任职。沪市 A 股和中小企业板 5 年均有女性 CEO 任职，且任职人数稳定。其中，沪市 A 股女性 CEO 占比较高为 14.29%，最低为 12.00%；中小企业板女性 CEO 占比最高为 10.00%，最低为 8.33%（见图 12）。

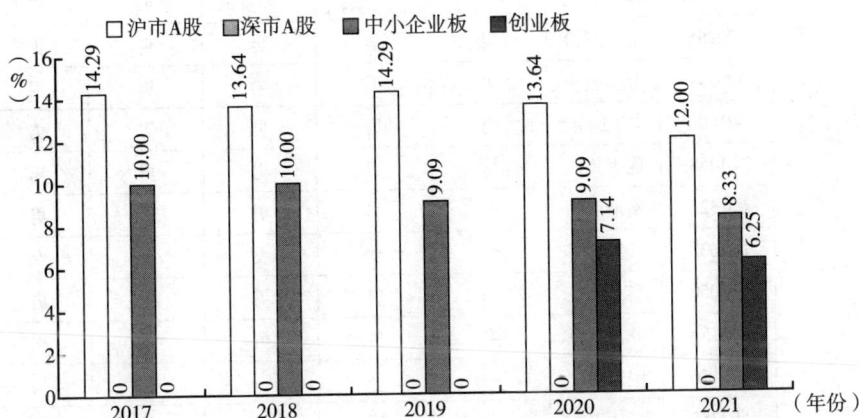

图 12　2017~2021 年河北上市公司各板块女性 CEO 占比对比

资料来源：国泰安数据库和上市公司年报。

2. CEO 性别

（1）河北上市公司 CEO 性别

表 6 对 2017~2021 年河北上市公司 CEO 性别的具体情况进行了列示。

表 6 2017~2021 年河北上市公司 CEO 性别

所属板块	股票代码	公司简称	2017 年	2018 年	2019 年	2020 年	2021 年
沪市 A 股	600135	乐凯胶片	男	男	男	男	男
	600149	廊坊发展	女	女	女	女	女
	600230	沧州大化	男	男	男	男	男
	600340	华夏幸福	男	男	男	男	男
	600409	三友化工	男	男	男	男	男
	600480	凌云股份	男	男	男	男	男
	600482	中国动力	男	男	—	—	—
	600550	保变电气	女	女	女	女	女
	600559	老白干酒	男	男	男	男	男
	600722	金牛化工	男	男	男	男	男
	600803	新奥股份	男	男	男	男	男
	600812	华北制药	男	男	男	男	男
	600906	财达证券	—	—	—	—	男
	600956	新天绿能	—	—	—	男	男
	600965	福成股份	男	男	男	男	男
	600997	开滦股份	男	男	男	男	男
	601000	唐山港	男	男	男	男	男
	601258	庞大集团	男	男	男	男	男
	601326	秦港股份	男	男	男	男	男
	601633	长城汽车	女	女	女	女	女
	603050	科林电气	—	男	男	男	男
	603156	养元饮品	男	男	男	男	男
	603176	汇通集团					男
	603385	惠达卫浴	男	男	男	男	男
	603938	三孚股份	男	男	男	男	男
	605196	华通线缆	—	—	—	—	男

所属板块	股票代码	公司简称	2017 年	2018 年	2019 年	2020 年	2021 年
深市 A 股	000158	常山北明	男	男	男	男	男
	000401	冀东水泥	男	男	男	男	男
	000413	东旭光电	男	男	男	男	男
	000600	建投能源	男	男	男	男	男
	000709	河钢股份	男	男	男	男	男
	000778	新兴铸管	男	男	男	男	男
	000848	承德露露	男	男	男	男	男
	000856	冀东装备	男	男	男	—	—
	000889	中嘉博创	男	男	男	—	—
	000923	河钢资源	男	男	—	男	男
	000937	冀中能源	男	男	男	男	男
	000958	东方能源	男	—	—	男	男
中小企业板	002049	紫光国微	男	男	男	男	男
	002108	沧州明珠	男	男	男	男	男
	002146	荣盛发展	男	男	男	男	男
	002282	博深股份	男	男	男	男	男
	002342	巨力索具	女	女	女	女	女
	002442	龙星化工	男	男	男	男	男
	002459	晶澳科技	男	男	男	男	男
	002494	华斯股份	男	男	男	男	男
	002603	以岭药业	男	男	男	男	男
	002691	冀凯股份	男	男	男	男	男
	002960	青鸟消防	—	—	男	男	男
	003031	中瓷电子	—	—	—	—	男
创业板	300107	建新股份	男	男	男	男	男
	300137	先河环保	男	男	男	男	男
	300138	晨光生物	男	男	男	男	男
	300152	科融环境	男	男	男	女	女
	300255	常山药业	男	男	男	男	男
	300368	汇金股份	男	男	男	男	男
	300371	汇中股份	男	男	男	男	男
	300428	立中集团	男	男	男	男	男
	300446	乐凯新材	男	男	男	男	男
	300491	通合科技	男	男	男	男	男

续表

所属板块	股票代码	公司简称	2017 年	2018 年	2019 年	2020 年	2021 年
	300765	新诺威	—	—	男	男	男
	300847	中船汉光	—	—	—	男	男
创业板	300869	康泰医学	—	—	—	男	男
	300922	天秦装备	—	—	—	男	男
	300981	中红医疗	—	—	—	—	男
	300990	同飞股份	—	—	—	—	男

资料来源：国泰安数据库和上市公司年报。

（四）女性董秘

根据《公司法》规定，董事会秘书（董秘）是上市公司的一个高管职位，主要负责公司信息披露和投资者关系管理。2009 年创业板开通后，女性董秘占比大幅增加。女性董秘能够更好地与投资者沟通，更有效地传递信息，对公司信息披露有积极的影响。基于此，本报告主要对女性董秘占比、董秘性别和女性董秘持股比例三个指标进行分析。

1. 女性董秘占比

（1）河北上市公司和全国上市公司女性董秘占比情况

2017~2021 年，河北上市公司女性董秘占比呈先下降后上升的趋势，全国上市公司女性董秘占比呈稳步增加的势态。值得注意的是，2017 年，河北上市公司女性董秘占比高于全国上市公司女性董秘占比，但在 2018 年出现大幅度下滑，在 2020~2021 年又呈现较大幅度增加。总而言之，2018~2019 年全国上市公司女性董秘占比显著高于河北上市公司女性董秘占比，2020~2021 年二者较为接近，为 30% 左右（见图 13）。

（2）河北上市公司各板块女性董秘占比

2017~2021 年，各板块女性董秘占比总体出现了不同的变化。沪市 A 股的女性董秘占比以 2018 年为分界点呈现先减少后增加的趋势，最高点

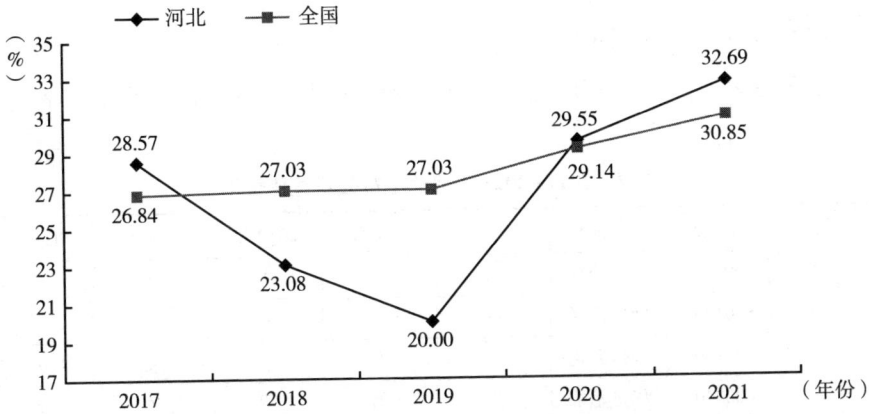

图13　2017~2021年河北上市公司和全国上市公司女性董秘占比变化趋势

资料来源：国泰安数据库和上市公司年报。

出现在2021年，为22.22%。深市A股2017年与2018年占比未变，2019年减少至12.50%，2020~2021年呈现增加趋势，最终稳定在30%。中小企业板和创业板女性董秘占比与其他两个板块相比较高，也出现了一定程度的波动，但最终稳定在40%~45%（见图14）。

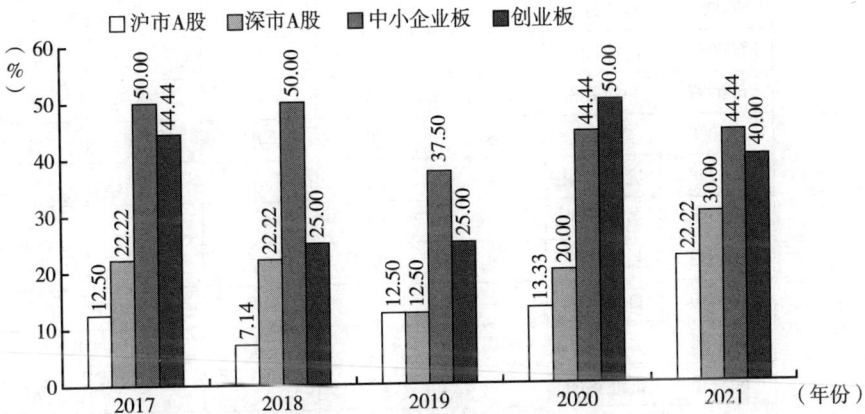

图14　2017~2021年河北上市公司各板块女性董秘占比对比

资料来源：国泰安数据库和上市公司年报。

2. 董秘性别

（1）河北上市公司董秘性别

表7对2017~2021年河北上市公司董秘性别的具体情况进行了列示。

表7　2017~2021年河北上市公司董秘性别

所属板块	股票代码	公司简称	2017年	2018年	2019年	2020年	2021年
沪市A股	600135	乐凯胶片	男	男	男	男	男
	600149	廊坊发展	—	—	—	—	—
	600230	沧州大化	—	女	女	女	女
	600340	华夏幸福	男	男	男	男	女
	600409	三友化工	男	男	男	男	男
	600480	凌云股份	男				
	600482	中国动力	男	—	—	—	—
	600550	保变电气	—	男	男	男	男
	600559	老白干酒	男	男	男	男	男
	600722	金牛化工			男		
	600803	新奥股份	女	—	女	女	女
	600812	华北制药	男	男	男	男	男
	600906	财达证券	—	—	—	—	男
	600956	新天绿能					
	600965	福成股份	男	男	男	男	男
	600997	开滦股份	男	男	男	男	男
	601000	唐山港	男	男	男	男	男
	601258	庞大集团	男	男	男	男	男
	601326	秦港股份	—	—	—	—	—
	601633	长城汽车	男	男	男	男	男
	603050	科林电气	—	—	—	—	—
	603156	养元饮品	男	男	男	男	男
	603176	汇通集团	—	—	—	—	男
	603385	惠达卫浴	女				
	603938	三孚股份	男	男	男	男	女
	605196	华通线缆	—	—	—	—	男

所属板块	股票代码	公司简称	2017 年	2018 年	2019 年	2020 年	2021 年
深市 A 股	000158	常山北明	男	男	男	男	女
	000401	冀东水泥	男	男	—	男	男
	000413	东旭光电	女	女	女	男	男
	000600	建投能源	男	—	—	—	—
	000709	河钢股份	男	男	男	男	男
	000778	新兴铸管	—	—	—	女	女
	000848	承德露露	男	男	男	女	女
	000856	冀东装备	男	男	男	男	男
	000889	中嘉博创	—	男	男	男	男
	000923	河钢资源	女	女	男	男	男
	000937	冀中能源	—	—	—	—	—
	000958	东方能源	男	男	男	男	男
中小企业板	002049	紫光国微	—	—	—	—	—
	002108	沧州明珠	男	男			—
	002146	荣盛发展	男	男	男	男	—
	002282	博深股份	—	—	男	男	男
	002342	巨力索具	男	男	男	男	男
	002442	龙星化工	女	女	男	男	男
	002459	晶澳科技	男	男	男	—	—
	002494	华斯股份	女	女	女	女	女
	002603	以岭药业	女	女	女	女	女
	002691	冀凯股份	女	女	女	女	女
	002960	青鸟消防	—	—	—	男	男
	003031	中瓷电子	—	—	—	女	女
创业板	300107	建新股份	男	男	男	女	女
	300137	先河环保	男	男	男	男	男
	300138	晨光生物	女	女	女	女	女
	300152	科融环境	女	男	—	—	—
	300255	常山药业					男
	300368	汇金股份	女	女	男	女	女
	300371	汇中股份	男	男	男	男	男
	300428	立中集团	男	男	男	男	男
	300446	乐凯新材	女		—	—	男
	300491	通合科技	男	男	男	男	男

所属板块	股票代码	公司简称	2017年	2018年	2019年	2020年	2021年
创业板	300765	新诺威	—	—	女	女	女
	300847	中船汉光	—	—	—	男	女
	300869	康泰医学	—	—	—	女	女
	300922	天秦装备	—	—	—	—	男
	300981	中红医疗	—	—	—	—	男
	300990	同飞股份	—	—	—	—	男

资料来源：国泰安数据库和上市公司年报。

3. 女性董秘持股比例

（1）河北上市公司和全国上市公司女性董秘持股比例

2017~2021年，全国上市公司女性董秘持股比例呈现先下降后上升的趋势，在2019年出现最低点，为0.1772%，到2021年达到峰值，为0.3032%；河北上市公司女性董秘持股比例呈现下降趋势，最低降到0.1651%。二者在2020年差距最小，为0.0009个百分点，在2021年差距最大，为0.1381个百分点（见图15）。

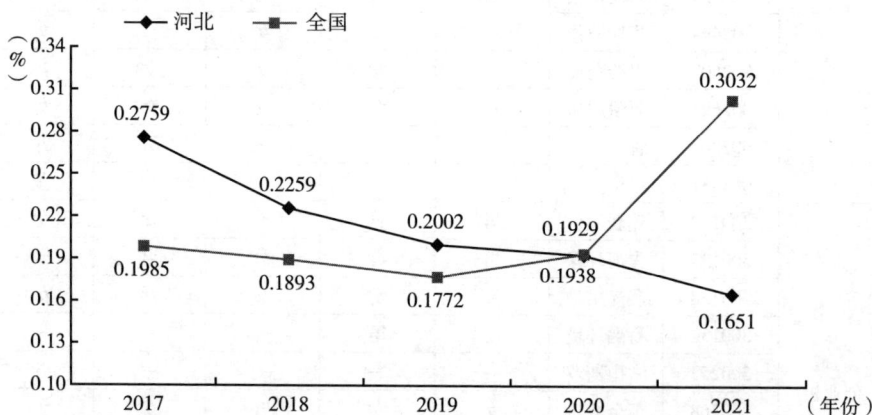

图15 2017~2021年河北上市公司和全国上市公司女性董秘持股比例变化趋势

资料来源：国泰安数据库和上市公司年报。

（2）河北上市公司各板块女性董秘持股比例

2017~2021 年，在河北上市公司各板块中，女性董秘持股最高的为创业板，其次为中小企业板，深市 A 股最少。除深市 A 股中女性董秘持股总体呈现增加趋势外，其余三个板块均总体呈现下降趋势，下降最多的为创业板，下降了 0.3943 个百分点，下降最少的为中小企业板，下降了 0.0420 个百分点。但创业板即使呈下降趋势，在各板块中仍处于领先地位（见图 16）。

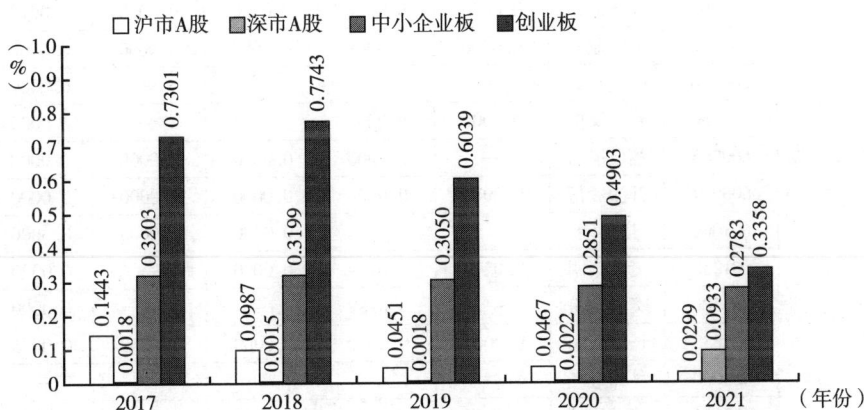

图 16　2017~2021 年河北上市公司各板块女性董秘持股比例对比

资料来源：国泰安数据库和上市公司年报。

（3）河北上市公司女性董秘持股比例

表 8 对 2017~2021 年河北上市公司女性董秘持股比例的具体情况进行了列示。

表 8　2017~2021 年河北上市公司女性董秘持股比例

单位：%

所属板块	股票代码	公司简称	2017 年	2018 年	2019 年	2020 年	2021 年
沪市 A 股	600135	乐凯胶片	0.0000	0.0000	0.0000	0.0000	0.0000
	600149	廊坊发展	—	—	—	—	—
	600230	沧州大化	—	0.0000	0.0000	0.0000	0.0093

续表

所属板块	股票代码	公司简称	2017 年	2018 年	2019 年	2020 年	2021 年
沪市A股	600340	华夏幸福	0.0000	0.0226	0.0225	0.0225	0.0225
	600409	三友化工	0.0000	0.0000	0.0000	0.0000	0.0000
	600480	凌云股份	0.0253	0.0000	—	—	—
	600482	中国动力	0.0000	0.0000	—	—	—
	600550	保变电气	—	—	0.0000	0.0000	0.0000
	600559	老白干酒	0.0000	0.0000	0.0000	0.0000	0.0000
	600722	金牛化工	0.0002	0.0000	0.0000	0.0000	0.0000
	600803	新奥股份	0.0000	0.0000	0.0000	0.0000	0.0070
	600812	华北制药	0.0000	0.0000	0.0000	0.0000	0.0000
	600906	财达证券	—	—	—	—	0.0000
	600956	新天绿能	0.0000	0.0000	—	—	0.0000
	600965	福成股份	—	0.0000	0.0000	0.0000	0.0000
	600997	开滦股份	0.0000	0.0000	0.0000	0.0000	0.0000
	601000	唐山港	—	—	0.0000	0.0000	0.0000
	601258	庞大集团	0.0270	0.0189	0.0000	—	0.0000
	601326	秦港股份	—	0.0189	—	—	0.0000
	601633	长城汽车	0.0000	0.0000	0.0000	0.0000	0.0035
	603050	科林电气	—	—	—	—	—
	603156	养元饮品	1.9006	0.6144	0.6144	0.6144	0.6144
	603176	汇通集团	—	0.6144	—	—	0.0000
	603385	惠达卫浴	0.2112	0.6144	—	—	0.0000
	603938	三孚股份	—	0.0849	0.0849	0.0637	0.0000
	605196	华通线缆	—	0.0849	—	—	0.0000
深市A股	000158	常山北明	0.0020	0.0020	0.0020	0.0020	0.0000
	000401	冀东水泥	0.0000	0.0000	—	0.0000	0.0000
	000413	东旭光电	0.0017	0.0017	0.0000	0.0000	0.0000
	000600	建投能源	0.0000	—	—	—	0.9284
	000709	河钢股份	0.0000	0.0000	0.0000	0.0000	0.0038
	000778	新兴铸管	—	0.0109	—	0.0091	0.0000
	000848	承德露露	0.0109	0.0109	0.0109	0.0109	0.0000
	000856	冀东装备	0.0000	0.0000	0.0000	0.0000	0.0000
	000889	中嘉博创	—	0.0000	0.0000	0.0000	0.0000
	000923	河钢资源	0.0000	0.0000	0.0000	0.0000	—
	000937	冀中能源	—	0.0000	—	—	0.0004
	000958	东方能源	0.0018	0.0018	0.0018	0.0004	—

续表

所属板块	股票代码	公司简称	2017 年	2018 年	2019 年	2020 年	2021 年
中小企业板	002049	紫光国微	—	—	—	—	—
	002108	沧州明珠	0.0000	0.0000	—	—	0.0543
	002146	荣盛发展	0.0543	0.0543	0.0543	0.0543	0.0000
	002282	博深股份	—	—	0.0000	0.0000	0.0000
	002342	巨力索具	0.0000	0.0000	0.0000	0.0000	0.0407
	002442	龙星化工	0.0000	0.0000	0.0000	0.0000	0.0000
	002459	晶澳科技	0.1741	0.1741	0.0504	0.0000	—
	002494	华斯股份	0.0000	0.0000	0.0000	—	2.3401
	002603	以岭药业	2.3182	2.3150	2.3200	2.3200	0.0156
	002691	冀凯股份	0.0156	0.0156	0.0156	0.0156	0.2006
	002960	青鸟消防	—	—	—	0.0000	0.1318
	003031	中瓷电子	—	—	—	0.1758	0.0000
创业板	300107	建新股份	0.0256	0.0192	0.0143	0.0079	0.0000
	300137	先河环保	0.0000	0.0000	0.0000	0.0000	1.6844
	300138	晨光生物	1.7469	1.7470	1.7532	1.7248	0.0000
	300152	科融环境	0.0000	0.0000	—	—	0.0000
	300255	常山药业	—	—	—	—	0.0000
	300368	汇金股份	0.1853	0.1308	0.0000	0.0000	0.0000
	300371	汇中股份	0.0000	0.0000	0.0000	0.0000	0.0000
	300428	立中集团	0.0000	0.0000	0.0000	0.0000	0.0000
	300446	乐凯新材	0.3336	—	—·-	—	2.7239
	300491	通合科技	4.2792	4.2975	3.0634	2.9390	0.0000
	300765	新诺威	—	—	—	0.0000	0.2777
	300847	中船汉光	—	—	—	0.0000	0.3516
	300869	康泰医学	—	—	—	0.3698	0.0000
	300922	天秦装备	—	—	—	0.3516	0.0000
	300981	中红医疗	—	—	—	—	0.0000
	300990	同飞股份	—	—	—	—	—

资料来源：国泰安数据库和上市公司年报。

三 河北上市公司"她"力量存在的问题

（一）公司治理中女性高管参与度较低

基于 2017~2021 年全国及河北上市公司女性董事、女性监事、女性 CEO 和女性董秘四个角色相关指标的分析可以发现，虽部分指标整体呈现上升趋势，但河北上市公司治理中女性高管的参与度处在较低水平。首先，与全国女性高管人数平均值以及占比平均值相比，河北上市公司女性监事数平均值以及占比平均值均低于全国平均水平，并且二者之间仍有较大差距。河北上市公司女性董事数平均值在 2017~2021 年波动幅度较大，虽在 2018~2021 年均超过了全国，但女性董事比例在 5 年内始终低于 20% 并低于全国平均水平，女性董事比例与男性相比仍存在较大的差距。其次，通过对 2017~2021 年河北上市公司各板块中女性 CEO 的分析发现，深市 A 股 5 年内均没有女性 CEO 任职，创业板在 2017~2019 年也没有女性 CEO 任职，同时 2017~2021 年河北上市公司各板块中仅深市 A 股超过 10%，其他板块均不足 10%。河北上市公司中女性在 CEO 职位的参与度较低。

（二）上市公司各板块间女性高管分布不平衡

河北上市公司各板块间女性高管的分布存在不平衡的现象。2017~2021 年河北上市公司深市 A 股与同年其他板块相比，女性董事数平均值和比例平均值始终处在较低的水平，2020~2021 年深市 A 股存在两名及以上女性董事公司占比平均值为 16.67%，而中小企业板占比高达 75%，两板块之间相差 58.33 个百分点；创业板在 2017~2019 年女性 CEO 任职数为 0，深市 A 股在 2017~2021 年内均没有女性 CEO 任职，而沪市 A 股及中小企业板 5 年内均存在女性 CEO 任职，并且其任职人数稳定不变；2017~2021 年河北上市公司中小企业板和创业板中女性董秘占比与沪市 A 股、深市 A 股也存在较大的差距，中小企业板和创业板中女性董秘占比远远高于沪市 A 股、深市 A 股女性董秘占比。河北上市公司中女性高管参与公司治理在不同板块间的分布存在不平衡的现象，并且女性董事、女性 CEO 以及女性董秘三个职位不平衡现象较为显著。

（三）上市公司中女性 CEO 任职比例较低

根据 2017~2021 年河北上市公司女性董事、女性监事、女性 CEO、女性董秘占比平均值，可以发现女性董事占比平均值在 13.91%~17.23% 区间波动，女性监事占比平均值在 29.64%~33.21% 区间波动，女性 CEO 占比平均值在 7.55%~8.77% 区间波动，女性董秘占比在 20.00%~32.69% 区间波动。河北上市公司女性 CEO 占比平均值不足 10%，高管中女性 CEO 参与公司治理的情况明显低于女性董事、女性监事以及女性董秘。从各上市公司 CEO 性别的具体列示表中也可以看出，在河北上市公司中女性担任 CEO 的情况仍较少。社会上对女性领导者的偏见以及一些传统观念可能是造成这一现象的原因。

四 对策建议

（一）重视女性高管的招聘及培养

现代社会中女性所拥有的特质及优势对企业的发展会起到一定的积极作用，虽然近年来女性高管参与公司治理的情况有了改善，但从整体来看河北上市公司与全国上市公司仍存在一定的差距。随着社会的发展进步，企业应当正确认识到女性在企业经营及管理活动中的重要作用，提高对女性高管的招聘及培养的重视程度，制定科学合理的高管选拔及培养机制，打破高管任命中的性别刻板印象，推动企业高管团队的性别多样化发展。同时企业应当注意公司治理中女性高管是否拥有适当的话语权，避免只是名义上任用女性高管的情况，营造良好的环境氛围，鼓励女性参与企业决策活动，使女性高管拥有发挥个人能力的空间。

（二）根据企业自身特点确定女性高管比例

从报告数据中可看出各板块间女性高管比例存在不平衡的现象。而这一现象出现的原因可能与企业自身特点有关。首先，女性高管比例与公司规模有关。大公司会面临更大的政府和社会舆论压力，可能会提升女性高管比例从而增加高管团队的性别多样化以满足社会期待，因而女性高管在大公司更容易得到晋升。其次，女性高管比例与产权性质有关。国有企业中女性高管的比例明显低于非国有企业。非国有企业有更强的自主性和独立性，可以更自由地制定人力资源政策并培养女性领导候选人，所以女性高管在非国有企业中有更大的晋升空间。最后，女性高管比例与成立年限有关。由于成立年限长的公司与外界联系较为紧密，更倾向于任用更多的女性高管以主动保持高管团队的性别多样性。并且成熟的企业更倾向于制定包含性别多样性在内的人力资源政策，避免高度同质性给企业带来的不确定性风险。所以，企业应该根据自身特点和外部环境，同时参考行业内部龙头企业的人力资源政策，确定符合自身特点、有利于企业发展的女性高管人数和比例。

（三）建立合适的女性高管晋升体系

河北上市公司应当建立合适的女性高管晋升体系，打破晋升过程中的性别壁垒。女性往往更加注重与员工的交流、鼓励员工参与决策等，其领导力是公司宝贵的人力资源。选聘企业领导者时不应以性别为标准，应当鼓励女性从企业的多个层次参与公司治理。企业中普遍存在的"玻璃天花板"现象不仅会对女性个人的职业发展产生不利影响，女性没有合理晋升的机制也会导致其话语权逐步降低，削弱性别多元化高管团队给企业带来的优势，从而对企业的发展造成消极影响。因此企业可以有意识地考虑发挥女性独特的领导魅力，建立合理的晋升和考核机制，促进公司更好地发展。

B.8
河北上市公司 ESG 研究报告（2022）

李桂荣*

摘　要： ESG 作为当前披露企业非财务信息的主要框架之一，体现了企业对于社会责任的承担水平和履行能力，是衡量上市公司可持续发展能力的重要标准。本报告从河北上市公司 ESG 现状出发，首先介绍了 ESG 相关的理论基础，再引入国内外组织部门发布的有关法律法规，从 E（环境）、S（社会）、G（公司治理）和 ESG 整体 4 个维度对河北上市公司的 ESG 情况进行研究，并基于此提出了促进河北上市公司 ESG 发展的若干政策建议，如尽快建立统一的 ESG 评级框架，加强第三方独立论证及评级市场建设，加强河北上市公司 ESG 理念系统建设等。本报告有助于了解河北上市公司 ESG 发展现状，为建立健全河北 ESG 体系、改善河北上市公司 ESG 状况提供有益参考。

关键词： 上市公司　ESG　河北

"双碳"背景下，环境、社会和公司治理（Environmental, Social and Governance, ESG）已成为国内各界人士所关注的热点问题之一。目前用于评判企业社会成本效益的非财务报告仍处于萌芽期，而 ESG 报告作为体现企业的社会责任及可持续发展能力、披露企业环境社会责任信息的非财务报告之一，为越来越多的国际大型投资者所认可。鉴于此，本报告以《中华

---

* 李桂荣，博士，河北经贸大学工商管理学院院长，教授，硕士研究生导师，河北省重点学科财务会计方向带头人，主要研究领域为会计政策与公司治理。

人民共和国公司法》相关规定为依据，结合 2017~2021 年上市公司年报和国泰安数据库中的数据，分析了河北上市公司 ESG 情况。主要从以下四个维度对河北上市公司 ESG 情况进行了分析：一是 E（环境）维度，二是 S（社会）维度，三是 G（公司治理）维度，四是 ESG 整体维度。

一 河北上市公司 ESG 发展脉络

上市公司的质量和数量作为衡量一个地区经济发展状况和生产力水平的关键因素之一，发挥着至关重要的作用。上市公司对增强地方市场环境的经济活力、加速企业升级转型起着先导作用。上市公司往往是中央和地方出台的政策文件的积极响应者，最先实施和落实各种法律法规，履行法律义务并承担法律责任。河北省作为京畿要地，对环境、社会和公司治理方面一直予以高度重视，本报告分析了河北与全国 ESG 近年来的发展概况，将两者的基本情况进行对比，同时对河北上市公司各板块的 ESG 发展情况做了简要的概述，用作分析河北上市公司 ESG 情况的引玉之砖。

（一）全国上市公司 ESG 发展概况

中国资本市场 ESG 方面的投资、信息披露及评级标准等正处于萌芽期至发展期的转型阶段，已初具规模，受外国组织和机构颁布的指引或原则的影响较大。从 2018 年开始，中国机构加入联合国责任投资原则组织（UN PRI）的意愿明显增强。截至 2021 年底，已有累计 84 家机构加入 UN PRI，其中，63 家的身份为资产管理者，4 家为资产所有者，其余 17 家为服务商，资产管理规模约为 2 万亿元。[①] 2021 年，中国以 ESG 为主体的公募基金已有 224 只，规模达到了 2443.5 亿元。[②]

在信息披露方面，中国 A 股上市公司披露的 ESG 报告鲜有强制性披露

[①] 国泰安数据库。
[②] 马险峰、王骏娴：《上市公司 ESG 信息披露制度思考》，《中国金融》2021 年第 20 期，第 69~70 页。

的情况，原因是证监会目前在其发布的各类指引或制度中对上市公司披露 ESG 信息基本持自愿的原则，只对很小的一部分提出了强制性要求。在 ESG 评级方面，随着国内 ESG 的迅速发展，投资者在获取公司非财务信息方面越来越倾向于各 ESG 评级机构（见表1）公布的 ESG 评级结果，研究者也越来越多地依赖 ESG 评级进行定性分析和实证分析。

表 1　国内外主流 ESG 评级机构

国外评级机构	国内评级机构
汤森路透	华证指数
KLD	中央财经大学绿色金融国际研究院
MSCI	中国证券投资基金协会
Vigeo Eiris	嘉实基金
Sustainalytics	商道融绿
标普道琼斯	社会价值投资联盟

资料来源：国泰安数据库。

（二）河北上市公司 ESG 发展概况

在"双碳"目标背景下，ESG 概念在我国各省区市迅速得到普及，河北省作为京畿要地，自始至终都积极响应国家及地方制定的 ESG 相关政策法规。近年来，在城乡环境治理方面，河北省人民政府办公厅发布了许多政策文件，致力于改善河北城乡环境状况，将城乡环境公平治理的理念引入立法当中。在社会方面，河北省人民政府致力于省内教育、医疗、城乡等一系列资源的合理调配，加大对相对贫困地区的相关资源投入。在公司治理方面，河北省政府担当"裁判"角色，监督并激励公司履行社会责任，规范公司的日常运作。

遗憾的是，虽然河北省人民政府等部门机构在 ESG 方面出台了各种政策法规，但最终效果并不理想。2021 年，在《证券时报》编制公布的《A股公司 ESG 百强榜》和《2021 中国内地城市 ESG 排行榜》中，中国内地省市 ESG 十强中并没有河北，且在 100 家 A 股公司上榜的 ESG 名单中没有一家河北上市公司。上述结果表明河北 ESG 发展在全国仍处于较低水平，未来存在较大的发展空间。

二 ESG 相关理论与制度沿革

（一）ESG 相关理论

为了应对 20 世纪 90 年代发生的一系列道德丑闻，公司开始发布有关活动的社会责任报告。公司试图回应利益相关方的期望、压力和批评，希望利益相关方更好地了解企业活动对社会和环境的影响。因此，公司 ESG 报告受利益相关者理论支撑并与利益相关者的需求密切相关。与此相辅相成的是，合法性理论强调一个组织必须考虑公众的权利，而不仅仅是投资者的权利。对公司来说，获得合法性"既减轻了原本会限制公司战略执行的监管负担，又避免了忽略利益相关者的利益和需求"，不遵守社会期望的公司可能会招致相当大的外部压力和质疑，不利于公司长远发展。

1. 可持续发展理论

可持续发展理论起源于对过度泛滥工业化的警觉，基于对人类中心主义所带来的一系列社会和环境问题的不断反思而由来已久。1983 年 12 月，为了防止环境和经济问题的进一步恶化，联合国成立了世界环境与发展委员会。1987 年 3 月，世界环境与发展委员会在世界各国的大力支持之下向联合国提交《我们的共同未来》报告并获得通过，提出了可持续发展观念，即"满足当代人的需要而又不对后代人满足其需要的能力构成危害的发展"，标志着可持续发展理论的正式问世。

做好可持续发展一直是河北省关注的重点之一，根据《2021 年河北省生态环境状况公报》，2021 年河北生态环境质量较往年有所改善，重点城市空气质量"退后十"成果显著，白洋淀流域水质实现Ⅲ类目标，生态环境治理能力和治理水平实现新跨越。

2. 利益相关者理论

根据社会责任模型，除了股东之外，公司还需对其他利益相关者负责，包括员工、客户、供应商、政府和社会。披露 ESG 报告越来越成为体现公司责任的普遍方法，用于披露公司对各利益相关者负责的有关信息，以满足他们的期望，证明公司符合可持续性标准。同时，资源依赖理论认为一个企业依靠其所处环境中的资源生存，因此，公司应将注意力集中到能够显著影响其营运的利益相关者群体上，这有助于获取竞争地位，创造新的竞争优势。利益相关者理论主要聚焦了两个层面：一是公司战略层面，要求理解利益相关方在确保公司衡量、报告和贯彻其可持续发展战略方面所发挥的关键作用。只有有效理解和实施公司治理战略和机制，才能时刻保持对商业道德实践、企业风险管控和长期价值创造的关注。公司远景目标不仅基于企业利润最大化，还基于 ESG 价值最大化，只有在公司发展战略中纳入利益相关者，才能实现真正的可持续发展。二是公司道德层面，要求企业社会责任实践采用实质性方式而非象征性方式，在 ESG 报告中所披露的信息与企业实际表现不可矛盾。当公司现实责任表现不尽如人意时，其 ESG 报告中往往会掺杂许多看起来真实合法或符合社会期望的"拟像"，旨在掩盖实际的可持续发展问题，使报告呈现一种绿色的景象，即公司的"漂绿"行为。如果利益相关者发现一家公司的社会责任承诺含糊不清或与其实质性行为相矛盾，可能会致使其合法性受到损害。"漂绿"举措会削弱投资者的信心，加剧社会压力，使公司承担更大的监管成本。

3. 合法性理论

合法性可以被定义为"对一个实体的行为在某种社会构建的规范、价值、信仰和定义体系中是可取的或适当的普遍看法或假设"。从合法性理论的角度来看，ESG 报告可视为公司设立和维持其合法性的整体战略的一部分。由于不同的公司可能受到来自不同的利益相关者的期望，因此在其发布的 ESG 报告中可能会采用不同的指标，以便获取合法性。良好的企业表现通常被简单地当作满足利益相关者期望和遵守社会规范的一种行为，这就导致公司会通过使用选择性、片面性或带有偏见性的披露，有目的地混淆潜在的具有争议性的行为，或者可能采取披露策略，构建一个更新的、更为合法的公司形象，进而达到避免遭受社会质疑的目的，维持一定程度的保密性。所以，这种在

ESG 报告中的象征性披露可能不会改善管理者对公司目标、活动以及社会和环境影响的理解，而是致力于保护公司免受外部压力。信息披露将毫无真实性可言，披露内容将转化为大量"空洞"的句子或对"美好信息"的重复。[①]此外，ESG 报告可视为一种战略产品，旨在引导公众的看法，对合法性构成威胁。实质性披露强调报告信息的有用性，需要实质性的企业社会责任计划（如环境创新、污染预防策略等）的真正落地，只有这样才能真正改善公司业绩，最终提高公司的合法性。实质性行动给公司带来的变化，会转化为对组织环境绩效的有利变化；而象征性行动则会将公司打造成虚伪的"漂绿"行为者，并不能真正提高其业务能力或绩效水平。目前，企业 ESG 报告实践是以实质性还是以象征性的方式使用，仍然是一个悬而未决的问题。

（二）ESG 相关制度沿革

"双碳"背景下，环境、社会和公司治理已成为国内各界人士所关注的热点问题之一。目前用于评判企业社会成本效益的非财务信息披露框架仍处于萌芽期，而 ESG 作为体现企业的社会责任及可持续发展能力、披露企业环境社会责任信息的非财务框架之一，为越来越多国际大型投资者所认可。

1. ESG 理念及其在国外的兴起

为了应对 20 世纪 80 年代的环境灾难及 20 世纪 90 年代的道德丑闻，公司认为，传播对环境和社会负责的活动将改善公司形象并产生经济效益，所以，全球范围内开始出现了披露环境与社会活动的自愿报告。自世界环境与发展委员会正式提出"可持续发展"观念后，国际组织先后发表了报告或指引，对 ESG 报告内容和信息披露的要求做了进一步规范，以帮助增强信息双方的对称性及报告的可读性。第一个可持续性报告标准由全球报告倡议组织（GRI）提出，围绕环境、社会效益和经济的"三重底线"，灵活地反映公司对企业社会责任的承诺及执行水平。GRI 的主要目标是提高公司环

---

① Giovanna Michelon, Silvia Pilonato, Federica Ricceri, "CSR Reporting Practices and the Quality of Disclosure: An Empirical Analysis," *Critical Perspectives on Accounting* 33（2015）：59-78.

境、社会和治理绩效的披露质量，传达更多关于公司的可持续性信息。目前，有三个主要的 ESG 信息披露框架，即 GRI 框架（见图 1）、SASB 框架（见图 2）和 IIRC 框架（见图 3）。

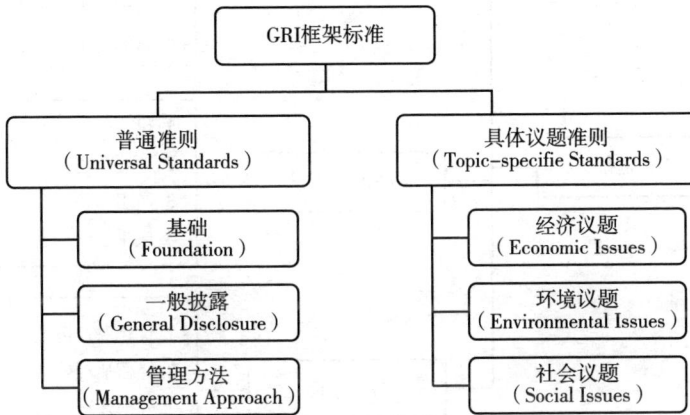

图 1 GRI 框架

资料来源：全球报告倡议组织网站，https：//www.globalreporting.org/。

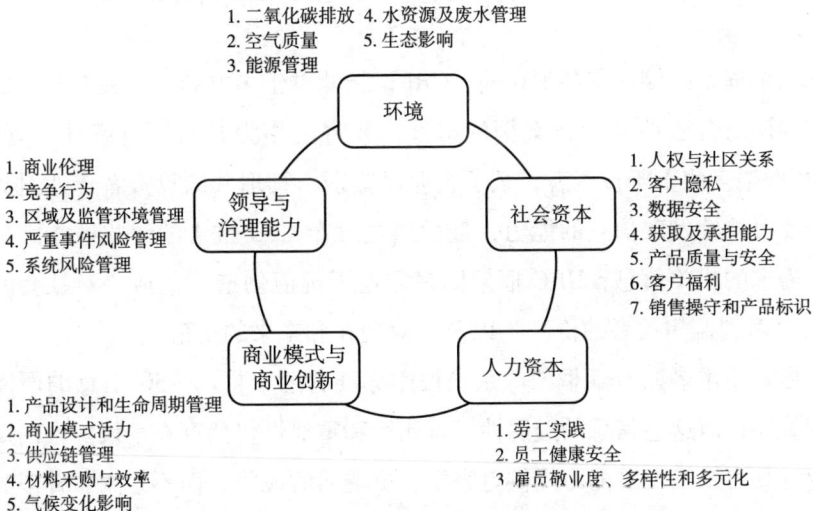

图 2 SASB 框架

资料来源：可持续性会计准则委员会网站，https：//www.sasb.org/。

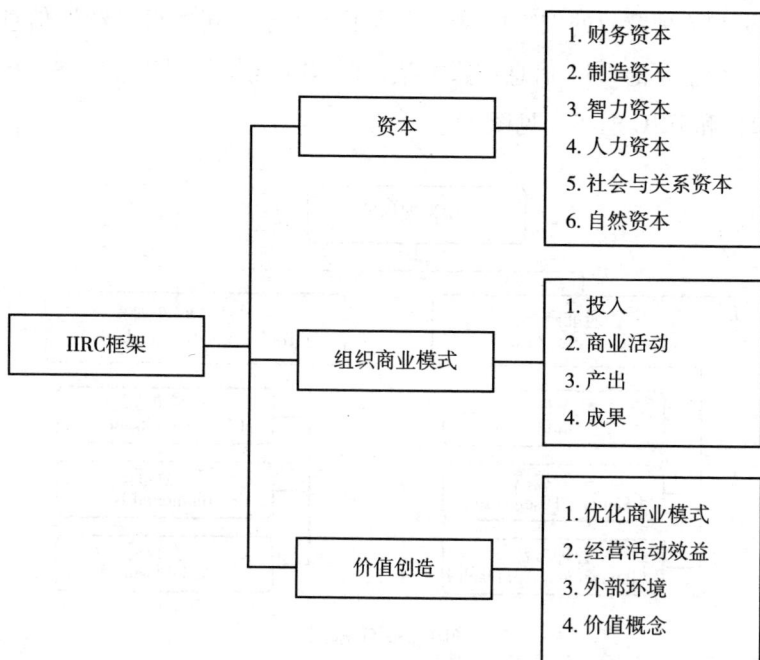

图 3 IIRC 框架

资料来源：国际投资研究中心网站，https://www.integratedreporting.org/。

三个框架的侧重点各不相同：GRI 框架侧重于多方利益相关者利益的协调，强调对合法性和业务案例的解读，并将之作为其对可持续性的理解；SASB 框架多侧重于投资者，赋予企业以鉴别、管理并向投资者传达财务方面重要可持续发展信息的能力，最后通过发布 ESG 报告的形式披露满足投资者需求的相关信息；IIRC 框架则多侧重于价值创造，包括"对社会的价值"、"对利益相关者的价值"以及"对现在和未来的价值"。

尽管使用诸如 GRI 框架等系统披露标准有助于提高 ESG 信息的严谨性和相关性，但这些信息的透明性、可比性和重要性仍然存在争议。人们期望企业对其可持续发展能力提供更完整、更透明的说明，而不是用各种华丽的辞藻将披露内容转化为大量"空洞"的句子或对"美好信息"的重复。目前国际对于 ESG 报告还缺乏统一的标准，不同机构对于 ESG 报告的内容、信息披露程度、所选指标等要求参差不齐，评判标准不尽相同，这就导致企业间ESG报告缺乏可比性，其市场认可度也不尽如人意。国际上各组织为了进一步规范ESG信息质量要求，避免企业的"漂绿"行为，先后发表了各种报告或指引，以期建立高质量的ESG信息披露体系。

2. ESG相关政策法规

2015年美国劳工部员工福利安全管理局首次颁发了基于ESG整体考量的政策文件——《解释公告（IB2015-01）》。该公告支持上市公司披露自身整体的ESG情况，鼓励在投资决策中对E、S和G三方面进行整合。随后，美国劳工部员工福利安全管理局又先后颁布了《解释公告（IB2016-01）》和《实操辅助公告No.2018-01》，指明资产管理者必须披露公司的ESG信息。图4列示了美国2017~2021年基于ESG整体考量而颁布的相关政策法规的时间轴线。

在证券交易所发布的披露规范方面，截至2021年12月31日，于美国纽约证券交易所（NYSE）上市的公司数量为2525家，上市公司总市值约为27.69万亿美元，居世界第一。NYSE是2012年联合国可持续证券交易所（SSE）倡议前五家领先加入的证券交易所之一。根据2019年Corporate Knights发布的《衡量可持续信息披露：全球证券交易所排名》，NYSE大型上市公司7项关键可持续绩效指标的信息披露率达到25.4%，同比下降0.8%，根据发行人的ESG披露情况，在全球规模较大的47家交易所中排第40名。纳斯达克证券交易所（NASDAQ）作为全球第二大证券交易所，是全美乃至全球最大的电子交易股票市场。截至2021年12月31日，共有3678家公司于NASDAQ上市，总市值约为24.56万亿美元。根据2019年Corporate Knights发布的《衡量可持续信息披露：全球证券交易所排名》，NASDAQ上市公司ESG披露比率为19.3%，同比下降0.7个百分点，在全球规模较大的47家交易所中排第42名。

在ESG信息披露方面，NYSE和NASDAQ本着自愿原则，没有对上市公司披露ESG信息做强制性要求，随后NASDAQ先后于2017年和2019年分别发布了《ESG报告指南1.0》和《ESG报告指南2.0》，将发布ESG报告的主体扩展到所有在纳斯达克上市的公司和证券发行人。《ESG报告指南

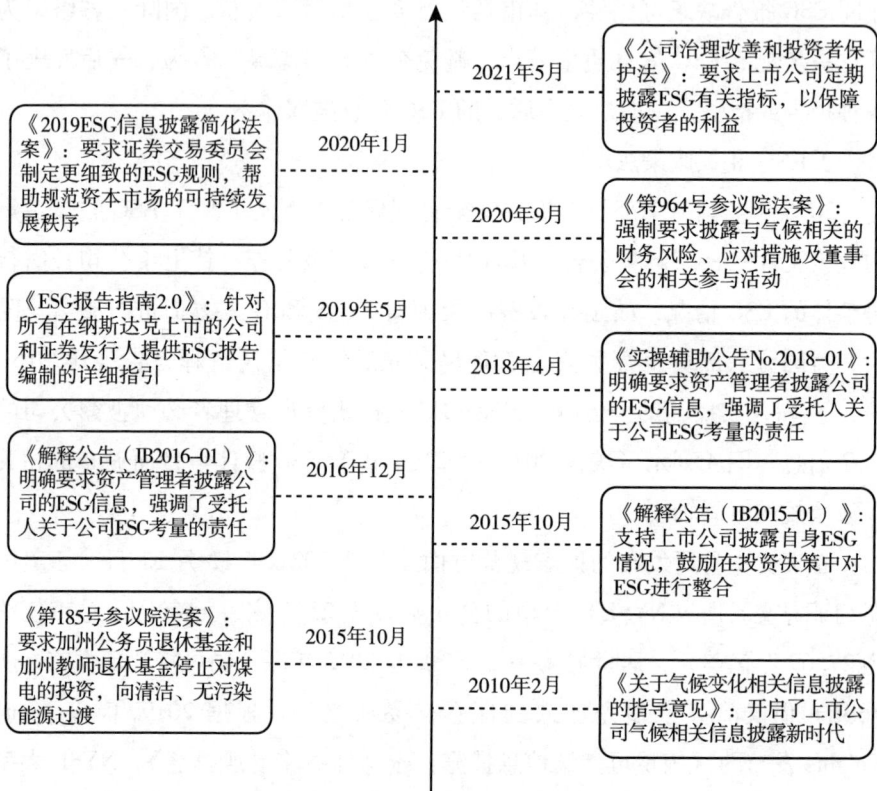

图 4　美国 ESG 相关政策法规时间轴线

资料来源：美国国会图书馆网站，https：//www. loc. gov/。

2.0》参照了 GRI、气候相关财务信息披露工作组（TCFD）四要素气候信息披露框架等国际报告框架，响应了 SDGs 中负责任的消费与生产、性别平等、促进目标实现的伙伴关系等内容，为上市公司披露 ESG 信息提供了方向指引。

3. 国际组织和机构颁布的 ESG 信息披露相关原则和指引

目前，从全球看来，已有多个国际组织和机构发布了 ESG 参考文件（见表 2）。其中，PRI 和 GRI 的可持续发展报告指引是全球范围内使用较广的 ESG 框架。此外，GRI 框架被广泛认为是可持续性报告国际标准化的领导者，构成了其他 ESG 信息披露原则或指引的基础。

表2 国际主要组织和机构发布的 ESG 参考文件

主体	参考文件
全球报告倡议组织	《可持续发展报告指南》
欧洲议会和欧盟委员会	《非财务报告指令》 《公司可持续发展报告指令》
世界银行	《环境和社会框架》
国际碳排放信息披露项目	《碳排放信息披露指南》
国际综合报告委员会	《国际综合报告框架》
联合国责任投资原则组织	《联合国责任投资原则》
负责任投资原则组织	《负责任投资原则》
国际标准化组织	ISO26000《社会责任指南》

资料来源：北大法宝数据库，https：//pkulaw.com/。

4. 中国 ESG 相关政策发布情况

我国 ESG 理念仍处于发展阶段，各部门发布的 ESG 政策文件主要针对的是某个领域（如环境污染或公司治理等），相关要求仅涉及公司投资、评价或披露当中的某个阶段。虽然当前中国对于 ESG 体系处于摸索期，但近年来各部门针对我国 ESG 情况出台的政策文件日渐增多，中国 ESG 体系日臻完善。此外，随着企业自主披露意识的增强，各企业在响应我国 ESG 政策文件的同时，还为投资者投资提供了良好依据。表3列示了2017～2021年我国各部门发布的 ESG 主要政策文件。

表3 2017~2021 年中国各部门发布的 ESG 主要政策文件

时间	机构	政策文件
2017 年	中国银行业协会	《中国银行业绿色银行评价实施方案(试行)》
	中国证券监督管理委员会	《公开发行证券的公司信息披露内容与格式准则第 2 号——年度报告的内容与格式》
2018 年	中国证券投资基金业协会	《绿色投资指引(试行)》
	中国证券监督管理委员会	《上市公司治理准则》

续表

时间	机构	政策文件
2019 年	上海证券交易所	《上海证券交易所科创板股票上市规则》
	中国证券投资基金业协会	《中国证券投资基金业协会关于提交〈绿色投资指引(试行)〉自评估报告的通知》
	国家发改委等	《绿色产业指导目录(2019 年版)》
2020 年	深圳股票证券交易所	《上市公司信息披露工作考核办法》
	上海股票证券交易所	《上海证券交易所科创板上市公司自律监管规则适用指引第 2 号——自愿信息披露》
	中国银行保险监督管理委员会	《关于推动银行业和保险业高质量发展的指导意见》
2021 年	中国证券监督管理委员会	《非上市公众公司信息披露管理办法》
	中国证券监督管理委员会	《上市公司信息披露管理办法》
	生态环境部	《关于统筹和加强应对气候变化与生态环境保护相关工作的指导意见》
	中国人民银行	《推动绿色金融改革创新试验区金融机构环境信息披露工作方案》

资料来源：北大法宝数据库，https://pkulaw.com/。

5. 河北 ESG 相关政策发布情况

近年来，河北经济发展呈现上升势态，取得了卓越的成就，2021 年河北地区生产总值为 40391.3 亿元，同比增长 6.5%，增速比上年加快 2.7 个百分点，两年平均增长 5.1%。其中，第一产业增加值 4030.3 亿元，增长 6.3%；第二产业增加值 16364.2 亿元，增长 4.8%；第三产业增加值 19996.7 亿元，增长 7.7%。[①] 但是，在经济迅速发展的同时，河北废水、废气等污染物的排放量也逐年攀升，除挥发酚外，其余污染物排放量均呈上升趋势。和中国东部地区其他较为发达的省份相比，河北环境治理问题尤为突出，河北上市公司在限制污染物排放量、绿色治理等方面存在一定的差距，未来还有进一步提高和完善的空间。

---

① 国家统计局。

　　为加强上市公司规范运作，提高上市公司 ESG 水平，保证上市公司积极履行自身的社会责任，河北省委、省政府制定了一系列促进河北上市公司 ESG 信息披露的相关政策文件，其中，相较于社会和公司治理，河北省在环境方面出台的政策文件居多（见表4）。

表 4　2017~2021 年河北 ESG 相关政策文件

时间	政策文件
2017 年	《河北省安全生产条例》
	《河北省地方金融监督管理条例》
2018 年	《河北省水污染防治条例》
	《河北省人民代表大会常务委员会关于加强扬尘污染防治的决定》
2019 年	《河北省人民代表大会常务委员会关于加强太行山燕山绿化建设的决定》
	《河北省人民代表大会常务委员会关于加强张家口承德地区草原生态建设和保护的决定》
2020 年	《河北省生态环境保护条例》
	《河北省人民代表大会常务委员会关于加强船舶大气污染防治的若干规定》
	《河北省机动车和非道路移动机械排放污染防治条例》
	《河北省非煤矿山综合治理条例》
	《河北省河湖保护和治理条例》
	《河北省地方金融监督管理条例》
	《河北省融资租赁公司监督管理实施细则（暂行）》
	《石家庄股权交易所股份有限公司监督管理实施细则》
2021 年	《河北省中小企业促进条例》
	《河北省土壤污染防治条例》
	《河北省乡村环境保护和治理条例》
	《河北省节约用水条例》
	《河北省人民代表大会常务委员会关于加强矿产开发管控保护生态环境的决定》
	《河北省大气污染防治条例》

　　资料来源：北大法宝数据库，https://pkulaw.com/。

三 河北上市公司 ESG 现状

"碳达峰""碳中和"背景下，ESG 已成为国内各界人士所关注的热点问题之一。ESG 是一种非财务理念，聚焦企业在环境、社会、公司治理绩效方面的表现。同时，ESG 也是企业的一种投资战略和评估工具，可以用来衡量企业可持续发展能力以及社会责任承担水平。ESG 作为企业非财务信息的披露框架，能够帮助各利益相关方更好地了解企业活动对社会和环境的影响，只有有效理解和实施 ESG 战略和机制，公司才能时刻保持对商业道德实践、企业风险管控和长期价值创造的关注。ESG 整体情况为环境、社会和公司治理三个部分的评价及其按照一定关系组合成的整体情况评价。本报告主要从上市公司环境情况、社会情况、公司治理情况三个维度出发，对河北上市公司与全国上市公司、不同行业上市公司、不同省份上市公司、不同板块上市公司进行对比，分析河北上市公司与全国上市公司产生差异的原因，旨在为改善河北上市公司 ESG 情况，加强 ESG 治理提供合宜的参照与借鉴。

（一）河北上市公司环境情况

上市公司不能仅以创造经济效益为宗旨，还须考虑环境、社会责任等因素。环境治理是否达标，可以用公司每年的废水、废气、固体废物和二氧化碳的产生及排放量等排污指标来衡量。若是上市公司当年的废水、废气、固体废物和二氧化碳的产生及排放量超出国家规定标准，则表明该上市公司当年欠缺环境治理方面的投入，没有积极履行环境社会责任。环境绩效是衡量上市公司可持续发展的重要指标，映射了公司的绿色文化、管理团队的绿色认知能力、公司员工的环境责任感，预示着公司未来的绿色运营潜力。[1]

---

[1] 孔令英、王晓菲：《企业绿色绩效研究回顾及展望》，《财会月刊》2022 年第 5 期，第 118～127 页。

1. 河北上市公司废水及主要污染物排放情况

随着中国经济的飞速发展，近年来国内水资源的使用量急剧增长，废水及废水污染物对环境的不良影响日趋严重，全国的废水污染水平急剧上升。一方面，2020 年全国废水中所含化学需氧量、氨氮、总氮、总磷以及挥发酚排放量分别达到了 2564.76 万吨、98.40 万吨、322.34 万吨、33.67 万吨和 59.80 吨，同比分别增长 352.22%、112.76%、173.98%、466.84%和 306.53%，达到了 2016~2020 年增长的最高峰。另一方面，废水中石油类污染物排放量有所下降，2020 年石油类污染物排放量为 3734 吨，同比降低了 40.66%，情况有所好转。

2020 年河北废水中所含化学需氧量、氨氮、总氮、总磷以及挥发酚排放量分别达到了 127.42 万吨、3.22 万吨、11.45 万吨、1.12 万吨和 5 吨，同比分别增长 469.35%、75.96%、148.37%、460%和 254.61%，达到了 2016~2020 年增长的最高峰。2016~2020 年，废水中石油类污染物排放量呈下降趋势，2020 年石油类污染物排放量为 133.50 吨，同比降低了 30.83%，情况有所好转（见表5、表6）。

表5　2016~2020 年河北与全国废水污染物排放量

单位：万吨

地区	污染物	2016 年	2017 年	2018 年	2019 年	2020 年
全国	化学需氧量	658.10	608.88	584.22	567.14	2564.76
	氨氮	56.77	50.87	49.44	46.25	98.40
	总氮	123.55	120.26	120.21	117.65	322.34
	总磷	9.00	6.96	6.42	5.94	33.67
河北	化学需氧量	25.24	27.61	23.81	22.38	127.42
	氨氮	2.21	2.50	2.09	1.83	3.22
	总氮	4.69	5.53	5.08	4.61	11.45
	总磷	0.38	0.31	0.27	0.20	1.12

资料来源：历年中国统计年鉴。

表6 2016~2020 年河北与全国废水污染物排放量

单位：吨

地区	污染物	2016 年	2017 年	2018 年	2019 年	2020 年
全国	石油类	11599.00	7639.00	7158.00	6293.00	3734.00
	挥发酚	27.21	24.41	17.45	14.71	59.80
河北	石油类	502.00	256.00	217.00	193.00	133.50
	挥发酚	4.51	2.52	1.56	1.41	5.00

资料来源：历年中国统计年鉴。

2. 河北上市公司废气及主要污染物排放及处理情况

近年来，随着多项大气污染治理政策的发布和实施，如"排放低浓度污染物减征环境保护税""环保改造后补贴"等奖励制度，中国大气污染治理水平逐年提升。同时按照企业环境绩效进行分级管控，对于污染物排放量大、效益差的企业，各地政府督促其逐步精准提升绩效水平，从一堵一疏两方面激发企业减污降碳的积极性。

2016~2020 年全国所排放的废气污染物中的二氧化硫排放量呈逐年下降的趋势，氮氧化物和颗粒物排放量水平呈先升后降的趋势。总体而言，2020 年三种污染物的排放量达到了近年来的最低水平。2020 年全国的二氧化硫、氮氧化物和颗粒物排放量分别为 318.22 万吨、1019.66 万吨和611.40 万吨，同比分别下降 30.41%、17.36%和 43.83%。就河北而言，2020 年河北所排放的废气污染物中的二氧化硫和颗粒物排放量呈逐年下降的趋势，氮氧化物的排放量呈先升后降的趋势。总体而言，2020 年三种污染物的排放量达到了近年来的最低水平。2020 年河北的二氧化硫、氮氧化物和颗粒物排放量分别为 6.68 万吨、54.50 万吨和 8.58 万吨，同比分别下降 36.02%、10.32%和 51.06%（见表7）。河北 2021 年 6 项大气主要污染物浓度均比 2020 年明显下降，其中二氧化硫下降 23.1%、PM10 下降 13.6%、二氧化氮下降 8.8%、PM2.5 下降 15.3%、臭氧下降7.4%、一氧化碳下降 26.3%。

表 7　2016~2020 年全国与河北废气污染物排放量

单位：万吨

地区	污染物	2016 年	2017 年	2018 年	2019 年	2020 年
全国	二氧化硫	1102.86	696.32	516.12	457.29	318.22
	氮氧化物	1394.31	1785.22	1288.44	1233.85	1019.66
	颗粒物	1010.66	1684.05	1132.26	1088.48	611.40
河北	二氧化硫	41.36	16.44	12.27	10.44	6.68
	氮氧化物	80.83	100.38	65.60	60.77	54.50
	颗粒物	42.89	37.99	21.49	17.53	8.58

资料来源：历年中国统计年鉴。

3. 河北上市公司固体废弃物产生及处理情况

新时期，我国对于环境的重视程度不断提升，对于危险废物进行处理已经变为环境保护重要任务。但是，由于一些因素的影响，危险固体废弃物处置存在一些问题，管理难度比较大。2016~2019 年（除去 2017 年），全国一般工业固体废物产生量与危险废物产生量逐年增加，相较于 2016 年，2019 年的一般工业固体废物产生量增加了 18.74%，危险废物产生量增加了55.69%。直至 2020 年，两种污染物的产生量才有所下降。此外，全国危险废物综合利用处置量在 2016~2020（除去 2017 年）一直处于增长趋势，表明我国对资源的回收利用能力一直处于良好的上升态势（见表 8）。

就河北而言，2020 年一般工业固体废物产生量及危险废物产生量达到了 2016~2020 年（除去 2017 年）的最高峰，表明河北 2020 年固体废弃物产生量处于不断增加的状态，对环境造成的污染较为严重。但是，相较于往年，2020 年河北对于固体废弃物的回收利用情况表现良好。2020 年河北一般工业固体废物综合利用量和危险废物综合利用处置量同比分别增长6.90%和30.82%，表明河北增强了自身对资源回收利用的技术能力，使固体废弃物得到更加科学的处理。

表 8　2016～2020 年河北与全国固体废弃物产生及处置量

单位：万吨

地区	污染物	2016 年	2017 年	2018 年	2019 年	2020 年
全国	一般工业固体废物产生量	371237.00	—	407799.00	440810.00	367546.00
	一般工业固体废物综合利用	210995.00	—	216860.00	232079.00	203798.00
	一般工业固体废物处置量	85232.00	—	103283.00	110359.00	91749.00
	危险废物产生量	5219.50	—	7470.00	8126.00	7281.81
	危险废物综合利用处置量	4317.20	—	6788.50	7539.30	7630.48
河北	一般工业固体废物产生量	34671.00	—	32100.00	32744.00	34081.00
	一般工业固体废物综合利用量	17776.00	—	17631.00	17661.00	18880.00
	一般工业固体废物处置量	6613.00	—	4802.00	5040.00	11399.00
	危险废物产生量	102.00	—	243.80	284.20	357.46
	危险废物综合利用处置量	91.90	—	223.90	269.20	352.16

资料来源：历年中国统计年鉴。

（二）河北上市公司社会责任信息披露情况

上市公司披露 ESG 信息越来越成为体现公司责任的普遍方法，利益相关者可以通过公司的 ESG 情况判断该公司的可持续发展能力。2021 年，河北上市公司更加重视对自身社会责任信息的披露，其中，披露股东权益保护的上市公司数量由 2020 年的 47 家增加到 2021 年的 55 家，增加了 17.02%；披露债权人权益保护的上市公司数量由 2020 年的 44 家增加到 2021 年的 51 家，增加了 15.91%；披露职工权益保护的上市公司数量由 2020 年的 49 家增加到 2021 年的 54 家，增加了 10.20%；披露供应商权益保护的上市公司数量由 2020 年的 41 家增加到 2021 年的 48 家，增加了 17.07%；披露客户和消费者权益保护的上市公司数量由 2020 年的 43 家增加到 2021 年的 52 家，增加了 20.93%（见表 9）。

表 9　2017~2021 年河北上市公司披露各利益相关方权益保护的公司数量

单位：家

项目	2017 年	2018 年	2019 年	2020 年	2021 年
披露股东权益保护	36	40	43	47	55
披露债权人权益保护	36	39	41	44	51
披露职工权益保护	38	42	44	49	54
披露供应商权益保护	26	30	30	41	48
披露客户和消费者权益保护	30	34	35	43	52

资料来源：国泰安数据库。

（三）河北上市公司环境关键指标评分情况分析

河北环境治理离不开国家发布的相关政策，与全国环境的治理休戚相关，河北上市公司 ESG 信息披露状况关系河北经济的可持续发展。河北环境治理离不开对省内上市公司环境治理的规范约束，河北上市公司的环境治理已成为河北环境治理的重要问题。

1.全国与河北上市公司环境关键指标评分平均值

全国上市公司与河北上市公司环境关键指标评分平均值在 2020 年呈现下降趋势，2021 年开始上升（见图 5）。总体来看，全国上市公司环境关键指标评分平均值高于或等于河北上市公司平均水平。

2.河北上市公司环境关键指标评分

2019~2021 年河北上市公司中，只有 19 家上市公司参加了润灵环球环境方面的评价，占比较低，表明河北近年很少强调对环境信息的披露。表 10 对 2019~2021 年河北上市公司中参加环境方面评价的上市公司进行了统计。

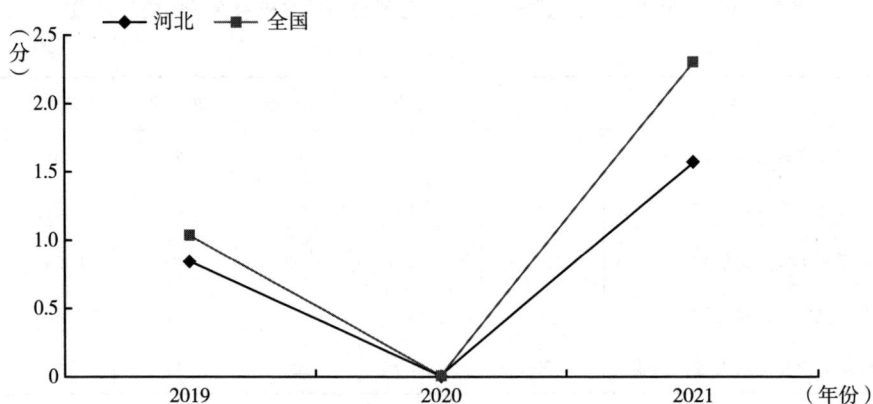

**图5　2019~2021年河北上市公司和全国上市公司环境
关键指标评分平均值变化趋势**

资料来源：国泰安数据库和润灵环球 ESG 评级。

表10　2019~2021年河北上市公司环境关键指标评分

单位：分

证券代码	证券名称	2019 年	2020 年	2021 年
600340	华夏幸福	1.55	0.55	3.10
600409	三友化工	0.53	0.70	1.10
600482	中国动力	1.65	1.85	4.20
601000	唐山港	0.17	1.27	0.10
601326	秦港股份	1.77	4.60	4.03
601633	长城汽车	2.63	4.70	4.77
603156	养元饮品	0.00	0.00	0.00
600956	新天绿能	—	—	5.6
000158	常山北明	0.00	0.00	0.00
000401	冀东水泥	0.80	2.33	1.20
000413	东旭光电	0.82	0.00	—
000600	建投能源	0.00	0.00	—
000709	河钢股份	1.83	1.45	1.45
000778	新兴铸管	1.10	1.28	1.28

证券代码	证券名称	2019 年	2020 年	2021 年
000848	承德露露	1.00	0.00	—
000937	冀中能源	1.96	3.20	2.25
002049	紫光国微	0.00	0.00	—
002146	荣盛发展	0.25	0.85	0.60
002603	以岭药业	0.00	0.00	—

资料来源：国泰安数据库和润灵环球 ESG 评级。

（四）河北上市公司社会关键指标评分情况分析

上市公司主动履行社会责任在提高公司可持续性方面发挥积极作用，能够通过企业社会责任渠道增强各利益相关方之间的联系，并增加 ESG 信息披露的真实性。河北上市公司近年来不仅将目光集中在财务增长上，对履行社会责任方面也有所重视，这有利于加强管理层对企业社会责任活动的理解，从而提高公司 ESG 信息可靠性，增强利益相关者对公司的信心。

1. 全国与河北上市公司社会关键指标评分平均值

全国上市公司社会关键指标评分平均值在 2020 年呈现上升趋势，2021 年开始下降，2021 年为近 3 年的最低点。河北上市公司社会关键指标评分平均值在 2020~2021 呈现上升趋势，2021 年的社会关键指标评分平均值为近 3 年的最高值。总体来看，2019~2020 年河北上市公司社会关键指标评分平均值远远低于全国平均水平，2021 年河北上市公司社会关键指标评分平均值超过了全国平均水平（见图 6）。

2. 河北上市公司社会关键指标评分

2019~2021 年河北上市公司中，只有 18 家上市公司参加了润灵环球社会方面的评价，占比较低，表明河北近年很少强调对社会信息的披露。表 11 对 2019~2021 年河北上市公司中参加社会方面评价的上市公司进行了统计。

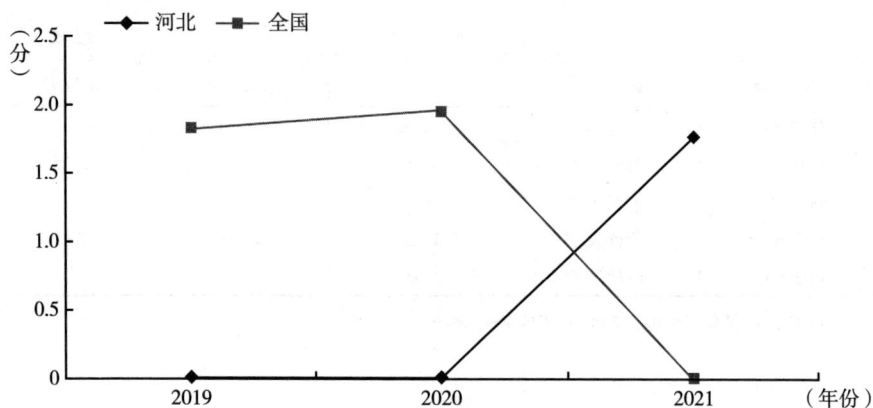

图6　2019~2021年河北上市公司和全国上市公司社会
关键指标评分平均值变化趋势

资料来源：国泰安数据库和润灵环球 ESG 评级。

表11　2019~2021年河北上市公司社会关键指标评分

单位：分

证券代码	证券名称	2019 年	2020 年	2021 年
600340	华夏幸福	2.30	2.67	3.17
600409	三友化工	1.73	1.33	1.88
600482	中国动力	1.98	3.07	2.10
601000	唐山港	1.69	1.73	0.67
601326	秦港股份	2.43	2.80	4.75
601633	长城汽车	2.73	2.60	4.00
603156	养元饮品	1.55	0.53	0.53
600956	新天绿能	—	—	3.9
000158	常山北明	0.00	0.90	0.00
000401	冀东水泥	3.23	2.70	1.73
000413	东旭光电	2.39	0.53	—
000709	河钢股份	2.03	1.90	1.90
000778	新兴铸管	2.50	2.05	2.05
000848	承德露露	0.00	0.03	—
000937	冀中能源	2.56	2.80	2.83
002049	紫光国微	0.00	0.08	—
002146	荣盛发展	2.18	3.13	2.17
002603	以岭药业	1.33	1.77	—

资料来源：国泰安数据库和润灵环球 ESG 评级。

（五）河北上市公司公司治理关键指标评分情况分析

适当引入内部公司治理机制和证券交易所上市规则（如最低性别平等配额）应属于公司未来发展的考虑因素，良好的公司治理可以促进企业股权结构合理化，可以加强企业的内部控制。

1. 全国与河北上市公司公司治理关键指标评分平均值

全国上市公司公司治理关键指标评分平均值在 2020 年呈现下降趋势，2021 年开始上升。河北上市公司公司治理关键指标评分平均值在 2020 呈现上升趋势，2021 年开始下降（见图 7）。总体来看，2019～2020 年河北上市公司公司治理关键指标评分平均值高于全国平均水平，2021 年河北上市公司公司治理关键指标评分平均值低于全国平均水平。

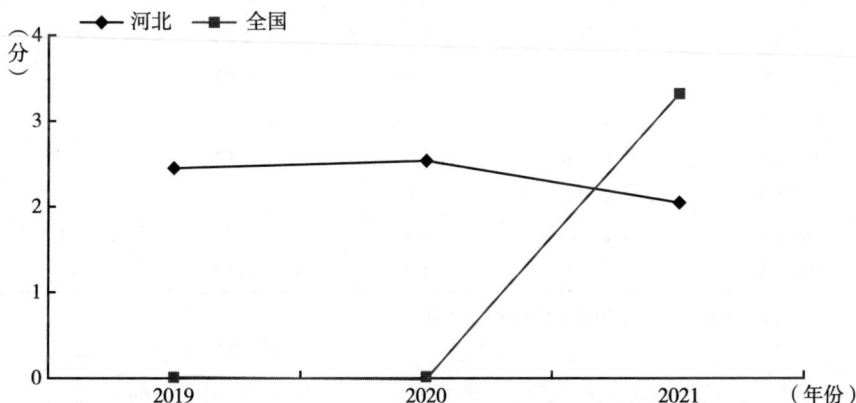

图 7 2019～2021 年河北上市公司和全国上市公司公司治理
关键指标评分平均值变化趋势

资料来源：国泰安数据库和润灵环球 ESG 评级。

2. 河北上市公司公司治理关键指标评分

2019～2021 年河北上市公司中，只有 18 家上市公司参加了润灵环球公司治理方面的评价，占比较低，表明河北近年很少强调对公司治理信息的披露。表 12 对 2019～2021 年河北上市公司中参加公司治理方面评价的上市公司进行了统计。

表 12 2019~2021 年河北上市公司公司治理关键指标评分

单位：分

证券代码	证券名称	2019 年	2020 年	2021 年
600340	华夏幸福	3.29	3.23	3.50
600409	三友化工	2.09	2.60	2.60
600482	中国动力	2.44	2.45	2.50
601326	秦港股份	3.23	3.23	4.53
601633	长城汽车	3.70	3.93	4.08
603156	养元饮品	1.91	2.33	2.33
600956	新天绿能	—	—	3.15
000158	常山北明	2.09	2.23	0.00
000401	冀东水泥	2.80	3.13	2.45
000413	东旭光电	1.66	2.60	—
000600	建投能源	2.23	1.93	—
000709	河钢股份	2.45	2.53	2.53
000778	新兴铸管	2.29	2.95	2.95
000848	承德露露	2.31	2.18	—
000937	冀中能源	2.96	2.65	2.90
002049	紫光国微	2.04	1.68	—
002146	荣盛发展	4.37	3.23	2.80
002603	以岭药业	2.22	2.40	—

资料来源：国泰安数据库和润灵环球 ESG 评级。

（六）河北上市公司 ESG 总体情况分析

1. 河北上市公司和全国上市公司 ESG 评级平均值

全国上市公司 ESG 评级平均值在 2018 年呈现增长趋势，2019 年开始下降。2017~2021 年河北上市公司 ESG 评级平均值呈波动下降趋势，在 2021 年达到最低值，但高于全国上市公司平均水平。总体上看，在 2019 年以前，全国上市公司 ESG 评级平均值高于河北上市公司 ESG 评级平均值，在 2019 年以后，全国上市公司 ESG 评级平均值低于河北上市公司 ESG 评级平均值（见图 8）。

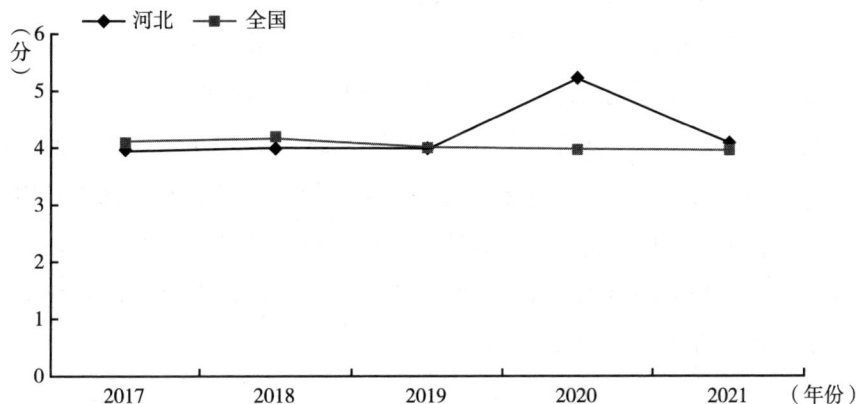

图 8　2017～2021 年河北上市公司和全国上市公司 ESG 评级平均值变化趋势

资料来源：国泰安数据库和华证指数 ESG 评价。

2. 河北上市公司各板块 ESG 评级平均值

2017～2021 年河北上市公司各板块中，沪市 A 股的 ESG 评级平均值始终高于深市 A 股、中小企业板和创业板的 ESG 评级平均值。中小企业板的 ESG 评级平均值在 2017～2020 年基本维持在 3.6～3.8 分区间。创业板的 ESG 评级平均值 2018 年有所下降，2019～2021 年呈现稳步上升趋势，2020 年快速增长到 3.80 分，增长了 5.56%，2021 年增长到 4.10 分，比上年增长了 7.89%（见表 13）。

表 13　2017～2021 年河北上市公司各板块 ESG 评级平均值

单位：分

所属板块	2017 年	2018 年	2019 年	2020 年	2021 年
沪市 A 股	4.10	4.42	4.29	4.24	4.33
深市 A 股	3.77	4.00	3.92	3.77	3.77
中小企业板	3.80	3.60	3.80	3.60	3.60
创业板	3.90	3.50	3.60	3.80	4.10

资料来源：国泰安数据库和华证指数 ESG 评价。

3. 河北上市公司各板块 ESG 发展情况

2017~2021 年,根据华证指数①的 ESG 评级结果,沪市 A 股和深市 A 股 ESG 评级情况的平均值差距较小,中小企业板和创业板在 2018 年差距明显,但是在 2019~2021 年差距较小。2017~2021 年,中小企业板和创业板的 ESG 评级平均得分总体呈现上升趋势,2021 年,二者的 ESG 评级平均得分已经接近深市 A 股,直逼沪市 A 股;沪市 A 股、深市 A 股的 ESG 评级平均得分始终维持在 6.4 分(BBB 级)以上,中小企业板和创业板基本在 6.0~6.3 分(BBB 级)(见表 14)。

表 14 2017~2021 年河北上市公司各板块 ESG 评级平均得分

单位:分

所属板块	2017 年	2018 年	2019 年	2020 年	2021 年
沪市 A 股	6.57	6.73	6.91	6.96	6.92
深市 A 股	6.92	6.83	6.60	6.42	6.50
中小企业板	6.10	6.20	5.64	5.82	6.25
创业板	6.00	4.89	5.60	5.92	6.07

资料来源:国泰安数据库。

4. 河北上市公司各板块 ESG 评级

表 15 对 2017~2021 年河北上市公司 ESG 评级的具体情况进行了列示。

表 15 2017~2021 年河北上市公司 ESG 评级情况

所属板块	证券代码	证券名称	2017 年	2018 年	2019 年	2020 年	2021 年
沪市 A 股	600135	乐凯胶片	B	B	B	BB	BB
	600149	廊坊发展	CCC	CCC	B	CCC	CCC
	600230	沧州大化	CCC	B	B	B	CCC
	600340	华夏幸福	BB	BBB	BBB	BBB	B
	600409	三友化工	BB	BBB	BBB	BBB	BBB
	600480	凌云股份	B	B	B	B	BB

① 华证指数 ESG 评级,分为"AAA-C"9 档,为了得出较为精确的结果,对 9 档评级结果分别进行赋值"AAA"赋值"9";"AA"赋值"8";"A"赋值"7"……以此类推,直至"C"赋值"1"。

所属板块	证券代码	证券名称	2017 年	2018 年	2019 年	2020 年	2021 年
沪市 A 股	600482	中国动力	B	CCC	CCC	B	BB
	600550	保变电气	B	BB	B	BB	B
	600559	老白干酒	B	B	BB	B	BB
	600722	金牛化工	B	B	B	CCC	CC
	600803	新奥股份	B	B	CCC	CCC	BBB
	600812	华北制药	B	B	B	B	B
	600965	福成股份	CCC	CCC	CCC	CC	C
	600997	开滦股份	BB	BB	BB	B	BB
	601000	唐山港	B	BB	B	B	B
	601258	庞大集团	CCC	C	C	CC	CCC
	601326	秦港股份	CCC	BB	B	BB	B
	601633	长城汽车	BB	BB	BBB	BBB	BBB
	603050	科林电气	BB	BBB	BB	BB	BB
	603156	养元饮品	—	BB	BBB	BB	BB
	603176	汇通集团	—	—	—	—	—
	603385	惠达卫浴	BB	BBB	BBB	BB	BBB
	603938	三孚股份	BB	BBB	BB	BB	BB
	600956	新天绿能	—	—	—	B	BB
	605196	华通线缆	—	—	—	—	BB
	600906	财达证券	—	—	—	—	BB
	000158	常山北明	CCC	B	B	BB	BB
	000401	冀东水泥	BB	BBB	A	AA	BBB
	000413	东旭光电	BB	B	CCC	C	C
	000600	建投能源	B	B	CCC	B	B
	000709	河钢股份	B	B	B	B	B
	000778	新兴铸管	BB	B	BBB	BBB	BBB
	000848	承德露露	B	B	CCC	B	CCC
	000856	冀东装备	CCC	B	B	CCC	B
	000889	中嘉博创	CCC	B	CCC	CC	CCC
	000923	河钢资源	CC	CC	CCC	CCC	B
	000937	冀中能源	BB	BB	BB	BB	BB
	000958	东方能源	CCC	CCC	CCC	CCC	CCC

续表

所属板块	证券代码	证券名称	2017 年	2018 年	2019 年	2020 年	2021 年
中小企业板	002049	紫光国微	B	CCC	CCC	B	CCC
	002108	沧州明珠	B	B	CCC	CC	CCC
	002146	荣盛发展	BB	BB	BBB	BB	BB
	002282	博深股份	CCC	CC	CCC	CCC	B
	002342	巨力索具	CCC	CCC	B	CCC	B
	002442	龙星化工	B	BB	BB	CCC	CC
	002459	晶澳科技	B	CCC	CC	B	B
	002494	华斯股份	B	B	BB	B	B
	002603	以岭药业	BB	BB	BB	BB	BB
	002691	冀凯股份	CC	CC	CC	CCC	CC
	002960	青鸟消防	—	—	BBB	BB	BB
	003031	中瓷电子	—	—	—	—	B
创业板	300107	建新股份	B	B	B	BB	BB
	300137	先河环保	B	BB	BBB	BBB	BBB
	300138	晨光生物	BBB	BB	BB	BB	BB
	300152	科融环境	B	C	C	C	C
	300255	常山药业	CCC	C	CC	CCC	CCC
	300368	汇金股份	CCC	CC	CCC	CC	CCC
	300371	汇中股份	B	BB	BB	BB	A
	300428	立中集团	CCC	CCC	B	CCC	B
	300446	乐凯新材	B	B	CCC	CCC	CCC
	300491	通合科技	B	BB	CCC	BB	B
	300765	新诺威	—	—	BB	BB	BB
	300847	中船汉光	—	—	—	BBB	BB
	300869	康泰医学	—	—	—	BB	BB
	300922	天秦装备	—	—	—	—	BB
	300981	中红医疗	—	—	—	—	BB
	300990	同飞股份	—	—	—	—	BBB

资料来源：华政指数 2017~2021 年 ESG 评级。

四　河北上市公司 ESG 存在的问题

（一）缺乏统一标准的 ESG 评价体系

基于 2017~2021 年全国及河北上市公司 ESG 相关指标的分析，虽部分指标整体呈现上升趋势，但不能完全表明河北上市公司 ESG 水平处于上升势态。首先，本报告只采用了华证指数和润灵环球这两家 ESG 评级机构的数据来衡量河北上市公司的 ESG 水平，其他 ESG 评级机构（如商道融绿、汤森路透、彭博等）对 ESG 评价指标的选择及衡量方式不尽相同，最终得出的评级结果可能会有所不同。其次，华证指数和润灵环球这两家 ESG 评级机构所采用 ESG 评级的底层数据及部分指标算法也不相同，虽然二者的评级结果显示 2017~2021 年河北上市公司 ESG 评分平均值所呈现的波动趋势相同，但在具体的评分数值上仍有较大的差异。

（二）对于 ESG 信息披露持保留态度

基于对 2017~2021 年河北上市公司股东权益保护、债权人权益保护、职工权益保护、供应商权益保护、客户和消费者权益保护五方面披露情况的分析，虽然披露上述信息的河北上市公司在数量上呈上升趋势，但仍可以发现河北上市公司对 ESG 信息披露的意愿处在较低水平。一方面，2017~2021 年披露股东权益保护的河北上市公司数量由 36 家增加为 55 家；披露债权人权益保护的河北上市公司数量由 36 家增加为 51 家；披露职工权益保护的河北上市公司数量由 38 家增加为 54 家；披露供应商权益保护的河北上市公司数量由 26 家增加为 48 家；披露客户及消费者权益保护的河北上市公司数量由 30 家增加为 52 家。另一方面，截至 2021 年 12 月，河北共有 69 家上市公司，其中，不到 1/3 的上市公司在 2021 年主动披露了 ESG 方面的详细信息，超过 2/3 的上市公司并未对自身的 ESG 情况进行详细说明，因此在河北上市公司中存在部分不披露 ESG 详细信息的现象。

（三）存在"漂绿"行为

一方面，根据 2017~2021 年河北上市公司废水、废气及固体废弃物的排放情况，可以发现除废气及主要污染物的排放量有所下降之外，废水和固体废弃物及主要污染物的排放量逐年上升，且上升的幅度较大。就主要污染物的排放量来看，2020 年河北废气中化学需氧量的排放量达到了 127.42 万吨，相比于 2017 年增长了 404.83%；固体废弃物中一般工业固体废物处置量达到了 11399.00 万吨，相比于 2017 年增长了 72.37%。另一方面，从河北上市公司 2017~2021 年的环境关键指标评分平均值来看，2021 年河北上市公司环境关键指标评分平均值达到了近年来的最大值，数据表明 2021 年河北上市公司环境治理状况良好。由此可以得出结论，河北上市公司近年来 ESG 评分结果逐年向好，但污染物排放逐年增加，说明河北上市公司可能存在一定的"漂绿"行为。

五　对策建议

（一）尽快建立统一的 ESG 评级框架

由于河北上市公司缺乏统一的 ESG 评级框架，不同公司会对其业绩指标进行选择性报告，容易出现公司混淆 ESG 报告范围的情况，报告的有用性遭受质疑，故建议相关部门或机构之间加强交流合作，致力于共同推出一套统筹各企业间 ESG 评级体系的评级框架，用于不同企业 ESG 水平的相互比较。由以往从环境、社会或公司治理单方面评价改成环境、社会和公司治理三方面相结合的打分评估体系，促使更透明、更完整的环境、社会和公司治理信息的披露。在 ESG 信息披露方面，可以将立法强制性披露与企业自愿披露相结合，鼓励企业积极发布 ESG 报告，逐步建立完善的 ESG 信息披露考核指标体系。有关部门可对主动自愿披露的上市公司予以一定的奖励，同时加大对伪造 ESG 信息企业的惩罚力度，并做好上市公司 ESG 相关数据的共享与应用工作。

（二）加强第三方独立论证及评级市场建设

从报告数据中可看出上市公司发布的 ESG 报告缺乏可信度，应该积极推进第三方独立论证、信用评级公司的发展，为监察企业 ESG 报告的可信度，进一步规范 ESG 市场、绿色处罚与补贴等方面予以量化技术服务。ESG 报告披露的信息不能仅反映企业的商业利益，更要保证报告的透明性和可靠性，建议有关主管部门建立与企业 ESG 评级结果挂钩的激励机制，促进更透明、更完整的环境、社会和公司治理信息披露，推动企业绿色论证和 ESG 评级市场的发展。

（三）加强河北上市公司 ESG 理念系统建设

上市公司应将注意力集中到能够显著影响其营运的利益相关者群体上，这有助于获取竞争地位，创造新的竞争优势。在公司战略层面，上市公司应当理解利益相关方在确保公司衡量、报告和贯彻其可持续发展战略方面所发挥的关键作用。只有有效理解和实施公司治理战略和机制，才能时刻保持对商业道德实践、企业风险管控和长期价值创造的关注。公司远景目标不仅基于企业利润最大化，还基于 ESG 价值最大化，只有在公司发展战略中纳入利益相关者，才能实现真正的可持续发展。在公司道德层面，上市公司社会责任实践要采用实质性方式而非象征性方式，在 ESG 报告中所披露的信息与企业实际表现之间不可自相矛盾，真正做到言行一致。

参考文献

安磊、沈悦、余若涵：《高管激励与企业金融资产配置关系——基于薪酬激励和股权激励对比视角》，《山西财经大学学报》2018 年第 12 期。

卞娜、马连福、高丽：《基于投资者关系的投资者行为国外理论研究综述》，《管理学报》2013 年第 7 期。

卞娜：《自主性治理维度及其对公司绩效的影响研究：基于中国上市公司投资者关系的研究视角》，博士学位论文，南开大学，2012。

巴曙松、曹梦可：《投资者关系管理的关键是保护中小投资者权益》，《董事会》2007 年第 10 期。

陈冬华、范从来、沈永建：《高管与员工：激励有效性之比较与互动》，《管理世界》2015 年第 5 期。

陈高才、周鲜华：《年度报告及时性的经验研究评述和未来研究》，《会计研究》2008 年第 11 期。

操群、许骞：《金融"环境、社会和治理"（ESG）体系构建研究》，《金融监管研究》2019 年第 4 期。

蔡忠评、付东梅：《对上市公司年报审计意见的分析》，《财会通讯》2000 年第 10 期。

杜莹、刘立国：《股权结构与公司治理效率：中国上市公司的实证分析》，《管理世界》2002 年第 11 期。

高丽、李季：《董秘、董秘团队与资本市场公司价值——基于倾向性得分匹配的检验》，《金融理论与实践》2019 年第 2 期。

郭雪萌、梁彭、解子睿：《高管薪酬激励、资本结构动态调整与企业绩效》，《山西财经大学学报》2019 年第 4 期。

胡琦、周端明：《女性董事对企业绩效影响的实证研究——基于股权性质划分的中国上市公司经验数据》，《财经理论研究》2016 年第 3 期。

韩燕、崔鑫、成宇星：《上市公司信息数量对股价波动的影响研究》，《管理评论》2020 年第 12 期。

郝颖等：《公司社会声望与高管薪酬：公共服务抑或职业声誉》，《金融研究》2020 年第 10 期。

贺炎林、张瀛文、莫建明：《不同区域治理环境下股权集中度对公司业绩的影响》，《金融研究》2014 年第 12 期。

江永众、熊平：《我国上市公司内部治理与财务绩效关系的实证研究》，《经济体制改革》2006 年第 6 期。

康立、肖云峰：《董事会秘书社会资本、信息披露与融资约束》，《投资研究》2020 年第 8 期。

康宛竹：《中国上市公司女性高层任职状况调查研究》，《妇女研究论丛》2007 年第 4 期。

刘柏、卢家锐、琚涛：《形式主义还是实质主义：ESG 评级软监管下的绿色创新研究》，《南开管理评论》2022 年第 9 期。

吕长江等：《上市公司股权激励制度设计：是激励还是福利?》，《管理世界》2009 年第 9 期。

林长泉、毛新述、刘凯璇：《董秘性别与信息披露质量——来自沪深 A 股市场的经验证据》，《金融研究》2016 年第 9 期。

柳春、王新霞：《地区腐败与股权控制：来自民营上市公司的证据》，《统计与信息论坛》2019 年第 2 期。

李丹、宋衍蘅：《及时披露的年报信息可靠吗?》，《管理世界》2010 年第 9 期。

李海玲：《我国企业社会责任信息披露现状研究》，《兰州学刊》2018 年第 10 期。

罗宏、曾永良、宛玲羽：《薪酬攀比、盈余管理与高管薪酬操纵》，《南开管理评论》2016 年第 2 期。

李婧、贺小刚：《股权集中度与创新绩效：国有企业与家族企业的比较研究》，《商业经济与管理》2012 年第 10 期。

李井林、阳镇：《董事会性别多元化、企业社会责任与企业技术创新——基于中国上市公司的实证研究》，《科学学与科学技术管理》2019 年第 5 期。

刘建勇、朱学义：《信息披露及时性与可靠性关系实证研究》，《中南财经政法大学学报》2008 年第 6 期。

励莉、周芳玲：《独立董事身份特征对公司绩效的影响研究》，《经济问题》2019 年第 6 期。

梁平、周春兰：《企业核心员工流失的影响、原因及对策》，《重庆工学院学报》（社会科学版）2009 年第 8 期。

李世刚：《女性高管、过度投资与企业价值——来自中国资本市场的经验证据》，《经济管理》2013 年第 7 期。

刘芍佳、孙霈、刘乃全：《终极产权论、股权结构及公司绩效》，《经济研究》2003 年第 4 期。

雷霆、周嘉南：《股权激励、高管内部薪酬差距与权益资本成本》，《管理科学》2014 年第 6 期。

李维安、李汉军：《股权结构、高管持股与公司绩效——来自民营上市公司的证据》，《南开管理评论》2006 年第 5 期。

黎文靖、胡玉明：《国企内部薪酬差距激励了谁?》，《经济研究》2012 年第 12 期。

龙镇辉、楼润平、孙鹏：《自主研发、合作研发与企业盈利绩效：兼论独立董事的调节作用》，《科技管理研究》2017 年第 11 期。

陆秀芬、蓝文永：《信息披露及时性的经验研究综述和未来展望》，《商业经济研究》2010 年第 19 期。

林钟高、吴利娟：《公司治理与会计信息质量的相关性研究》，《会计研究》2004 年第 8 期。

马连福、卞娜、刘丽颖：《中国上市公司投资者关系水平及对公司绩效影响的实证研究》，《管理评论》2011 年第 10 期。

马连福、陈德球：《强制性治理与自主性治理问题探讨与比较》，《外国经济与管理》2008 年第 6 期。

马连福、陈德球：《投资者关系管理：一种新型的自主性治理机制》，《董事会》2007 年第 11 期。

马连福、秦鹤：《试点注册制下创业板存量公司如何应对"狼来了"？——基于投资者关系管理的视角》，《管理现代化》2021 年第 2 期。

马连福、秦鹤、杜善重：《机构投资者网络嵌入与企业金融决策——基于实体企业金融化的研究视角》，《山西财经大学学报》2021 年第 2 期。

马连福、张晓庆：《控股股东股权质押与投资者关系管理》，《中国工业经济》2020 年第 11 期。

马连福、赵颖：《基于投资者关系战略的非财务信息披露指标及实证研究》，《管理科学》2007 年第 4 期。

马连福、赵颖：《基于公司治理的投资者关系文献评述与研究展望》，《南开管理评论》2006 年第 1 期。

曲亮、章静、郝云宏：《独立董事如何提升企业绩效——立足四层委托—代理嵌入模型的机理解读》，《中国工业经济》2014 年第 7 期。

权小锋、肖斌卿、尹洪英：《投资者关系管理能够抑制企业违规风险吗？——基于 A 股上市公司投资者关系管理的综合调查》，《财经研究》2016 年第 5 期。

权小锋、陆正飞：《投资者关系管理影响审计师决策吗？——基于 A 股上市公司投资者关系管理的综合调查》，《会计研究》2016 年第 2 期。

权小锋、肖斌卿、吴世农：《投资者关系管理能够稳定市场吗？——基于 A 股上市公司投资者关系管理的综合调查》，《管理世界》2016 年第 1 期。

戚拥军、钟曼、包莉丽：《媒体负面报道、实际控制人性质与现金分红行为——来自 A 股上市公司的经验证据》，《统计与决策》2021 年第 6 期。

史春玲：《独立董事出席会议与发表意见：合规性履职还是有效性履

职》，《财会月刊》2020 年第 14 期。

苏丽芳：《ESG 目标下国有企业责任趋势与企业治理新路向》，《财会通讯》2022 年第 18 期。

苏美玲、符蓉、陈辉：《女性董事与企业绩效：综述与展望》，《金融发展研究》2017 年第 7 期。

宋林、王建玲、姚树洁：《上市公司年报中社会责任信息披露的影响因素——基于合法性视角的研究》，《经济管理》2012 年第 2 期。

宋玉：《最终控制人性质、两权分离度与机构投资者持股——兼论不同类型机构投资者的差异》，《南开管理评论》2009 年第 5 期。

田志刚：《强制性披露能提高高管薪酬与公司业绩之间的敏感性吗？——基于上市公司面板数据的经验研究》，《经济管理》2011 年第 8 期。

王冰：《市场失灵理论的新发展与类型划分》，《学术研究》2000 年第 9 期。

王百强、侯粲然、孙健：《公司战略对公司经营绩效的影响研究》，《中国软科学》2018 年第 1 期。

吴弘主编《证券法教程》，北京大学出版社，2007。

王力军、童盼：《民营上市公司控制类型、多元化经营与企业绩效》，《南开管理评论》2008 年第 5 期。

王蓉：《成本—收益视角下 ESG 信息披露与企业价值关系研究》，《上海对外经贸大学学报》2022 年第 4 期。

王言、周绍妮、宋夏子：《中国独立董事："咨询"、"监督"还是"决策"？——兼论独立董事特征对履职的调节效应》，《北京交通大学学报》（社会科学版）2019 年第 4 期。

王研：《财务困境下女性参与治理对公司绩效的影响——基于上市民营企业的研究》，硕士学位论文，东北财经大学，2016。

王禹、王浩宇、薛爽：《税制绿色化与企业 ESG 表现——基于〈环境保护税法〉的准自然实验》，《财经研究》2022 年第 9 期。

肖斌卿等：《中国上市公司投资者关系与公司治理——来自 A 股公司投

资者关系调查的证据》,《南开管理评论》2007 年第 3 期。

夏立军、方轶强:《政府控制、治理环境与公司价值——来自中国证券市场的经验证据》,《经济研究》2005 年第 5 期。

徐倩:《不确定性、股权激励与非效率投资》,《会计研究》2014 年第 3 期。

谢盛纹、陈美芳、王洋洋:《年报预约披露推迟与审计契约持续性》,《证券市场导报》2016 年第 7 期。

熊巍等:《监事会特征的优化能否稳健提升企业经营效率?——来自沪深两市上市公司的证据》,《调研世界》2022 年第 3 期。

许晓芳、沃健、方略:《CEO 性别、产权性质与公司过度投资行为》,《财经论丛》2018 年第 4 期。

修宗峰:《所有权结构与年报披露的及时性》,《审计与经济研究》2009 年第 5 期。

伊凌雪、蒋艺翅、姚树洁:《企业 ESG 实践的价值创造效应研究——基于外部压力视角的检验》,《南方经济》2022 年第 10 期。

杨俊杰、曹国华:《CEO 声誉、盈余管理与投资效率》,《软科学》2016 年第 11 期。

杨记军、逯东、杨丹:《国有企业的政府控制权转让研究》,《经济研究》2010 年第 2 期。

余明桂、夏新平、章卫东:《董事会结构与企业绩效关系的研究综述及启示》,《当代财经》2003 年第 9 期。

袁蓉丽、江纳、刘梦瑶:《ESG 研究综述与展望》,《财会月刊》2022 年第 17 期。

严若森、朱婉晨:《女性董事、董事会权力集中度与企业创新投入》,《证券市场导报》2018 年第 6 期。

姚伟峰:《独立董事制度,真的有效吗?——基于上市公司行业数据的实证研究》,《管理评论》2011 年第 10 期。

尹夏楠、明华、耿建芳:《高管薪酬激励对企业资源配置效率的影响研究——基于产权性质和行业异质性视角》，《中国软科学》2021 年第 1 期。

杨有红、陈海琴：《提高年报质量　提供充分准确的财务信息——阅读天一科技 2009 年年报引发的思考》，《会计之友》2010 年第 24 期。

杨有红、汪薇：《2006 年沪市公司内部控制信息披露研究》，《会计研究》2008 年第 3 期。

袁振超、韦小泉：《会计信息可比性、审计师行业专长与审计时滞》，《会计与经济研究》2018 年第 1 期。

伊志宏、丁艳平、曹嵘：《投资者关系管理与公司现金价值》，《管理科学》2021 年第 6 期。

伊志宏、姜付秀、秦义虎：《产品市场竞争、公司治理与信息披露质量》，《管理世界》2010 年第 1 期。

杨竹清、陆松开：《企业内部薪酬差距、股权激励与全要素生产率》，《商业研究》2018 年第 2 期。

杨志强、王华：《公司内部薪酬差距、股权集中度与盈余管理行为——基于高管团队内和高管与员工之间薪酬的比较分析》，《会计研究》2014 年第 6 期。

袁蓉丽、江纳、刘梦瑶：《ESG 研究综述与展望》，《财会月刊》2022 年第 17 期。

张灿灿、鞠成晓：《公司治理、管理层薪酬粘性与企业可持续盈利能力》，《财会通讯》2020 年第 16 期。

朱茶芬、李志文：《国家控股对会计稳健型的影响研究》，《会计研究》2008 年第 5 期。

张长江、徐品、毕苗：《上市公司 ESG 信息披露研究综述：理论、动因与效应》，《财会通讯》2022 年第 14 期。

曾春影、茅宁：《女性 CEO 与企业捐赠——基于利他视角的实证研究》，《经济管理》2018 年第 1 期。

赵国宇、禹薇：《大股东股权制衡的公司治理效应——来自民营上市公司的证据》，《外国经济与管理》2018 年第 11 期。

张慧：《ESG 责任投资理论基础、研究现状及未来展望》，《财会月刊》2022 年第 17 期。

张华、张俊喜、宋敏：《所有权和控制权分离对企业价值的影响——我国民营上市企业的实证研究》，《经济学》2004 年第 3 期。

张红军：《中国上市公司股权结构与公司绩效的理论及实证分析》，《经济科学》2000 年第 4 期。

张继勋、韩冬梅：《网络互动平台沟通中管理层回复的及时性、明确性与投资者投资决策——一项实验证据》，《管理评论》2015 年第 10 期。

阚沂伟、徐晟、李铭洋：《投资者互动有助于企业履行社会责任吗？——来自交易所网络互动平台的证据》，《武汉金融》2022 年第 2 期。

赵杨、赵泽明：《互动式信息披露：文献回顾与研究展望》，《科学决策》2018 年第 11 期。

朱恒鹏：《地区间竞争、财政自给率和公有制企业民营化》，《经济研究》2004 年第 10 期。

朱杰：《独立董事薪酬激励与上市公司信息披露违规》，《审计与经济研究》2020 年第 2 期。

祝继高、叶康涛、严冬：《女性董事的风险规避与企业投资行为研究——基于金融危机的视角》，《财贸经济》2012 年第 4 期。

张佳康：《中国国有企业公司治理制度变迁》，《学习与探索》2013 年第 4 期。

詹雷、王瑶瑶：《管理层激励、过度投资与企业价值》，《南开管理评论》2013 年第 3 期。

张娜：《女性董事对企业绩效影响的实证研究——来自中国 973 家上市公司的证据》，《妇女研究论丛》2013 年 4 期。

张新民等：《互动式信息披露与融资环境优化》，《中国软科学》2021 年第 12 期。

张新民、钱爱民、陈德球：《上市公司财务状况质量：理论框架与评价体系》，《管理世界》2019 年第 7 期。

赵西卜、徐爱莉：《产权性质、监事会特征与信息披露质量——来自深交所的经验数据》，《兰州学刊》2013 年第 11 期。

赵晓鹏、郝亚玲：《独立董事比例、董事会规模与企业绩效》，《郑州航空工业管理学院学报》2015 年第 4 期。

周煊、孟庆丽、刘晓辉：《女性董事对企业社会责任履行的影响——以慈善捐赠为例》，《北京工商大学学报（社会科学版）》2016 年第 4 期。

周泽将、雷玲、杜兴强：《本地任职与独立董事异议行为：监督效应 vs 关系效应》，《南开管理评论》2021 年第 2 期。

周泽将、马静、胡刘芬：《高管薪酬激励体系设计中的风险补偿效应研究》，《中国工业经济》2018 年第 12 期。

张再生、赵丽华：《国内外关于就业稳定性研究评述》，《理论与现代化》2011 年第 6 期。

张正堂：《高层管理团队协作需要、薪酬差距和企业绩效：竞赛理论的视角》，《南开管理评论》2007 年第 2 期。

Angie Low, "Managerial Risk-taking Behavior and Equity-based Compensation," *Journal of Financial Economics* 92 (2008): 470–490.

R. B. Adams, D. Ferreira, "Women in the Boardroom and Their Impact on Governance and Performance," *Journal of Financial Economics* 94 (2009): 291–309.

C. Bettinelli, "Boards of Directors in Family Firms: An Exploratory Study of Structure and Group Process," *Family Business Review* 24 (2011): 151–169.

D. Brady et al., "Sector, Size, Stability, and Scandal: Explaining the Presence of Female Executives in Fortune 500 Firms," *Gender in Management: An International Journal* 26 (2011): 84–105.

Chris Brooks, Ioannis Oikonomou, "The Effects of Environmental, Social and Governance Disclosures and Performance on Firm Value: A Review of the Literature in Accounting and Finance," *The British Accounting Review* 1 (2018): 1–15.

J. Cordeiro, R. Veliyath, E. Eramus, "An Empirical Investigation of the Determinants of Outside Director Compensation," *Corporate Governance: An International Review* 3 (2000): 268-279.

Chiaramonte Laura et al., "Do ESG Strategies Enhance Bank Stability During Financial Turmoil? Evidence from Europe," *The European Journal of Finance* 3 (2021): 1-39.

S. Claessens, L. Djankov, "The Separation of Ownership and Control in East Asia Corporations," *Journal of Financial Economics* 58 (2000): 81-112.

S. Claessens, S. Djankov, "Ownership Concentration and Corporate Performance in the Czech Republic," *Journal of Comparative Economics* 27 (1999): 498-513.

E. M. Fich, A. Shivdasani, "Financial Fraud, Director Reputation, and Shareholder Wealth," *Journal of Financial Economics* 2 (2006): 306-336.

S. M. Fazzari, R. G. Hubbard, B. C. Petersen, "Financing Constraints and Corporate Investment," *Financing Constraints and Corporate Investment* 1 (1988): 141-195.

N. Fondas, "Feminization Unveiled: Management Qualities in Contemporary Writings," *The Academy of Management Review* 22 (1997): 257-282.

E. Gedajlovic, D. Shapiro, "Ownership and Firm Profitability in Japan," *The Academy of Management Journal* 2 (2002): 575-585.

F. A. Gul, B. Srinidhi, A. C. Ng, "Does Board Gender Diversity Improve the Informativeness of Stock Prices?" *Journal of Accounting and Economics* 51 (2011): 314-338.

A. J. Hillman, A. A. Cannella Jr., "Organizational Predictors of Women on Corporate Boards," *Academy of Management Journal* 4 (2007): 941-952.

Michael C. Jensen, William H. Meckling, "Theory of the Firm: Managerial Behavior, Agency Costs and Ownership Structure," *Journal of Financial Economics* 4 (1976): 305-360

D . Jorgenson, "Capital Theory and Investment Behaviour," *The American Economic Review* 2 (1963): 247-259.

M. C. Jensen, "Agency Costs of Free Cash Flow Corporate Finance, and Takeovers," *The American Economic Review* 76 (1986): 323-329.

Jeremy S. , Edwards S. , "Ownership Concentration and Share Valuation," *German Economic Review* 5 (2004): 143-171.

E. P. Lazear, S. Rosen, "Rank-order Tournaments as Optimum Labor Contracts," *The Journal of Political Economy* 89 (1981): 841-864.

R. La Porta, F. Lopez-de-Silanes, A. Shleifer, "Corporate Ownership around the World," *The Journal of Finance* 2 (1999): 471-517.

H. Li, L. Zhou, "Political Turnover and Economic Performance: The Incentive Role of Personnel Control in China," *Journal of Public Economics* 89 (2005): 1743-1762.

E. Maskin, Y. Qian, C. Xu, "Incentives, Scale Economies, and Organizational Form," *Social Science Electronic Publishing* 47 (1997): 122-128.

H. Manggi, "Reforms, Opportunities, and Challenges for State-Owned Enterprises," *Bulletin of Indonesian Economic Studies* 57 (2001): 259-260.

Nazim Hussain, Ugo Rigoni, René P. Orij, "Corporate Governance and Sustainability Performance: Analysis of Triple Bottom Line Performance," *Journal of Business Ethics* 149 (2018): 411-432.

OECD, "Ownership and Governance of State-Owned Enterprises: A Compendium of National Practices," (2018) .

T. Sanders, "Antecedents and Consequences of Corporate Governance Reform: The Case of Germany," *Strategic Management Journal* 24 (2003): 631-649.

W. G. Sanders, Hambriek D. C. , "Swinging for the Fences: The Effects of CEO Stock Options on Company Risk Taking and Performance," *Academy of Management Jounal* 50 (2007): 1055-1078.

M. Shirley, P. Walsh, "Public versus Private Ownership: The Current State of the Debate," *Policy Research Working Paper* 10 (2000): 1178-1191.

Valentina Marano, Peter Tashman, Tatiana Kostova, "Escaping the Iron Cage: Liabilities of Origin and CSR Reporting of Emerging Market Multinational Enterprises," *Journal of International Business Studies* (2017): 386-408.

J. Tobin, "A General Equilibrium Approach To Monetary Theory," *Journal and Money Credit and Banking* 1 (1969): 15-29.

X. Zhao, D. Lin, "Managerial Equity Incentives and R&D Investments in Emerging Economies: Study Based on Threshold Effects," *Asian Journal of Technology Innovation* 2 (2020): 1-24.

后　记

　　《河北上市公司治理研究报告（2022）》是河北经贸大学公司治理与企业成长研究中心筹划的河北上市公司治理发展报告系列的第二本报告，由石晓飞、李桂荣、许龙和卞娜合作而成。本报告通过对河北上市公司总体发展情况、股权结构、独立董事、高管薪酬和激励、信息披露、投资关系管理、"她"力量的等方面情况进行了整理和研究，客观全面地呈现和分析了河北上市公司的公司治理情况。本书为河北经贸大学工商管理学院"最懂河北企业"系列丛书之一。

　　本报告在撰写过程中得到了南开大学商学院、中国公司治理研究院副院长马连福教授，河北经贸大学会计学院副院长李西文教授、河北经贸大学工商管理学院张静副教授、首都经贸大学会计学院王元芳副教授、天津工业大学会计学院沈小秀讲师等的参与和指导，河北经贸大学工商管理学院硕士研究生刘遵虎、推张静、孔旭阳、侯仰世、曹雪芬、闫颖、孙祺、周嘉怡、窦博文和周永康等同学帮助进行了数据的搜集和整理工作，在此一并表示感谢。

　　由于作者水平有限，加之上市公司治理发展情况涉及内容指标比较多，数据统计具有一定的复杂性，由此导致的疏漏之处还望同行和读者批评指正。

石晓飞　李桂荣　许　龙　卞　娜

2022 年 7 月 19 日

权威报告·连续出版·独家资源

皮书数据库
ANNUAL REPORT(YEARBOOK)
DATABASE

分析解读当下中国发展变迁的高端智库平台

所获荣誉

- 2020年，入选全国新闻出版深度融合发展创新案例
- 2019年，入选国家新闻出版署数字出版精品遴选推荐计划
- 2016年，入选"十三五"国家重点电子出版物出版规划骨干工程
- 2013年，荣获"中国出版政府奖·网络出版物奖"提名奖
- 连续多年荣获中国数字出版博览会"数字出版·优秀品牌"奖

皮书数据库　　"社科数托邦"
　　　　　　　　微信公众号

成为用户

　　登录网址www.pishu.com.cn访问皮书数据库网站或下载皮书数据库APP，通过手机号码验证或邮箱验证即可成为皮书数据库用户。

用户福利

- 已注册用户购书后可免费获赠100元皮书数据库充值卡。刮开充值卡涂层获取充值密码，登录并进入"会员中心"—"在线充值"—"充值卡充值"，充值成功即可购买和查看数据库内容。
- 用户福利最终解释权归社会科学文献出版社所有。

数据库服务热线：400-008-6695
数据库服务QQ：2475522410
数据库服务邮箱：database@ssap.cn
图书销售热线：010-59367070/7028
图书服务QQ：1265056568
图书服务邮箱：duzhe@ssap.cn

社会科学文献出版社　皮书系列
SOCIAL SCIENCES ACADEMIC PRESS (CHINA)
卡号：344988479978
密码：

S 基本子库
UB DATABASE

中国社会发展数据库（下设 12 个专题子库）

紧扣人口、政治、外交、法律、教育、医疗卫生、资源环境等 12 个社会发展领域的前沿和热点，全面整合专业著作、智库报告、学术资讯、调研数据等类型资源，帮助用户追踪中国社会发展动态、研究社会发展战略与政策、了解社会热点问题、分析社会发展趋势。

中国经济发展数据库（下设 12 专题子库）

内容涵盖宏观经济、产业经济、工业经济、农业经济、财政金融、房地产经济、城市经济、商业贸易等 12 个重点经济领域，为把握经济运行态势、洞察经济发展规律、研判经济发展趋势、进行经济调控决策提供参考和依据。

中国行业发展数据库（下设 17 个专题子库）

以中国国民经济行业分类为依据，覆盖金融业、旅游业、交通运输业、能源矿产业、制造业等 100 多个行业，跟踪分析国民经济相关行业市场运行状况和政策导向，汇集行业发展前沿资讯，为投资、从业及各种经济决策提供理论支撑和实践指导。

中国区域发展数据库（下设 4 个专题子库）

对中国特定区域内的经济、社会、文化等领域现状与发展情况进行深度分析和预测，涉及省级行政区、城市群、城市、农村等不同维度，研究层级至县及县以下行政区，为学者研究地方经济社会宏观态势、经验模式、发展案例提供支撑，为地方政府决策提供参考。

中国文化传媒数据库（下设 18 个专题子库）

内容覆盖文化产业、新闻传播、电影娱乐、文学艺术、群众文化、图书情报等 18 个重点研究领域，聚焦文化传媒领域发展前沿、热点话题、行业实践，服务用户的教学科研、文化投资、企业规划等需要。

世界经济与国际关系数据库（下设 6 个专题子库）

整合世界经济、国际政治、世界文化与科技、全球性问题、国际组织与国际法、区域研究 6 大领域研究成果，对世界经济形势、国际形势进行连续性深度分析，对年度热点问题进行专题解读，为研判全球发展趋势提供事实和数据支持。

法律声明

　　"皮书系列"（含蓝皮书、绿皮书、黄皮书）之品牌由社会科学文献出版社最早使用并持续至今，现已被中国图书行业所熟知。"皮书系列"的相关商标已在国家商标管理部门商标局注册，包括但不限于 LOGO（▧）、皮书、Pishu、经济蓝皮书、社会蓝皮书等。"皮书系列"图书的注册商标专用权及封面设计、版式设计的著作权均为社会科学文献出版社所有。未经社会科学文献出版社书面授权许可，任何使用与"皮书系列"图书注册商标、封面设计、版式设计相同或者近似的文字、图形或其组合的行为均系侵权行为。

　　经作者授权，本书的专有出版权及信息网络传播权等为社会科学文献出版社享有。未经社会科学文献出版社书面授权许可，任何就本书内容的复制、发行或以数字形式进行网络传播的行为均系侵权行为。

　　社会科学文献出版社将通过法律途径追究上述侵权行为的法律责任，维护自身合法权益。

　　欢迎社会各界人士对侵犯社会科学文献出版社上述权利的侵权行为进行举报。电话：010-59367121，电子邮箱：fawubu@ssap.cn。

社会科学文献出版社

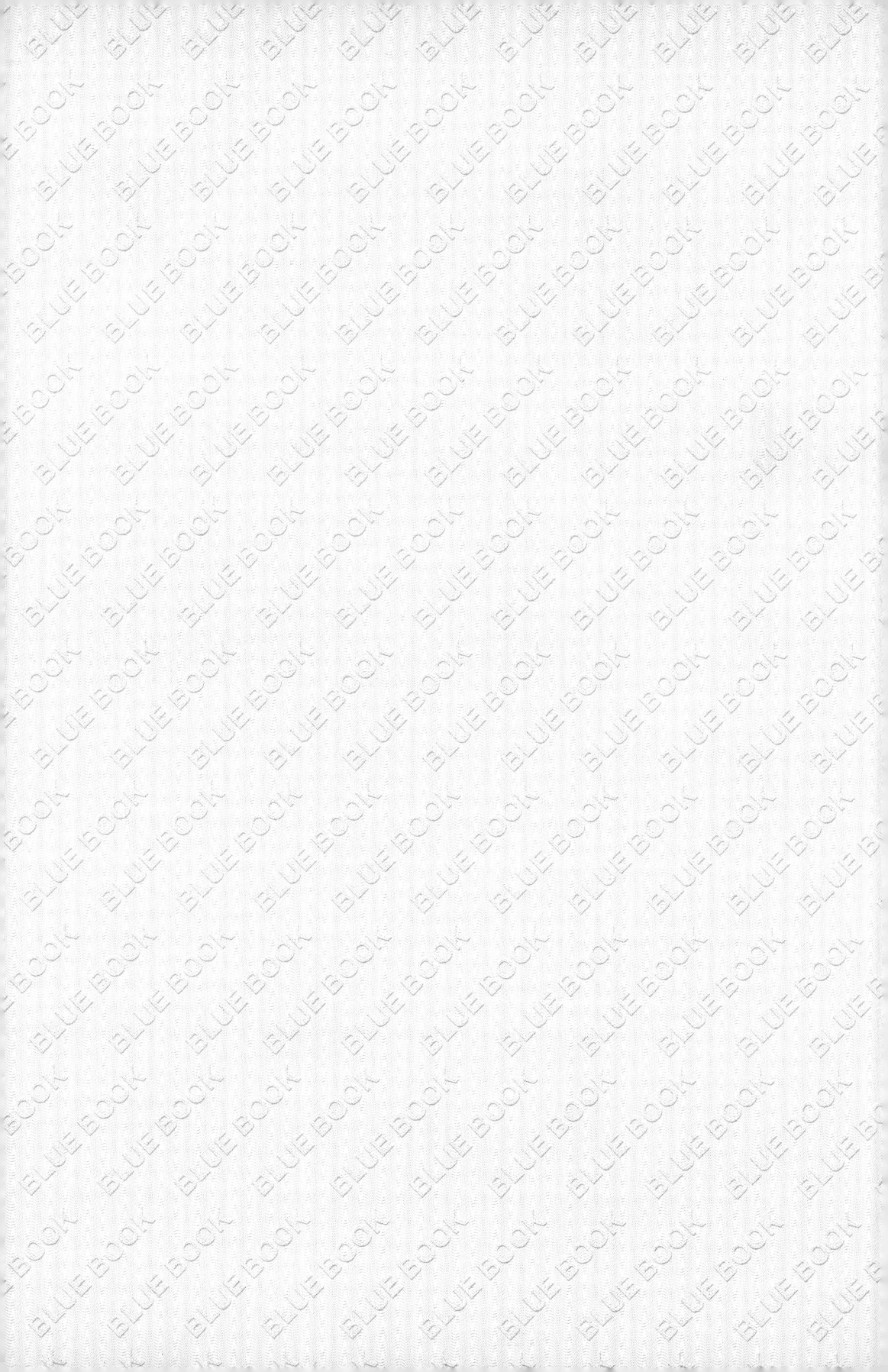